JOHN LILLY ANTONIETTA LILLY

DER DYADISCHE ZYKLON

SPHINX NEUE DIMENSIONEN

John und Toni auf dem Weg zum Bad, Esalen-Institut, 1973.

John Lilly Antonietta Lilly

DER DYADISCHE ZYKLON

Innere und äussere Entwicklungen zweier Zentren - eines Paares

SPHINX VERLAG BASEL

Aus dem Amerikanischen
von Udo Breger

CIP-Kurztitelaufnahme der Deutschen Bibliothek

Lilly, John C.:
Der dyadische Zyklon: innere u. äussere Entwicklungen zweier Zentren – e. Paares / John Lilly; Antonietta Lilly. [Aus d. Amerikan. von Udo Breger.] – Basel: Sphinx-Verlag, 1983.
(Neue Dimensionen)
Einheitssacht.: The dyadic cyclone ‹dt.›
ISBN 3-85914-206-2
NE: Lilly, Antonietta:

1983

Originaltitel: The Dyadic Cyclone
Umschlaggestaltung: Thomas Bertschi
Gestaltung: Charles Huguenin
Gesamtherstellung:
Rombach + Co GmbH, Freiburg
ISBN 3-85914-206-2

Dem Autor, Regisseur und Schauspieler Burgess Meredith gewidmet, der während kritischer Zeiten in unserer Dyade grosszügigst Zeit, Energie und Ratschläge gab. Sein professioneller Rat hat uns einen wirklichkeitsbezogenen Rahmen geliefert für unsere eher unkonventionellen Raubzüge in experimentelle Umgestaltungen der konventionellen Kommunikationsmedien von Stimmung, Ideen und dem «unausdrückbaren» Inhalt mystischer Erfahrung. Seine eigenen inneren Erfahrungen auf diesen Gebieten wie auch seine Darstellungen derselben waren uns hilfreich, unsere Erfahrungen anderen mitzuteilen. Indem er uns Zugang zu seiner Arbeit verschaffte (Ulysses in Night Town, *in beiden, der ursprünglichen Off-Broadway- und der kürzlichen Broadway-Produktion als Regisseur; in* The Little Foxes *als Schauspieler; in seiner Autobiographie als Autor), hat er ein Modell von Talent und professionellem Können an Beispielen illustriert, welche uns neue Einsichten in das* Wie *des Kommunizierens tiefer menschlicher Erfahrung über das Theater, den Film und das geschriebene Wort gewährt hat.*

Die Autoren danken für die Nachdruckgenehmigung aus folgenden Quellen:

Encyclopaedia Britannica, 14. Ausgabe, für Auszüge aus «Gnostizismus», Copyright © 1960, Encyclopaedia Britannica.

Farrar, Straus & Giroux, Inc., für Auszüge aus *This Timeless Moment* von Laura Huxley, Copyright © 1968 by Laura Archera Huxley.

Dem Fischer Taschenbuch Verlag für Auszüge aus *Das Zentrum des Zyklons; Eine Reise in die inneren Räume; Neue Wege der Bewusstseinserweiterung,* Frankfurt, 1976; The Julian Press für Auszüge aus *Programming and Metaprogramming in the Human Biocomputer* von John C. Lilly, Copyright © 1967, 1968 by John C. Lilly; für Auszüge aus *The Laws of Form* von G. Spencer-Brown, Copyright © 1972 by G. Spencer-Brown; alle Titel erschienen als Bantam-Paperbacks; und für Auszüge aus *The Philosophy of Consciousness Without an Object* von Franklin Merrell-Wolff, Copyright © 1973 by Franklin F. Wolff; für Auszüge aus *Pathways Through to Space* von Franklin Merrell-Wolff, Copyright © 1973 by Franklin F. Wolff.

Penguin Books, Inc., für Auszüge aus Stewart Brands Rezension von *The Laws of Form,* enthalten in *The Updated Last Whole Earth Catalog,* herausgegeben von Stewart Brand, Copyright © 1971, 1974 by Point.

Erma Sims für Auszüge aus ihrem dichterischen Werk.

Inhalt

Ich sage Dir, solange ich mir etwas Besseres als mich selbst vorstellen kann, kann ich nicht ruhen, es sei denn im Bemühen, es ins Leben zu rufen oder ihm den Weg zu ebnen. Dies ist das Gesetz meines Lebens. Das ist es, was des Lebens unablässiges Trachten nach höherer Organisation, nach erweitertem, tieferem, intensiverem Selbstbewusstsein und klarerem Selbstverständnis in meinem Inneren bewegt.

George Bernard Shaw
Mensch und Übermensch

Prolog

Das Zentrum des Zyklons ist jener aufsteigende ruhige und spannungsfreie Ort, an dem man lernen kann, wie man ewig lebt. Überall ausserhalb dieses Zentrums tobt der Sturm des eigenen Ego, das mit anderen Egos wetteifert im Rundtanz wütender Raserei. Verlässt man das Zentrum, so wird man vom Heulen des Sturmes um so heftiger betäubt, je mehr man bei diesem Tanz mitmacht. Das zentrale Denken / Fühlen / Sein – die eigenen Satoris – sind nur im Zentrum zu finden, nicht ausserhalb. Die hin und her gerissenen Gemütszustände, die Anti-Satori-Art zu leben, die selbstgeschaffenen Höllen sind ausserhalb des Zentrums. Im Zentrum des Zyklons befindet man sich jenseits des Lebens- und Schicksalsrades, dort erhebt man sich, um sich mit den Schöpfern des Universums, den Schöpfern unserer selbst, zu vereinigen. Hier erkennen wir, dass wir Jene geschaffen haben, die Wir sind.*

Der Dyadische Zyklon ist die Kombination aus zwei persönlichen Zentren. In diesem Buch geht es um eine Mann/Frau-Kombination – zwei rotierende Zyklone mit ihren Zentren, einer rotiert rechts-, der andere linksherum. In ihrem Dyadischen Zyklon stellen Toni und John die Frage: «Ist es möglich, zwei Zentren, zwei Zyklone, einen männlichen und einen weiblichen, so miteinander zu verschmelzen, dass es ein aufsteigendes ruhiges und spannungsfreies Zentrum gibt, in das sich beide gleichermassen teilen?» Während unserer fünf gemeinsamen Jahre haben wir nach Wegen gesucht, dies zu erreichen. Vorliegendes Buch erzählt die Geschichte jener fünf Jahre, soweit das bis zu diesem Zeitpunkt möglich ist.

* John C. Lilly, *Das Zentrum des Zyklons*, Frankfurt 1976.

Laura Huxley und John, 1978.

Vorwort

Ich möchte dieses Buch mit einem Liebesbrief beginnen. Mit einem Brief an unsere Freundin Laura Archera Huxley, verfasst von ihrem Ehemann Aldous und veröffentlicht in ihrem Buch *This Timeless Moment*.

... das einzige Stück Papier, das ich in meiner Tasche fand. So kritzle ich dies hin und schreibe Dir, mein Liebling, einen Brief, während ich in Córso Vittorio Emanuele meinen Kaffee trinke.

Einen Brief, um Dir zu sagen, dass Du wirklich eine *strèga* (Hexe) sein musst, wie sollte ich mich sonst mehr und mehr in Dich verlieben? Warum sollte ich anfangen, auf die Leute eifersüchtig zu sein, die Dich in der Vergangenheit liebten? Nein, nicht wirklich eifersüchtig – vielmehr traurig, weil ich nicht da war, weil ich nicht die anderen zehn war, die Dich auf zehn verschiedene Weise liebten, zu zehn verschiedenen Zeiten Deines und meines Lebens ... mit Dir eins waren in Zärtlichkeit und Leidenschaft und Sinnlichkeit und Verstehen.

Nun, ich bin nicht die zehn anderen und ich bin hier und jetzt, nicht damals und dort. Aber hier und jetzt liebe ich Dich sehr und wünsche nur, ich könnte Dich mehr und besser lieben – Dich so lieben, dass es Dir stets gut ginge, dass Du stets stark und glücklich wärst; auf dass es niemals jene Diskrepanz gäbe zwischen einem tragisch leidverzerrten Gesicht und der Erhabenheit des lieblichen Körpers einer Nymphe mit ihren kleinen Brüsten und dem flachen Leib, den langen Beinen ... den ich so zärtlich, so leidenschaftlich liebe.

Nun gut, ich muss mich aufmachen, meine Briefe aufzugeben und meinen Anzug anprobieren und die Rolle eines respektablen literarischen Gentleman spielen, der nicht in Kaffeehäusern herumsitzt und – ausgerechnet seiner Frau! – Liebesbriefe schreibt.

Beim ersten Lesen weinte ich. Genau dasselbe empfinde ich so oft für John. Viele von Ihnen müssen ebenso fühlen, Paare, die beinahe keine geworden wären, aber das Glück erfuhren, sich zu begegnen.

Antonietta Lilly

Einführung

John und Toni begegnen sich in Kapitel 18 von *Das Zentrum des Zyklons*. In *Der Dyadische Zyklon* führen wir diese Geschichte unserer gemeinsamen Bemühungen fort.

Offiziell trafen wir uns am 21. Februar 1971; jeder von uns hat sich (innerhalb gewisser Grenzen) an den anderen angepasst. Das Ausmass gemeinsamer Erfahrung seit jenem Tag ist für jeden von uns bestimmt so bedeutsam gewesen wie es an jedem Punkt unseres vorangegangenen individuellen Lebens, bevor wir uns kennenlernten, gewesen war. Zusammen haben wir ein derart aktives Leben geführt, dass Toni auf die kürzlich von einem Interviewer gestellte Frage: «Ärgern Sie sich jemals über John?» antwortete, «Ich ärgere mich wirklich nie über ihn, ertappe mich aber gelegentlich, wie ich mich nach kleinen Scharmützeln sehne.»

Seit unserem in *Das Zentrum des Zyklons* beschriebenen Treffen sind wir aus Tonis Zuhause in Los Angeles fortgezogen nach Decker Canyon, in der Nähe von Malibu, wo wir Workshops abgehalten haben, anfangs für jeden zugänglich, der sich darum bewarb. Später legten wir das Schwergewicht auf junge Ärzte. Indem unsere Beziehung zur Reife gedieh, fanden wir heraus, dass wir mit solchen Menschen arbeiten wollten, welche sich mit fortgeschritteneren Themen befasst hatten, bei denen es um das Leben auf diesem Planeten ging und wie man es erfolgreich, erfüllt leben kann.

In Decker gibt es ein Nebengebäude mit zwei Isolationstanks, die uns und unseren Besuchern zur Verfügung stehen. Beim Isolationstank handelt es sich um eine von mir 1954 am National Institute of Mental Health, Bethesda, Maryland, entwickelte Methode, um Studien über Einsamkeit, Isolation und Einzelhaft anzustellen. Die Frage lautete damals: Was widerfährt dem Zentralnervensystem und dem Geist des Menschen, der von jeglichem Sinnesreiz isoliert ist? Ich war ein junger Wissenschaftler, eifrigst bemüht, in die Regionen des Unbekannten vorzustossen: ins Nervensystem (indem ich mit Tieren arbeitete) und in den Geist (indem ich an mir selbst und mit einigen anderen Versuchspersonen arbeitete). Zehn Jahre brachte ich mit der Arbeit im Tank ohne Hilfsmittel (wie LSD) zu und fand viele neue Räume für mich.

Später, zwischen 1964 und 1966, nahm ich – wie in meinen Büchern *Programming and Metaprogramming in the Human Biocomputer* und *Das Zentrum des Zyklons* berichtet wird – LSD im Tank in St. Thomas und fand viele neue, bis dahin unerfahrene Räume. Die bei den frühen Studien in Süsswasser benutzte Sauerstoffmaske fiel nun weg: in St. Thomas arbeitete ich mit Treiben in einer seichten Salzwasserlösung.

In Decker ist die Tanktechnik noch mehr vereinfacht worden und ist heute leichter und sicherer in der Benutzung. Eine Epsomer Bittersalzlösung ($MgSO_4 \cdot 7\,H_20$) von 53 Prozent in Wasser ergibt ein spezifisches Gewicht von 1,3 g/cm^3, was dem spezifischen Gewicht des menschlichen Körpers entspricht, der auf einer solchen Lösung sozusagen schwerelos treiben kann. Die Bittersalzlösung steht knapp dreissig Zentimeter hoch; falls nötig, kann man sich rasch aufsetzen: das Gesäss landet auf dem Tankboden; indem der Oberkörper aus der Lösung auftaucht, sinkt der untere Körperteil hinab. Mit seitlich ausgebreiteten Armen auf dem Rücken liegend kann man sich bequem treiben lassen; Füsse, Hände und Kopf treiben auf der Oberfläche der Lösung. Die Lufttemperatur oberhalb der Lösung wird, ebenso die des Wassers, auf etwa 34° C gehalten. Im Tank herrscht totale Dunkelheit und totale Stille.

Ungeachtet des schlechten Rufs von sogenannten «Sinnesentzugs»-Experimenten hat diese Tankmethode selten zu Panik, Angst oder intensiven Schmerzen geführt. Mit der uns heute zur Verfügung stehenden Technik kann sich praktisch jeder in den Tank begeben. Bei bestimmten Krankheiten verweigern wir die Tankbenutzung. Besteht beispielsweise die Gefahr von Anfällen, so raten wir von der Benutzung ab, es sei denn, die Anfälle werden pharmakologisch sorgfältigst kontrolliert. Der Tank ist für bestimmte Fälle von Geisteskrankheiten kontraindiziert.

Toni und ich haben jeder geraume Zeit im Tank zugebracht und viele grundlegende Erfahrungen gemacht. Mehr als 200 Personen haben unsere Tanks benutzt.

Von Oktober 1973 bis zum 9. November 1974 habe ich eine lange Versuchsreihe über Seinszustände durchgeführt, inner- und ausserhalb des Tanks. Einen Grossteil verbrachte ich in «Samadhi».*

Diesen Experimenten wurde durch einen Sturz mit dem Fahrrad auf der abschüssigen Bergstrasse im Decker Canyon ein abruptes Ende gesetzt. Die Kette sprang ab, blockierte das Hinterrad, und ich flog kopfüber auf die Strasse. Einem neuntägigen Klinikaufenthalt folgten zwölf Wochen im Krankenbett zu Hause. Einige unserer Erfahrungen dieses Jahres und ihrer Folgeerscheinungen werden in diesem Buch dargelegt.

Obwohl unser Leben schon irgendwie auf die Tanks ausgerichtet ist, auf aussergewöhnliche Entdeckungsreisen und die Suche nach den Grenzregionen des menschlichen Geistes, gehen wir im übrigen ganz gewöhnlichen Dingen nach wie alle anderen Leute auch. Toni bestellt ihren Garten. Sie knüpft Teppiche, während sie mir bei manchen meiner Experimente zur Seite steht.

Wir lieben grosse Höhen. Wir meinen, dass es uns in grossen Höhen wesentlich leichter fällt, *high* zu bleiben, wie es schon die Tibeter in der Vergangenheit ausgedrückt haben. Als wir Dr. Franklin Merrell-Wolff aufsuchten, der in 1600 Meter Höhe am Hang des Mount Whitney lebt, bestätigte er diese Erfahrung. Vor vielen Jahren, als er den Durchbruch zu einem erleuchteten Bewusstseinszustand machte, fand er heraus, dass ihm das Leben in grosser Höhe half, in einem solchen Zustand zu verharren. Ich beziehe mich auf sein Buch *Pathways Through to Space*.

Toni und ich sind gleichermassen begeistert vom Skisport, vor allem in den Bergen der Sierra Nevada in Kalifornien und in den Rok-

* Ich benutze den Begriff «Samadhi» im Sinn eines allgemeinen Bereichs von Seinszuständen, in dem die Bewusstseinsebenen erweiterter sind als die in der allgemeinverbindlichen Realität von den gewöhnlich wirksamen Anschauungsweisen hervorgebrachten. In diesem Bereich kreieren/erfahren/funktionieren die eigenen Anschauungsweisen und der Metaglauben-Operator in einer ungewöhnlichen Realität, ä.r./i.r./a.i.r./N eingeschlossen. (Vergleiche Tabelle 1, *Das Zentrum des Zyklons*, Frankfurt, 1976.) Dieser Bereich umfasst 24, 12, 6 und 3 der Tabelle 1 sowie die Unterbereiche der äusseren Realität (ä.r.), der inneren Realität (i.r.), der ausserirdischen Realität (a.i.r.) und des Netzwerks der Schöpfung. Die Anschauungsweisen werden in meinen Büchern *Simulations of God: the Science of Belief; The Human Biocomputer* und *Das Zentrum des Zyklons* analysiert.

kies in Colorado. Irgendwann lehrte ich Toni das Skifahren in 2700 Meter Höhe am Mammoth, auf dem letzten Schnee jenes Winters. Im Anschluss daran fuhren wir frühsommers nach Nordkalifornien und liefen Ski am Mount Lassen und an den Hängen um den Crater Lake in Oregon. Im Winter darauf reisten wir zusammen mit einem guten Freund zum Dollar Mountain. Jeder von uns nahm Skiunterricht und vervollkommnete sein technisches Können.

Ich spüre, dass Toni ein einmaliges, starkes menschliches Wesen ist. Wahrscheinlich ist sie die toleranteste und aufgeschlossenste Frau, der ich in meinem ganzen Leben begegnet bin. Sie zeigt eine Reife in ihren Ansichten, eine Vollendung und einen Elan, eine Lebensfreude, Beständigkeit und Festigkeit, wie ich es bei keiner anderen Frau erlebt habe. Sie ist ausserordentlich fähig, was menschliche Beziehungen angeht. Männer oder Frauen, Geschäftsleute, Politiker, Wissenschaftler, Ärzte, Schauspieler, Mystiker, Kinder – jeder erfreut sich ihrer Wärme, ihres Enthusiasmus. Während des Jahres mit den Experimenten im Samadhi-Bereich, als ich die meisten anderen Teilnehmer über ihre Grenzen hinaus drängte, stand Toni mir treu zur Seite und hielt unseren planetengebundenen Trip zusammen.

Toni:

John ist so ziemlich der einzigartigste und kreativste Mensch, den ich in den vier Jahrzehnten meines Lebens kennengelernt habe. Er begegnet jeder Lebenssituation in einer Weise liebend und arbeitend, die ich gewöhnlich nicht vorhersehen kann – sehr selten voraussagbar. Die Bandbreite seiner Möglichkeiten ist immens und unbegrenzt; zeitweise wird er zu einem Kind und völlig *uncool;* zu anderen Zeiten kann er präzise und kristallklar sein, mit einem Intellekt, der in unserer Generation wahrscheinlich unübertroffen ist. Wie wir in unseren High School-Tagen über Intellektuelle zu sagen pflegten, ist John eine Kombination aus dem Jungen mit dem grössten Chemie-Experimentierkasten der Strasse, einem irischen Dramatiker und F. Scott Fitzgerald, dem Salzwasser durch die Adern fliesst. In Momenten der Inspiration gibt es nur wenige Männer oder Frauen, die es mit seinen agilen, intellektuellen Klimmzügen aufnehmen können. Sein Zugang zu unüberschaubaren Wissensgebieten deckt sich mit seiner Fähigkeit, Verbindungen zwischen ihnen herzustellen. Seine Originalität ist eine Freude, sein Humor das reinste Entzücken. Für mich bedeutet er *schieren Spass, mehr als jeder andere.*

Ich meine, dass er einer der sehr wenigen philosophisch vorgehenden Wissenschaftler ist. Das ist eine sehr seltene Kombination, aber eine, die in sich geschlossen und natürlich scheint. Wenn Philosophie und Wissenschaft miteinander verknüpft und dazu von Humor gekrönt sind, dann ist mein Interesse geweckt. Wenn die Grosszahl der übrigen Möglichkeiten, all die geheimnisvollen Unbestimmten in irgendeiner Form einbezogen sind, dann bin ich voll und ganz dabei. Diese Charakteristika, einhergehend mit der Bereitschaft verletzbar zu sein, ist wahrhaft einzigartig.

Unsere Seelen berührten sich, als wir einander begegneten, und die verflossenen fünf Jahre sind für mich sehr reich gewesen. In diesem Buch gebe ich Ihnen meine Eindrücke davon wieder, wie verschiedene Dinge sich abgespielt haben, hier in diesem Garten irdischer Wonnen.

0
Zufallskontrolle entwickelt die Dyade

Im Leben kann es eigentümlich passende Ketten miteinander in Verbindung stehender Ereignisse geben, welche Konsequenzen nach sich ziehen, die sehr wünschenswert sind. Nach derartigen Erfahrungen fragt man sich, wie eine solche Kette von Ereignissen zustande kam; manchmal gibt es ein starkes Gefühl, dass irgendeine Intelligenz (grösser als die unsrige) deren Lauf entlang vorgegebener Bahnen lenkte, welche Er/Sie/Es programmierte/programmiert. In solch einer Kette nimmt das Leben an Grossartigkeit mehr zu als man es erwartete, plante/programmierte/realisierte.

Die tatsächlichen Ereignisse (zur Zeit ihres Auftretens) mag man als negativ (bestrafend), als positiv (belohnend) und/oder als neutral (indifferent, objektiv) erleben; die tatsächlichen Erfahrungen mögen Schmerz/Angst/Wut einbeziehen, Freude/Entzücken/Liebe und/oder einen Zustand von Objektivität/Neutralität/nüchterner Einschätzung. Das eigene Beteiligtsein an den Ereignissen scheint im nachhinein irgendwie darauf zu beruhen, *etwas gelehrt zu bekommen, das man wissen musste,* bevor die nächsten Ereignisse sich entfalten.

Es gibt zum Beispiel Tage, an denen alle für einen Tag, für die nächste Woche, für die nächsten fünf Monate geplanten Ereignisse sich beinahe automatisch aufreihen und vorangegangene Konflikte, wie zeitliche Abmachungen, Termine, Finanzierungen lösen. Jemand (A) ruft an und bittet um eine Zusammenkunft in einer Woche: man trägt die Verabredung in den Terminkalender ein. Eine Krise kommt auf, die die Verabredung aufhebt. Innerhalb weniger Stunden ruft A an und bittet um Verschiebung des Termins, weil irgendein Faktor in seinem/ihrem Leben sich änderte, welcher offenbar mit dem eigenen nichts zu tun hat. Damit hat man Zeit gewonnen, oben erwähnte Krise zu lösen.

In unserer Dyade kommen solche Änderungen unseres Kalenders vor, nicht nur eine auf einmal, sondern in vielfachen, untereinander verbundenen, simultan ablaufenden Konfigurationen unsere zahlreichen unterschiedlichen Projekte betreffend (Schreiben/Korrigieren/Neuschreiben von Büchern, Filmemachen, einen bewegten Haushalt führen, Vorträge, Interviews, Verabredungen mit Freunden, neue Skripte erstellen usw.). Jede Veränderung steht in Beziehung zu allem übrigen, was sich ereignet, um alles, was offenbar wichtig ist, als Nächstes tatsächlich stattfinden zu lassen, in stetem Fluss zu halten. (Indem ich dies niederschreibe, ergaben sich, innerhalb einer Stunde, drei solcher Änderungen, die den heutigen Tag sowie die Planung für die nächsten Monate betreffen.)

In Wirklichkeit hängt ein Grossteil natürlich von Glück/Arbeit/Denkweise der Dyade ab. Wenn unsere grundlegende Auffassung, dass die Dyade bedeutender ist als jeder von uns für sich (siehe Kapitel 4, *Zusammenhalt in der Dyade)* rundum funktioniert, reihen sich die Ereignisse eines an das andere. Wenn diese Auffassung an irgendeinem Punkt ins Wanken gerät, reihen sich Ereignisse nicht (sichtbar) aneinander.

Vor mehreren Jahren formulierte ich ein Prinzip, welches solche Konzentrationen von Ereignissen beschreibt und sich etwa so anhört:

Es gibt ein *Kosmisches Zufallskontrollzentrum* (KZKZ) mit einer galaktischen Aussenstelle, der *Galaktischen Zufallskontrolle* (GZK). Innerhalb der GZK gibt es eine *Solarsystem-Kontrolleinheit* (SSKE), innerhalb derer es das *Irdische Zufallskontrollbüro* (IZKB) gibt. Durch die gesamte Hierarchie der Zufallskontrolle hindurch (von der kosmischen über die galaktische, die des Solarsystems bis zur irdischen) existiert eine Kette von Kommandostellen mit zunehmend wachsender Spezifizierung die Regelung der Zufälle betreffend, gemäss jeder einzelnen Ebene im System. Die Zuweisungen von Verantwortlichkeiten von der Spitze dieses Kontrollsystems bis zu seiner Basis wird durch eine ganze Reihe von Bestimmungen festgelegt, die – vom IZKB für uns menschliche Wesen übersetzt – etwa so lauten:

An alle Menschen:

Wenn du die Zufälle in deinem eigenen Leben auf dem Planeten Erde zu kontrollieren wünschst, werden wir kooperieren und jene Zufälle unter folgenden Bedingungen für dich ermitteln:

1 Du solltest unsere Existenz im IZKB kennen/voraussetzen/simulieren.

2 Du solltest gewillt sein, unsere Verantwortlichkeit der Kontrolle deine Zufälle betreffend zu akzeptieren.

3 Du solltest deine *besten Fähigkeiten* für deine Überlebensprogramme und deine eigene Entwicklung als ein fortschrittliches/fortgeschrittenes Mitglied der erdgebundenen IZKB-Truppe von kontrollierten Zufalls-Schaffenden zur Anwendung bringen.

4 Es wird von dir erwartet, dass du das Unerwartete jede Minute, jede Stunde eines jeden Tages und jeder Nacht erwartest.

5 Du solltest in der Lage sein, dein Bewusstsein/Denken/Urteil aufrechtzuerhalten, ganz gleich, welche Ereignisse wir dir auch zuordnen werden. Einige dieser Ereignisse werden dir verheerend/katastrophal/überwältigend vorkommen: Denke daran, *bleibe hellwach, ganz gleich, was dir (offensichtlich) zustösst.*

6 Du bist dein Leben lang Teil unseres Trainingsprogramms: ein Entrinnen ist unmöglich. Wir (nicht du) kontrollieren die Langzeit-Zufälle; du (nicht wir) kontrollierst die kürzerfristigen Zufälle durch deine eigenen Anstrengungen.

7 Deine Hauptaufgabe auf der Erde besteht darin, das zu entdekken/entwickeln, was wir tun, um die Langzeit-Zufallsmuster zu kontrollieren: Du wirst auf der Erde ausgebildet, um diesem Job genüge zu leisten.

8 Wenn dein Auftrag auf dem Planeten Erde erledigt ist, wird es nicht länger nötig sein, dort zu bleiben/dorthin zurückzukehren.

9 Erinnere dich des Wahlspruchs, der an uns (vom GZK via SSKE) ausgegeben wurde: «Kosmische Liebe ist absolut unbarmherzig und von erhabener Gleichgültigkeit: Sie erteilt ihre Lektionen, ob du sie magst/nicht magst/oder nicht.» (Ende der Anweisungen).

Hinsichtlich der Zufälle, welche eingesetzt wurden Toni und mich selbst zu trainieren, habe ich folgendes zu sagen:

Toni sah mich zum ersten Mal an einem Sommerabend 1969 im Heisswasserbad des Esalen-Instituts in Big Sur. In Esalen besuchte sie unseren teuren Freund Alan Watts, der das Jahr darauf unerwartet starb. Alan hielt ein Wochenendseminar ab.

Ich wusste nicht, dass sie dort war, noch, dass es sie gab.

Wie in *Das Zentrum des Zyklons*, Kapitel 5, «Eine Fremdenführung durch die Hölle», berichtet wird, war ich mit Sandy Unger unterwegs, als ich in Esalen ankam. Ich hatte unter Sandys Aufsicht gerade die «Fremdenführung durch die Hölle» hinter mich gebracht. Wir befanden uns auf dem Weg zu einem Psychopharmakologen-Treffen der University of California in Irvine. Von Berkeley und Palo Alto kommend machten wir auf dem Weg nach Süden Station in Esalen.

Wir wohnten Alans Seminar bei und trennten uns. Ich begab mich spätabends in die Bäder, um allein zu sein und über meine kürzlich gemachten Erfahrungen zu meditieren. Ich wollte herausfinden, ob es mir möglich wäre, in Esalen zu bleiben und an mir weiterzuarbeiten, oder es für nötig befinden würde, mit Sandy an das Maryland Psychiatric Research Center in Baltimore zurückzukehren. Während ich im Bad hockte, wurde meine Einsamkeit durch zwei weitere Personen unterbrochen. Im gedämpften Licht konnte ich Alans Silhouette als die eine Person ausmachen, aber die andere, offensichtlich weibliche Person nicht. Irgendwie ärgerte ich mich über die Störung meiner stillen Meditation und verharrte in Schweigen. Alan wusste, dass in Esalen viele Leute nachts in die Bäder gehen, um allein zu sein und zu meditieren. Alan unterbrach mich nicht. Er und die Frau sagten nichts.

Toni:

Ich erinnere mich der Nacht in den Schwefelbädern* in Esalen, nachdem Alan seine abendliche Sitzung beendet hatte. Wir begaben uns gemeinsam in die Bäder.

Ausser dem Sternenlicht gab es keine Beleuchtung. Als sich unsere Augen an die Dunkelheit gewöhnt hatten, sahen wir eine stille Figur in der gegenüberliegenden Ecke des Bades, nahe der dem Meer zugewandten Seite. Ich spürte stille, Konzentration signalisierende Schwingungen.

Zwischen uns dreien im Wasser war eine fliessende Energie spürbar. Mir fiel Alans ungewöhnliches Schweigen auf, sein Akzeptieren einer unausgesprochenen Übereinkunft, still zu sein. Auch ich spürte Schwingungen in dieser Richtung. Nachdem wir gegangen waren, bemerkte Alan, dass diese andere Person im Bad John Lilly war. Sein Buch über Delphine hatte ich mit einigem Interesse gelesen.

* Dies sind Betontanks, etwa 60 cm tief und 1,80 m lang. Das Wasser aus den heissen Quellen (40 °C) fliesst durch sie hindurch und ergiesst sich dann über die Klippen ins Meer.

So hatten Toni und ich 1969 einen ersten «Kontakt». Offenbar bereitete das *Irdische Zufallskontrollbüro* (IZKB) die Zufälle vor, die sich in der Folge aneinanderreihen sollten. Der Zufall eines ersten Treffens von Angesicht zu Angesicht wurde bis zum 21. Februar 1971 aufgeschoben, zwei Wochen, nachdem ich von einem siebenmonatigen Aufenthalt aus Arica, Chile, zurückgekehrt war. Wieder war Alan Watts mit dabei.

Begleitet von einem Freund hörte ich mir Alans Vortrag in der Aula der Beverley Hills High School an. Anschliessend traf ich Alan, umgeben von Freunden und Bewunderern, in der Vorhalle.

Toni:

Zu diesem Zeitpunkt hatte ich keine Ahnung, dass John sich unter den Zuhörern befand, noch, dass er zu der anschliessenden Party eingeladen war. Auch erkannte ich ihn nicht, ausserhalb des Wassers und bei Tageslicht. Später erfuhr ich von Virginia Dennison, einer langjährigen Freundin Alans, dass sie es war, die ihn zur Party eingeladen hatte.

Meine Begleiterin und ich unterhielten uns eine Weile mit einer Gruppe ihrer Freunde. Irgendwie (wie, wusste ich nicht) waren wir in ein Haus in den Hügeln bei Hollywood zu einer Party für Alan eingeladen worden. Wir beschlossen, hinzugehen.

Auf dem Weg dorthin hielten wir an, um zu Abend zu essen. Wir nahmen unsere Fahrt wieder auf, und es platzte uns ein Reifen. Es war sehr spät (halb zwölf nachts): In der unmittelbaren Umgebung gab es keine offene Tankstelle. Bis wir das Reifenproblem gelöst hatten, war es ein Uhr morgens. Fast beschlossen wir, nach Hause zu fahren; die Party für Alan musste vorüber sein. Hätten wir diesen Kurs eingehalten, hätte ich Toni nicht kennengelernt: Das IZKB überliess es uns, über die Zufälle des platten Reifens und der späten Stunde hinwegzugehen.

Über die folgenden Ereignisse wird in *Das Zentrum des Zyklons*, Kapitel 18, berichtet:

Die Begegnung fand statt in einem Haus in den Hügeln bei Hollywood um 1.30 nachts. Ich war zu einer Party nach einer Alan Watts-Lesung in dieses Haus eingeladen worden. Der Wagen, mit dem ich hinfuhr, hatte einen platten Reifen – darum die späte Stunde. Alan hatte die Party bereits verlassen – genaugenommen waren nur noch wenige Übriggebliebene da. Als ich zur Haustür hereinkam, bemerkte ich eine dunkelhaarige Frau, die in der großen Eingangshalle auf dem Boden sass. Nachdem ich den Hausherrn und die paar übriggebliebenen Gäste begrüsst hatte, ging ich zu ihr.

Als ich näherkam, sah und fühlte ich ihre Aura von Liebe und wohltuendem Einfluss. Ihr Gesicht ist beeindruckend und ungewöhnlich: Ihre grauen Augen und die klassische Nase haben eine Adler-hafte Ausstrahlung – eine scharfe, durchdringende, leidenschaftslose, analytische Ausstrahlung; wach und mit lebendigem Interesse blickt sie um sich. Ich fühlte ihr gesammeltes, festes, vertrauensvolles, zufriedenes Wesen dort sitzen und mich betrachten, als ich mich näherte. Ich setzte mich zu ihr und sah sie direkt an, wie sie direkt auf mich und in mich hineinsah. Augenblicklich erkannte ich sie, und sie erkannte mich. Wir gingen zusammen in eine strahlende kosmische Region der Liebe. Ich fragte nach ihrem Namen, ihrem Alter, ihren Verbindlichkeiten und all den nötigen «48er»-Informationen, und sie tat dasselbe.

Ich fühlte, dass wir schon in früheren Leben zusammengewesen waren und sagte: «Wo warst du während der letzten fünfhundert Jahre?» Sie antwortete: «Im Training».

Wir hatten beide dasselbe Gefühl – unsere Leben waren für uns beide ein Training gewesen, um uns zu begegnen. Wir hatten uns treffen müssen, um eine bestimmte Arbeit zusammen auszuführen – eine Arbeit, die noch definiert werden musste.

Vier Tage später ging ich zu einer Party in ihrer Wohnung. Wir begannen unsere neue Realität zu erkennen, eine wirklich gemeinsame Realität. Seither waren wir nicht länger als für ein paar Stunden getrennt.

Somit wurde unsere Dyade am 21. Februar geboren. In jener Nacht fand ich das, was ich in Chile mehr vermisst und ersehnt hatte als die Fortsetzung meiner dortigen Erfahrungen. Indem ich Antonietta begegnete, fühlte ich mich komplett und vollständig. Alle Anstrengungen und Mühen seit dem Januar 1969 ergaben plötzlich einen Sinn: Die längerfristigen Zufallskontrollmuster des IZKB begannen nun, ernsthaft ihre Macht zu zeigen.

Der Dyadische Zyklon entstand aus zwei individuellen Zyklonen und wurde zu einer grossartigeren Wesenheit als Toni und ich jeder für sich. In *Das Zentrum des Zyklons* schrieb ich weiter:

Einmal wurde Toni von einem Freund gefragt, inwiefern sie sich verändert habe, seitdem wir unsere Dyade gebildet hatten. Sie erzählte, dass sie (freudigen) Kummer empfand über ihr früheres Selbst, das sagte: «Sie war nicht so ohne, als sie allein war; jetzt, da sie in der Dyade ist, ist sie vollständig, ist sie Wir.»

Die bedingungslose Natur der kosmischen Liebe (Baraka) war uns in unserer Dyade gezeigt worden. Kosmische Liebe liebt und belehrt dich, ob du es willst oder nicht; sie hat eine Unvermeidlichkeit, eine Vollständigkeit der Herrschaftsübernahme, eine schicksalshafte, freudevolle Eigenart, die sich ausbreitet und andere zu dir bringt und durch dich lehrt. Jeder von uns fühlt das jetzt mit aller Macht.

Diese Begegnung mit meiner Seelengefährtin mit all ihren Obertönen von Freude, Annahme und Glück kündigte den Beginn eines Angriffs des Ego (Karma) an. Wie Oscar in Arica gesagt hatte: «Du hast den grössten Teil deines Ego geschafft. Es sind nur noch ein paar Sandkörner (und, so füge ich hinzu, Sandkörner von diamantener Härte) in der perfekten Maschine – jetzt ist alles, was du zu tun hast, die Maschine zu säubern, und sie wird glatt in Satori laufen.»

Im Zusammensein mit Toni entdeckte ich, dass der Sand wieder in meinem Selbst war. Glücklicherweise waren wir beide stark genug, so dass wir gemeinsam daran arbeiten konnten. Dieses gegenseitige kooperative Wagnis, unsere Maschinen miteinander zu säubern, ist die essentielle Natur unserer Dyade.

Keiner von uns hatte eine Ahnung, dass, zu der Zeit als obige Abschnitte geschrieben wurden – die in ihnen enthaltenen Aussagen für uns beide und für die Dyade auf tiefgehende Prüfungen hindeuteten.

Der Dyadische Zyklon erzählt die Geschichte dieses «gegenseitigen, kooperativen Unternehmens . . . in der grundlegenden Natur unserer Dyade.» (Mehrere Male sah es so aus, als würden wir uns gegenseitig verlieren; dank unserer Anstrengungen und durch die Hilfe des IZKB haben wir bis auf den heutigen Tag fünf Jahre überlebt.)

JENSEITS VON «REPRODUZIERE!»: ÜBERICH-DYADE

In dieser Dyade haben wir uns bereits beide reproduziert.
Du hast Kinder, ich habe welche, jeder mit jemand anderem, nicht wir.
Du kannst nicht länger schwanger werden.
Ich kann dich nicht befruchten.
Wir können uns lieben, uns in Ekstase vereinen.
Und haben wir das oft getan, was dann?
Sind wir hier für Sinnesfreuden?
Können wir, durch uns und Sex, darüber hinausgelangen?
Wo ist «darüber hinaus»?
Weit entfernte Räume, grössere Wesen-Wesenheiten als wir es sind, locken und rufen.
Gemeinsam können wir zu ihnen gehen, oder jeder von uns für sich allein?
Lass es uns versuchen, gemeinsam so zu gehen.
Lass uns unseren Hindernissen, unserem Ausweichen, unseren Blockierungen und Hochflügen gemeinsam ins Antlitz blicken. Das Hindernis körperlicher Ekstase hier konvertiert dort zu Geistreise-Energie.

Das Hindernis des Planeten Erde, das Mutter an ihren Busen bindet, benütze konstruktiv.
Das Ausweichen vor unabhängigem Selbstverlust, konvertiere zu Dyadenpracht.
Gemeinsam zu einem verschmelzen, um als zwei-in-einem zu reisen.
Keine Rivalität, keine Kontrolle des einen über den anderen, einer von jedem von zweien gelenkt, verschmolzen.
Ein Traum, ein Gebilde der Fantasie? Poesie?
Nein.
Ein Programm, ein Metaprogramm für eine Überich-Dyade.

(Aufgeschrieben am 15. Dezember 1969: etwa einen Monat vor dem ersten Kontakt zwischen Toni und mir am Esalen-Institut, Big Sur, Kalifornien, und ein Jahr und zwei Monate bevor wir uns am 21. Februar 1971 kennenlernten.)

1
Eine esoterische Schule verliert an Einfluss

Das Zentrum des Zyklons gibt einen Grossteil meiner Erfahrungen mit innerer und äusserer Realität wieder. Gegen Ende des Buches berichte ich über die Zeit mit einem esoterischen Meister und den Anfängen seiner Schule in Arica, Chile. Um in dieser Schule sein zu können, musste ich meine Anschauungsweisen revidieren. Der metabolische Operator (siehe Anhang IV), unter dem ich arbeitete, sagte tatsächlich:

> «Dieses Gefährt wurde in verschiedenen westlichen Wissenschaften ausgebildet: Am Cal Tech und in Medizin, in einer psychoanalytischen Schule, in der katholischen Kirche, im Isolationstank, usw. In jedem einzelnen Fall übernahmst du Anschauungsweisen einer jeden dieser Disziplinen. Es gibt mehrere Disziplinen, die interessant sind und die Behauptungen aufstellen, denen du nachgehen solltest. Auf Anregung von Baba Ram Dass hast du die Yoga-Anthologie *Yoga Sutras* von Patanjali studiert, einem indischen Philosophen (ca. 200 v. Chr.). Du musst aber noch erfahren, was es ist, worüber Patanjali spricht. Es ist an der Zeit, dass du dich in eine oder mehrere dieser Anschauungsweisen aus dem Osten versenkst.»

Oscar Ichazo lernte ich in Chile kennen. Ich war beeindruckt von seiner Energie, seiner Disziplin und seinem Verständnis. Hier war ein Mann, dessen Anschauungsweisen meinen früheren Erfahrungen gegenüber völlig fremd waren. Ich beschloss, mit ihm als Lehrer zu studieren, in einem neuen Kurs, der speziell auf vierundfünfzig Amerikaner zugeschnitten war. Ich stieg richtig ein und machte die Erfahrungen, derentwillen ich nach Chile gereist war. Damals war es möglich, unter der persönlichen Anleitung Oscars Studien zu betreiben. Diese Erfahrungen werden in *Das Zentrum des Zyklons* im Detail beschrieben. Das Buch schliesst mit meiner Rückkehr aus Chile und dem Treffen mit Toni und vertritt den Standpunkt, dass meine Erfahrung in Chile sehr positiv war.

Chile verliess ich noch vor Ende des Trainings. Zunächst drückte Oscar seinen Kummer aus, dass ich seine Gruppe verliess. Rasch nahm er meine Entscheidung, zurückzufahren, an und äusserte den Wunsch, ich möge mich ihm später, wenn er in die Vereinigten Staaten kam, wieder anschliessen. Ich stimmte zu.

Schon als ich Chile verliess, überkam mich das zwiespältige Gefühl, dass ich in dem neuen «Format», welches Oscar im Januar 1971 eingeleitet hatte, nicht weiterkam. Kurz vor meiner Abreise hatte er das Konzept der Gruppe, als alle Individuen dominierend, eingeführt. Er wies uns an, jeder solle drei Tage des Betens in völliger Einsamkeit verbringen, jeder in seinem Quartier. Seinen Anweisungen zufolge hatte man bäuchlings auf dem Boden zu liegen, die Stirn auf beide Hände gelegt, und eine Folge von Gebeten zu verrichten, die er uns im Detail erläuterte. Er meinte, dies sei die bequemste Stellung, wie man die geforderte Zeit von neun Stunden täglich fürs Beten einhalten könne.

Innerhalb der ersten fünfzehn Minuten fand ich, dass diese Stellung unglaublich unbequem war. Druck auf Händen und Stirn führte zur Unterbrechung der Blutzufuhr in Stirn und Händen und verursachte Schmerzen. Ich nahm andere Gebetsstellungen an. Seinen Anweisungen zufolge sollte man um Rat beten, ob man ein Mitglied der Gruppe werden sollte oder nicht. Gegen Ende der drei Tage hatte ich meine Antwort erhalten: Ich muss Oscar verlassen und zu meiner eigenen Arbeit zurückkehren.

Früher einmal hatte ich fünf Tage allein in der Wüste zugebracht; am 22. Oktober 1970 analysierte ich Oscar und die Schule auf mehreren Seiten Notizen. Diese Notizen verfasste ich am letzten meiner fünf Tage in der Wüste. (Siehe *Simulations of God.*) Ich zitiere aus der abschliessenden Passage:

«Gott» voraussetzen, «Gebet» voraussetzen, «Verbindung» voraussetzen – all das scheint stenografiert für Bewusstseinszustände, für innere Erfahrungen, für Einsamkeit-Isolationstrips. Diese Worte schliessen das, was wirklich ist, was existiert, kurz und übersimplifizieren es. Vielleicht hat er (Oscar) recht und ich unrecht – vielleicht haben wir aber auch beide recht. Er, mit seiner Ausbildung und seinem Background, benutzt diese Bezeichnungen, um für ihn reale Erfahrungen auszudrücken – ich blockiere mich dagegen, weil ich diese Konzepte tiefgehend erforscht habe und sie arrogant und seicht finde: für mich. Mit ähnlichen Erfahrungen (ich hoffe, dass ich sie machen kann!) *kann ich in einer wissenschaftlicheren und klaren Sprache neu formulieren, was vor sich geht und wie man dort hingelangt. Ich muss meine eigene Arbeit erledigen* (wie immer) *und die Resultate nach meinem Wissen beurteilen* und mich nicht auf Oscar oder seine Theorien als das A und O verlassen. Sonst könnte ich seinen Trip in diesem Moment aufgeben. Ich brauche Zeit und nicht Druck von Oscar: Er drängt: mit Einsamkeit-Isolation und mit Programmieren. Er ist ein Programmierer! Er ist enthusiastisch und ein wenig launenhaft – erklärt mir nicht, was er tut, (was) ich tue. Er ist der Qutb, der Meister – der traditionelle Geheimrat-Professor Europas und des Ostens. Er muss über mich aufgeklärt werden, einen Amerikaner mit unabhängigen Gedanken und Mitteln. Ich habe noch nie anderer Leute Lehren oder Wissen kritiklos übernommen und werde bei Oscar keine Ausnahme machen.

Die Frage wäre angebracht, warum diese Notizen nicht in *Das Zentrum des Zyklons* veröffentlicht wurden. Das ist ein wichtiger Punkt. Als ich aus Chile zurückkehrte, fühlte ich mich immer noch mit Oscar verbunden. Ich fühlte mich auch mit anderen Mitgliedern aus Oscars Gruppe noch verbunden. Meine Erfahrungen in Chile hielten mich immer noch in Verzückung. Trotzdem hatte ich Chile verlassen.

Ich lernte Toni kennen und berichtete von meinen Erfahrungen in Chile, erzählte ihr von meiner Bindung an Oscar, dass er mit der Gruppe in die Vereinigten Staaten kommen würde, sobald sie zwei weitere Monate absolviert hätten, die er dem Versuch widmete, «Gruppen-Satori» zu erlangen.

Im März schrieb er mir einen überschwenglichen Brief, in dem er mir mitteilte, die Gruppe hätte Satori erlangt (Ebene 12 in der in *Das Zentrum des Zyklons* benutzten Nomenklatur). In seinem zweiten Brief bat er mich, ihn bei seiner Rückkehr in San Francisco zu treffen. Toni und ich fuhren hin und trafen Oscar mit seiner Frau Jenny und drei anderen Mitgliedern der Chile-Gruppe, Joseph Hart eingeschlossen. Bei dieser Zusammenkunft war Oscar sein angenehmes vielschichtiges Selbst mit einer guten Portion Humor. Offensichtlich bereitete ihm die Bekanntschaft mit Toni grosse Freude. Er schlug vor, wir sollten ihn in New York besuchen, wo er im Herbst 1971 den ersten Kurs in den Vereinigten Staaten einführte. Um das zu verstehen, was ich in Chile durchgemacht hatte, entschloss sich Toni, das dreimonatige Training der New York-Gruppe mitzumachen. Wir fuhren gen Osten und trafen Oscar und die Gruppe in Bayville, Long Island, wieder.

Trotzdem ich Chile verfrüht verlassen hatte, funktionierte ich immer noch unter der Illusion, dass ich als ein Mitglied der Gruppe verstanden wurde (wenigstens von Oscar). Auch in persönlichen Gesprächen befreite er mich nicht von diesem Irrtum. In Bayville gab es eine Begegnung mit ihm, während der er sagte, er müsse die Gruppe fragen, ob ich mich anschliessen könne. An diesem Punkt begannen die Dinge dramatisch zu werden.

Oscar rief mich in sein Motelzimmer in Bayville und machte mir nachdrücklich klar, dass es unmöglich für mich wäre, wieder in die Gruppe einzutreten, dass er förmlich spüre, die anderen würden mich wie Tiger in Stücke reissen. Spätere Gerüchte über die Vorgänge während jenes Gruppentreffens zeigten, wie Oscar da ein wenig Politik machte.

Er war mit der Gruppe zusammengekommen und hatte die Aufnahme seiner Frau Jenny vorgeschlagen, meinen Wiedereintritt in die Gruppe allerdings nicht besonders befürwortet. Ich sprach mit verschiedenen Gruppenmitgliedern und fand heraus, dass man ihnen verboten hatte, mit mir zu sprechen. Einige taten das dann im geheimen. Ich hatte viele gute Freunde in der Gruppe. Ich war überrascht und ziemlich verletzt, als ich herausfand, dass mich die Gruppe als Ganzes ablehnte. Es bereitete mir einigen Kummer, bis es mir gelang, meine Verzückung zu überwinden (den Begriff «Verzükkung» verwende ich in der Bedeutung von «Betörung» und daraus resultierender «Verblendung») und analysierte meine Zwiespältigkeit, mein Hin- und Hergerissensein bezüglich der Gruppe.

In der Zwischenzeit hatte ich das Manuskript für *Das Zentrum des Zyklons* abgeschlossen, in dem ich Oscar lobte und über meine Erfahrungen berichtete. Im grossen und ganzen schnitt der Bericht auf der positiven Seite ab; die negative wurde unterdrückt. Die analytischen Notizen aus der chilenischen Wüste hatte ich ausgelassen. Ich gab Oscar einen Durchschlag des Manuskripts. Er las es und liess mich wissen, er sei begeistert. (Wären die Notizen aus der chilenischen Wüste dabei gewesen, hätte er wohl nicht so begeistert reagiert.)

Unterdessen hatte das Training für eine neue Gruppe von vierundsiebzig Teilnehmern im Essex House in New York begonnen, und Toni schloss sich ihnen an. Ich blieb mit beiden Gruppen in lokkerer Verbindung und fand heraus, dass Mitglieder beider Gruppen nicht mit mir kommunizieren sollten. Ich versuchte mit meinen früheren Freunden zu kommunizieren, sie aber unternahmen gemeinsame Anstrengungen, dies zu unterbinden.

Ich stand zu ihrer Verfügung, da ich gemeinsam mit Toni im Essex House wohnte – die ganzen drei Monate lang nahm allerdings niemand diese Gelegenheit wahr.

Irgendwann lud mich Steven Stroud, einer der Leute aus Big Sur, der gemeinsam mit mir nach Chile gegangen war und der eines der hingebungsvolleren Mitglieder der ursprünglichen Gruppe war, zum Mittagessen ein. Während des Essens machte er mir einen Vorschlag. Für mich stellte sich die Frage: Wiedereintritt in die Gruppe oder nicht. Sein Vorschlag lautete, dass wenn ich die Veröffentlichung von *Das Zentrum des Zyklons* aussetzen würde, ich wieder Mitglied der Gruppe werden könnte. Dies war der endgültige Anstoss, der meine Ambivalenz und meine Verzückung aufbrach. Ich teilte ihm mit, dass sich das Manuskript bereits auf dem Wege zur Veröffentlichung befände, dass es äusserst ungelegen wäre, es zurückzuziehen und ich nicht sehen könne, dass dies nun wirklich ein realistischer Handel sei. Ich nahm den Vorschlag nicht an und zog meine Bewerbung um einen Wiedereintritt in die Gruppe zurück.

Während dieser Zeit gab es mehrere Anlässe, an denen ich Oscar begegnete. Wir fanden einander unterhaltsam, es gelang uns aber nicht, die tiefe Beziehung, die wir in Chile entwickelt hatten, wieder aufzunehmen.

Rückblickend liegt es offen auf der Hand, dass ich nicht der einzige war, der von der Gruppe, von Oscar abgelehnt wurde. Einige Selbststarter gingen. Claudio Naranjo war der erste, welcher noch in Chile gedrängt wurde, die Gruppe zu verlassen. Verschiedene andere wurden in Chile ausgebootet. Ich war der einzige, der Chile auf eigenen Entschluss hin verlassen hatte.

Während unserer sonntäglichen Übungen in der Wüste (die sogenannten Pampas-Übungen), äusserten sich mehrere Gruppenangehörige und teilten mir ihren Kummer über meine Abreise mit. Einer oder zwei von ihnen waren ziemlich aufgebracht. Es verwunderte mich, auf welch gesteigerter emotionaler Ebene sich die Leute mit meiner Abreise beschäftigten. Für mich war das zu jener Zeit ein völlig logischer Schritt. Ich hatte in den drei Tagen einsamen Betens meine Antwort gefunden: Ich war ans Ende dieses speziellen Trips gelangt, hatte meine Ziele, was Oscar anging, erreicht; mit meiner

Analyse und meinen Schlussfolgerungen war ich mehr oder weniger zufrieden. Es gelang mir kaum, ihre Emotionen zu verstehen. Offensichtlich hatten sie mich liebgewonnen und waren enttäuscht, dass ich schon ging. Irgendwie spürten einige dieser Leute, dass meine Entscheidung ein schlechtes Licht auf sie warf. Was ich als logisch und intuitiv erkannt betrachtete, das heisst, Schluss zu machen, betrachteten sie als Treuebruch.

Ich glaube, dass es diese Gefühle waren, die meinen endgültigen Ausschluss in New York zur Folge hatten. Ich sah Oscar als einen persönlichen Lehrer an, der mir äusserst wertvolle Erfahrungen vermittelt hatte, und das durch Techniken, Methoden und Denkweisen, denen ich vor Chile noch nie begegnet war. Dafür war ich Oscar zutiefst dankbar. Persönlich mochte ich ihn, die ihn umgebende Politik war allerdings zuviel für mich. In meiner eigenen Tradition habe ich mit meinen Lehrern Bande geschmiedet, damit ich, sollte die Notwendigkeit auftreten, zu ihnen zurückkehren kann. Mit Oscar stellte sich so etwas als unmöglich heraus. Als ich vor zwei Jahren einmal das Bedürfnis verspürte mit Oscar zu sprechen, musste ich erfahren, dass die Gruppe jeglichen Kontakt zu ihm verhinderte und ich ohne seinen Rat auskommen musste. Seit jener Zeit in New York habe ich ihn nicht mehr gesehen. Ich bin nicht einmal sicher, ob er meine Mitteilungen erhalten hat.

Als meine emotionale Verzückung und Ambivalenz sich gelegt hatten und meine Objektivität der Gruppe gegenüber zugenommen hatte, realisierte ich, dass ich irgendwo nicht dazu geschaffen bin, noch darauf trainiert wurde, den Einfluss einer Gruppe zu ertragen. Nach und nach wurde mir klar, dass ich ein Entdecker bin, der jederzeit wieder Schüler werden kann, um etwas hinzuzulernen, um meine eigene Entdeckens-Philosophie und meine eigenen Techniken beim Entdecken zu schärfen; dieser Schüler muss aber auch wieder gehen können, wenn er für seine Ziele genug gelernt hat. Einiges meiner Verzückung behalte ich für unsere Dyade zurück. Dieses gewährt mir die Fortsetzung meiner Entdeckungen.

Meine eigene kindhafte Natur, unter Schichten von Gelehrsamkeit, Schulung, von Erklären-Müssen, kommt in der Dyade mühelos an die Oberfläche. Es ist unangebracht für mich, dieser Kindhaftigkeit andernorts freien Lauf zu lassen. Wenn Toni und ich allein sind, lasse ich meiner kindhaften Natur freien Lauf. Langsam, aber sicher bildet sich das Kind in mir heran, schützend umgeben von Tonis hingebungsvoller Liebe. Das Kind hat aber noch Schwierigkeiten, sich auf Geheiss einer Gruppe zu zeigen.

Um ein spezifisches Beispiel dessen zu geben, was sich in New York abgespielt hatte, berichtet Toni über ihre Erfahrungen mit der Arica-Gruppe. Sie können jetzt den Hintergrund erkennen, vor dem sich ihre Erfahrungen aufrollten, und meinen Gemütszustand während ihrer Erfahrung. Ich musste nach New York gehen und diese drei Monate ausserhalb der Gruppe verbringen, um meine eigene liebevolle Neigung zu dieser Gruppe zu lösen und einen höheren Grad an Objektivität erreichen, was meine menschlichen Beziehungen zu ihnen betraf. Es war eine Lehre fürs Leben, und ich bin Toni zu tiefstem Dank verpflichtet, dass sie mir die Gelegenheit dazu gab, indem sie sich dem Training jener Gruppe anschloss (New York Nr. 1, wie es genannt wird). Im Laufe dieses Jahres realisierte ich, dass jeder mit genügend Eigenständigkeit, wie ich meine, der bei jenem Training mitmachte, die New-York-Gruppe auf eigene Initiative hin verliess. Andere Leute unterzogen sich dem Training auf der Grundlage meiner Erfahrung in Chile, über die in anschliessenden Vorträgen berichtet wurde. Wieder andere entschlossen sich nach der Lektüre von *Das Zentrum des Zyklons*.

Ich schrieb das Buch, das Oscar und die Gruppe anging, in einem Zustand positiver Umstellung. Es schien, als legte ich das Fundament für meine objektivere Analyse jener positiven Transferenz in den Notizen aus der chilenischen Wüste. In aller Fairness gesagt, ich hätte diese Notizen in *Das Zentrum des Zyklons* aufnehmen sollen. In meinem Zustand der Verzückung gelang mir das nicht, und es musste einige Zeit vergehen, bis es mir, nachdem sich meine Verzükkung gelegt hatte, gelang, jene Notizen zu veröffentlichen. So kann Objektivität unter Bindungen Schaden nehmen. Mit den Worten Patanjalis, «Freude führt zu Anhänglichkeit; Schmerz führt zur Abkehr».

Diese Erfahrungen brachten mir die Erkenntnis, dass Anhänglichkeit und Abneigung beide das Resultat mangelnder Objektivität sind. Um in den Zustand der von Merrell-Wolff beschriebenen Erhabene Gleichgültigkeit zu gelangen, muss man die Höhen und Tiefen von Bindungen und Schmerz erfahren haben. Objektivität stellt sich ein, und ich erfahre Erhabene Gleichgültigkeit.

Solange ich in diesem menschlichen Gefährt stecke, wird es mir nicht gelingen, in einem Zustand Erhabener Gleichgültig zu verharren. Im menschlichen Gehirn arbeiten spezielle Überlebensschaltkreise, die Freude und Schmerz generieren, damit der Organismus, den wir bewohnen, auf diesem Planeten überleben kann. Allein durch nahe Begegnungen mit dem Tod, durch das Wissen, welches intensiver Schmerz vermittelt, und durch das Wissen, welches intensive Freude mit sich bringt, kann man schliesslich den Zustand Erhabener Gleichgültigkeit jenseits aller Seligkeit erreichen, jenseits auch der Höllen auf diesem Planeten (in einem selbst und durch andere), kann man diese schliesslich aufgeben und das Gefährt in Gegenden jenseits menschlichen Begriffsvermögens und menschlicher Einbildungskraft ziehen lassen.

Ich glaube nicht, dass jeder beliebige Lehrer oder Meister oder Guru die ganze Zeit über in den höchsten Zuständen verharren kann, die ich kennengelernt habe. Er kann dies nicht eher erlangen, als er über eine Dyade verfügt sowie über die Mittel, in jenem höchsten Zustand zu bleiben, während er ausserhalb der allgemein gültigen Wirklichkeit operiert, wie Sri Aurobindo, ein in Indien lehrender Yogi es tat.

Kürzlich erhielt ich ein Buch über Kundalini Yoga von Gopi Krishna zugeschickt. Auf Empfehlung von Dick Price vom Esalen-Institut hatte ich seine Autobiographie vor einigen Jahren gelesen. Gopi Krishnas Erfahrungen beim Aufsteigen seiner Kundalini, die positiven wie die negativen, hatten mich beeindruckt. Sein letztes Buch liess mich völlig unberührt. Er fällt Urteile, die nur allzu menschlich sind. Er benutzt Alan Watts Autobiographie als das Beispiel eines Menschen, der kurz davor stand, Erleuchtung zu erlangen, es dann aber nicht schaffte, weil er die Kundalini ausser acht liess. Er zwängt einem seine eigenen Methoden als das A und O auf, die höchsten Seinszustände zu erreichen. Trotz seiner Argumente reflektieren seine Schriften in keiner Weise die Position erreichter höherer Seinszustände. Er urteilt allzu menschlich.

Merrell-Wolff bemerkt in *Pathways Trough to Space:*

Es ist falsch, anzunehmen, dass ein Dharma oder selbst der Gott-bewusste Mann keine Probleme habe. Als Gott-bewusst ist Sein Impuls, Sein Dharma, folglich gibt es keinen emotionalen Konflikt. Aber die Frage: «Was bedeutet dieses Dharma praktisch angewendet?», ist eine ganz andere Sache. Ausserhalb der Mathematik existieren keine absoluten Lösungen zu relativen Problemen. Das Höhere Bewusstsein ist sich auf seiner eigenen Ebene gewiss; Es bewirkt eine enorme Abklärung der Einsicht auf der Subjekt/Objekt-Ebene; und Es manifestiert sich stets als die Absicht, das Höchstmögliche an Gutem zu erreichen; aber beim Umgang mit Menschen sind unbekannte Variablen im Spiel, sogar aus der Perspektive hoher Adepten. Als eine Konsequenz *impliziert Erleuchtung auf keinen Fall unfehlbares Handeln im Subjekt/Objekt-Bereich.* So bleibt stets das praktische Problem, welches wir mit einer Frage herausstellen können: «Welcher Art des Handelns manifestiert am besten das inwärtig erkannte Dharma?» Natürlich ist der erleuchtete Mann, der über seine Erleuchtung hinaus über ein breites, allgemeines Verständnis von Ethik verfügt, am besten ausgerüstet, luftige Vorhaben für weises Handeln auszugeben.

Ein weiterer wichtiger Punkt, den man nicht vergessen sollte, ist die Tatsache, dass die Persönlichkeit des Gott-bewussten Menschen selten (wenn überhaupt) zu allen Zeiten in das volle Licht des höchsten Bewusstseins eingehüllt ist. Im allgemeinen währt die Periode dieses Einhüllens nur kurz, manchmal nur einige wenige Augenblicke, und in vielen Fällen geschieht dies höchstens einmal im Leben. Meistens, selbst in den Fällen, wo Menschen eine höhere Ordnung von Erleuchtung erfahren haben, sinkt das Bewusstsein mehr oder weniger in den Subjekt/Objekt-Bereich zurück, einhergehend mit einer entsprechenden Verdunklung ihrer Einsicht. Die schwächeren Impulse, welche ihr Gelände auf dem Subjekt/Objekt-Menschen abgesteckt haben, werden nicht vollständig in einem Augenblick transformiert, obwohl ihre Läuterung schrittweise vorangeht. Deshalb bleibt in jenem Komplex aller Impulse, die aufkommen mögen, das praktische Bedürfnis nach Diskriminierung. Er, der nicht mehr als einen einzigen Augenblick der Erleuchtung genossen hat, verfügt über den Modul für solche Diskriminierung, und das verschafft ihm einen entscheidenden Vorteil über die anderen Menschen. Dennoch hat er aber das Bedürfnis nach Diskriminierung im praktischen Handeln nicht überwunden.*

Es gibt mindestens vier Bereiche menschlicher Erfahrung und menschlichen Handelns, die wir unterscheiden müssen. Zuerst ist da einmal der erdgebundene Trip, die Beziehungen zu anderen, das Alltagsleben. Zweitens gibt es die Erfahrung der Transzendenz, der Erleuchtung, weitab liegende Bereiche. Und drittens gibt es den schriftlichen Bericht der Erleuchtung, den man selbst verfasst. Viertens gibt es schliesslich die Berichte anderer über unsere eigenen Erfahrungen und unsere eigenen Schriften über diese Erfahrungen.

Ein Grossteil unseres Wissens über die religiösen Führer der Welt, über Jesus Christus, Buddha und so weiter, stammt von Schülern, Jüngern, die eine positive Verbindung zu ihrem Lehrer erfuhren und die die ursprünglichen Schriften und die Augenzeugenberichte jener Erfahrungen transzendenter Zustände überwachten. Ein Erleuchteter kann die Erleuchtung in seinen Berichten niemals voll zum Ausdruck bringen, noch in der Weise, wie er seine irdische Verantwortlichkeiten handhabt. Seine Erleuchtung kann, muss aber nicht an dem reflektiert werden, wie er sein tägliches Leben meistert. Seine Erleuchtung kann, muss aber nicht in dem reflektieren, wie er

* Franklin Merrell-Wolff, *Pathways Through to Space.*

über andere und ihre Lebensweisen schreibt. Ein erleuchteter Mensch in seinem Gefährt, nicht in einem Zustand der Erleuchtung, mag ebenso menschlich sein wie jeder andere auch. Seine Urteile mögen ebenso an seinen «gesunden Menschenverstand» gebunden sein wie die jeder anderen nicht erleuchteten Person auch. Albert Einstein definierte den «gesunden Menschenverstand», hier paraphrasiert, als «jene Kombination von Befangenheit und Vorurteilen, die man in sich anhäuft, bevor man achtzehn ist». Der Erleuchtete muss seine eigenen Unbewussten Programme analysieren, um zu handeln und um im Einklang mit seiner Erleuchtung Entscheidungen, Urteile zu fällen. Die Erleuchtung garantiert nicht automatisch eine vollständige Analyse des Bewussten, welches in jedem menschlichen Gefährt lebt. Bis eine solche Analyse umfassend durchgeführt worden ist, fehlt die Kohärenz zur Erleuchtung, und die grosse Kluft tut sich auf.

Durch direkte persönliche Erfahrungen mit Oscar weiss ich, dass er die Erleuchtung, so wie Merrell-Wolff sie definiert, erlangt hat. Ich schliesse aus Gopi Krishnas Autobiographie, *Kundalini: The Evolutionary Energy in Man,* dass auch er Erfahrungen mit der Erleuchtung hatte. Ich weiss aus Merrell-Wolffs Schriften und aus Gesprächen mit ihm, dass auch er solche direkten Erfahrungen machte. Indem ich meine eigenen Erfahrungen mit denen Oscar Ichazos, Gopi Krishnas, Merrell-Wolffs und anderer – wie Sri Aurobindo, Ramana Maharshi, Ramakrishna, Yogananda – wie sie in den Autobiographien dargelegt sind, in ihren Schriften und den Schriften ihrer Gefolgsleute, vergleiche, sehe ich, dass meine Erfahrungen in dieselbe Kategorie fallen.

Meine westliche Ausbildung zum Wissenschaftler, zum Psychoanalytiker und durch hautnahe Berührungen mit dem Tod (bevor ich oben genannter Schriften gewahr wurde oder bevor ich einen der aufgezählten Männer kennenlernte), versetzen mich in die sonderbare Position, lieber Forscher zu sein, als mir zu wünschen, diese Regionen das ganze Leben lang zu bewohnen. Wie ich in Kapitel 17 dieses Buches zeigen werde, und wie ich in einem viel ausführlicheren Buch, das den einjährigen Aufenthalt in diesen Zuständen der Transzendenz (unbesehen von der allgemeingültigen Wirklichkeit ringsum) analysiert, zu zeigen hoffe, gibt es eine grundlegende Notwendigkeit, die in den meisten dieser Schriften und von den meisten Männern vernachlässigt wird. Diese Notwendigkeit ist die Analyse unserer Impulse, unserer Überlebensprogramme, die ein Leben lang in unsere Unbewusstheit eingepflanzt ist und hat mit dem Trauma zu tun, das wir uns auf diesem planetengebundenen Trip zuziehen. Der westliche Yoga verlangt Selbstanalyse seines Selbst wie es ist, nicht wie man es zu sein wünscht. Transzendenz per Wunschdenken ist möglich und ist von vielen Leuten demonstriert worden, aber eine solche Transzendenz kann nicht von Dauer sein. Eine Analyse des Selbst, die Analyse von tief im Selbst gespeicherten Erinnerungen, ist die unumgängliche Voraussetzung für eine erfolgreiche Integrierung von Erfahrungen der Erleuchtung, von Samadhi, von Satori auf dem planetengebundenen Trip.

Es gibt viele, viele Leute (vor allem in den Vereinigten Staaten), die glauben, dass Transzendenz ein von irgendeiner heiligen Quelle an bevorzugte Einzelpersonen gegebener schrittweiser Prozess ist. Vom Ideellen her mag das stimmen. Es mag Einzelpersonen geben, die das erlebt haben, was für Transzendenz steht, indem sie die rechten Eltern hatten, die rechten Vorfahren, die rechte Erziehung. Sollten solche Menschen existieren, dann habe ich sie noch nicht getroffen. Sollte es solche Menschen geben, muss ich die Schriften noch finden, die das belegen. Das exzessive Sich-Mühen durch Schmerzen, durch Angst, durch Wut, durch Weisheit hindurch ist für eine adäquate Selbstanalyse und eine adäquate Integrierung des eigenen inneren Friedens noch immer nötig, um aus einem Zustand Erhabener Gleichgültigkeit kontinuierlich und ohne Enttäuschung zu handeln. Niemand aus meinem Bekanntenkreis, mich eingeschlossen, hat dies erreicht. Ich höre immer wieder von einem nächsten Guru aus dem Osten, aus Tibet, aus Japan, Afghanistan, aus arabischen Ländern, aus Indien oder China, und wenn ich sie dann kennenlerne, sehe ich bestimmte, von diesem erdgebundenen Trip auferlegte Beschränkungen. Auch sehe ich auf den Gesichtern unbestreitbare Spuren der Erfahrung mit Erleuchtung.

Es gibt Menschen, die daran glauben, dass totale Transzendenz und Integrierung zu einer heiligen Aura führen, zu einem Charisma, zu einem esoterischen Einfluss über andere, zu einem göttlichen Einfluss, der auf irgendeine magische Art und Weise andere in einen Zustand der Erleuchtung führt. Als ein Beweis dieser besonderen Leistungen werden immer wieder Beispiele wie Jesus Christus, Buddha oder andere historische Figuren zitiert. Dem kann ich überhaupt nicht zustimmen. Mir kommt es so vor, dass eine solch historisch-göttliche Präsenz auf Erden eine Projektion von Glaubensanhängern ist, die, verzückt von Charisma, verzückt von offenbaren Wundern, ihren Idealisierungen und in ihren Schriften die Zügel schiessen lassen. Um jede historische Figur, die erleuchtet wurde und Jünger um sich scharte, spriessen apokryphe Geschichten empor. In diesen Berichten gibt es eine Tendenz, jene Seiten eines bestimmten Meisters unter den Tisch zu kehren, die nur allzu menschlich sind.

Ich werde meine Auffassungen jederzeit revidieren, wenn ich eine solche idealisierte göttliche Persönlichkeit einmal direkt erleben sollte.

Ich habe nicht den Wunsch Jünger um mich zu scharen. Ich verspüre keinen Wunsch verehrt zu werden. Ich wünsche, andere anzuregen, sie mögen ihr Bewusstsein untersuchen, erforschen, analysieren, transzendieren, erweitern und ihren planetengebundenen Trip, innerhalb der allgemeinverbindlichen Realität so wie sie ist, und nicht wie man sie gerne hätte, zu verbessern. Wenn ich überhaupt Momente der Erleuchtung erfahre, bin ich dankbar. Ihre Quelle kenne ich nicht. Begreifen kann ich sie noch nicht, und ich kann kein Glaubenssystem übernehmen mit dem andere so eilfertig bereit sind, diese Erfahrungen als Manifestierungen eines Gottes zu erklären, den sie in ihrem Glaubenssystem beschreiben; ihr Gott ist zu klein. Es entspricht meinem Metaglauben, dass wenn es eine Intelligenz im Universum gibt, sie so weitläufig ist, dass der Mensch, sei er nun erleuchtet oder nicht, sich dagegen ausnimmt wie eine winzige, erbärmliche Kreatur, die einen klitzekleinen Planeten in einem verschwindend kleinen Sonnensystem, in einer kleinen Galaxis, in einem ganz kleinen Teil eines wirklich weiträumigen und immens grossen Universums jenseits menschlicher Vorstellungskraft, jenseits jeglichem intellektuellen Zugriff, jenseits unserer emotionalen Bindungen, bewohnt. Unsere Erklärungen, unsere Anschauungsweisen von Gott sind nicht die Provinz einer Handvoll selbsternannter Gottesmänner. Wenn einer von uns sich in Kommunikation mit dieser Intelligenz befindet, dann verfügen wir alle über das Potential, eine solche Kommunikation bewusst zu etablieren. Sie beschränkt sich nicht auf ein paar wenige Eliteköpfe, die esoterische Methoden einsetzen und Anhänger mit Ritualen und ihren eigenen Erfahrungen beeindrucken.

Ich bin überzeugt, dass ein jeder, der sich damit auseinandersetzt, die beschriebenen Phänomene erfahren kann. Wenn er/sie über genügend Disziplin verfügt, über genügend Zeit, ausreichende Erziehung sowie eine ausreichende Analyse des Selbst, er/sie diese Erfahrungen unter den geeigneten Umständen nachvollziehen kann. *Im Kopf gibt es keine Grenzen, ausser den selbst abgesteckten. Weiter gesteckte innere Grenzen führen zu erweiterten inneren Erfahrungen.*

Somit löste ich mich aus den Bindungen, die ich mit einem esoterischen Meister in seiner Schule etabliert hatte. Somit werde ich meine derzeitigen Grenzen darlegen, wie ich sie begreife.

In Tonis Kapitel über ihre Arica-Erfahrung kann man Details ihrer Einstellung zu verschiedenen planetengebundenen Episoden lesen, die sich während ihres dreimonatigen Aufenthalts in New York abspielten. Wenn man diesen Bericht liest, muss man sich vergegenwärtigen, dass Oscar seinen Schülern nicht mehr so verfügbar war, wie er es für mich in Chile war. Er hatte sich schon mehr zurückgezogen, hielt stets weniger Kurse selbst ab und überliess das Unterweisen mehr und mehr den vierundvierzig Übriggebliebenen der vierundfünfzig Teilnehmer in Chile. Zu diesem Zeitpunkt hatten alle Leute mit Eigeninitiative die Gruppe verlassen. Die Gruppe der Übriggebliebenen waren überzeugt, im «Recht» zu sein; keiner von ihnen hatte eine ausreichende Selbstanalyse betrieben. Toni schildert ihre Erfahrungen mit dieser Gruppe in aller Offenheit. Ähnliches spielte sich in Chile ab, was von mir und anderen aber nicht geschildert wird, jedenfalls nicht gedruckt. Schon in Chile war Oscar von Palastpolitik umgeben, die ich bei meinen eigenen Entdeckungen entweder zu bagatellisieren oder ganz zu ignorieren suchte. So ist es gewesen und wird es um einen Lehrer, der in den Tiefen und den Höhen unrealisierten menschlichen Potentials arbeitet, auch immer sein.

An dieser Stelle erinnere ich mich meiner ersten Reise nach Arica, Chile, in dessen Verlauf ich viele Stunden allein mit Oscar zubrachte. Meine Notizen zu dieser Reise ergaben die folgende Passage in Kapitel 10 von *Das Zentrum des Zyklons:*

So war ich nach dem einwöchigen Ausflug nach Chile in der Lage, etwas von der Struktur des Trainings zu sehen, das Oscar durchzuführen gedachte. Auch wenn ich nicht das ganze Panorama sehen konte, hatte ich doch einen flüchtigen Einblick in die Räume gewonnen, in die ich gehen wollte, wie auch in die, in denen ich gewesen war und zu denen ich zurückkehren wollte.

Ich hatte einige Zweifel, die ich für mich behielt. Der Gedanke, in einer geschlossenen Gruppe zu sein, ob esoterisch oder sonstwas, gefiel mir nicht. Ich bin immer meinem eigenen Weg gefolgt und habe von jedem und überall, wo ich konnte, gelernt. Nach meiner Erfahrung verringert die innere «Politik», die vielen Gruppenentscheidungen eigen ist, die Qualität und Wirksamkeit der Aktionen. Das erfahrene, kluge, energische, intelligente Individuum, das in einer losen Verbindung mit anderen in einem grossen Sender zusammengeschlossen und funktionsfähig ist, ist weit wirksamer, als es in einer straff organisierten Gruppe sein kann, oder zumindest kommt es mir so vor.

So schlug ich mich also, beginnend am 1. Juli 1970, auf Oscars Weg mit all seinen Überzeugungen, tauchte sieben Monate lang in eine von ihm kontrollierte Umgebung in einer fremden Kultur (Arica) ein und aus seinem direkten Einfluss am 7. Februar 1971 in den Vereinigten Staaten wieder auf. Eine kraftvolle Beständigkeit zwischenmenschlicher Zuneigung/Abneigung setzte sich fort, bis sie sich, im November 1971, in New York auflöste. Dieses Experiment (1. Juli 1970 bis 31. Dezember 1971) bezeichne ich als erfolgreich. (1) die Dyade aus Toni und mir überlebte den ersten heftigen Ansturm erfolgreich; (2) ich kehrte zurück zu jenem «intelligenten Individuum, das in einer losen Verbindung mit anderen in einem grossen Netzwerk zusammengeschlossen ist»; (3) ich lernte, dass mein Paradigma als Entdecker anwendbar ist, nützlich und lehrreich für andere. Dieses Paradigma, zitiert aus dem Epilog von *Das Zentrum des Zyklons,* lautet wie folgt:

In diesem Buch illustriere ich ein allgemeines Prinzip des Lebens und Seins. Es ist ein Prinzip, das ich in *The Human Biocomputer* beschrieben habe. Hier überarbeite und erweitere ich es. Bei einer wissenschaftlichen Erforschung jeder inneren Realität befolge ich die folgenden metaprogrammatischen Schritte:

1 Untersuche, so gut du kannst, welcherart die neuen Räume sind und welche die grundlegende Überzeugung ist, die dich hierher geführt hat.
2 Nehme die grundlegende Überzeugung dieses neuen Bereichs als wahr an.
3 Gehe völlig wach in den Bereich hinein, mit hoher Energie, alles speichernd, gleichgültig, wie neutral, wie ekstatisch oder wie schmerzhaft die Erfahrung wird.
4 Komm hierher zu unserer besten aller allgemeinverbindlichen Realitäten zurück, wobei du zeitweilig jene grundlegende Überzeugung des neuen Bereichs abstreifst und jene des Forschers annimmst, der ungeteilt leidenschaftslos und objektiv die gesammelten Erfahrungen und Daten untersucht.
5 Überprüfe deine gegenwärtigen Modelle dieser allgemeinen Realität.
6 Schaffe ein Modell, das diese Realität und die neue Realität in einer umfassenderen und bündigeren Weise beinhaltet. Ungeachtet, wie schmerzhaft solche Revisionen der Modelle auch sein mögen, versichere dich, dass beide Realitäten einbezogen sind.
7 Hüte dich davor, eine Person, eine Gruppe, einen Raum oder eine Realität anzubeten, zu verehren oder zu fürchten. Ein Forscher hat keinen Platz für solches Gepäck.

Ich benützte dieses System viele Male in meinem Leben; bei der früheren Arbeit mit der Isolation, bei der Arbeit im Tank mit LSD, bei den Esalen-Erlebnissen, bei der Arbeit in Chile. Jedesmal unternahm ich so viele Erkundungen, wie ich konnte, begab mich mit Begeisterung und so offen, wie es mir möglich war, in den neuen Bereich, nahm die momentane Überzeugung als wahr an, erfuhr die Region mit Intensität und ging schliesslich wieder hinaus, streifte die Überzeugung ab, prüfte kritisch die Daten und reprogrammierte meine Theorien.

Auf meinem eigenen Weg stellte ich fest, dass tiefes Verstehen für mich der beste Weg ins Unbekannte, in die «höchsten» Stadien des Bewusstseins ist. Ich erwarte unbedingt, dass ich auf diesem Pfad weitergehen werde. Ich betrachte alles, was ich geschrieben habe, als Übergangsstadium – wenn das Forschen sich vertieft und erweitert, werden wir fähig sein, besser zu forschen, bessere Karten herzustellen.

Da ich bis heute keine endgültigen Antworten gefunden habe, beabsichtige ich die Suche fortzusetzen. Bin ich lediglich der Führer von hundert Milliarden verbundenen Zellen? Wenn ja, wer wählte mich zum Führer? Woher kommen die Zellen? Wenn ich mehr bin als nur die Netto-Summe von hundert Milliarden Zellen, die in einer Kooperative leben, woher bin ich dann gekommen?

2
New Yorker Erfahrungen: Tonis Bericht über Arica-Gruppentraining

Erinnerung ist unvollkommene Erfahrung
J. Krishnamurti

Nachdem mir klargeworden war, dass mein Leben auf immer mit dem Johns verbunden sein würde, akzeptierte ich die Tatsache, dass er nach New York gehen und die aus Arica, Chile, kommende Gruppe sehen wollte, die die Arica Incoporated gründen sollte. Als John schliesslich einen Brief von Oscar erhielt, in dem er uns bat, ihn zu besuchen, schien es unvermeidlich, dass ich Teil dieses neuen Spiels wurde. Das Interesse an dem neuesten Guru aus Bolivien und Chile wuchs, und ich war neugierig genug, mich zu eigenen Nachforschungen überreden zu lassen.

Mein erster Eindruck von Oscar Ichazo, dem Gründer des Arica-Instituts, und seiner Frau Jenny war für mich keine Überraschung. Ihre Art von Energie war mir längstens vertraut. Oscar erinnerte mich an «das Kind aus der Strasse, das Privatschulen besuchte», der von John* – selbst einem Jungen aus der Strasse mit dem grössten Chemie-Experimentierkasten – verstanden wurde und dessen

* Als ich ein kleines Mädchen war, gab es immer ein oder zwei Jungen, die anders waren als die übrigen Kinder. Sie hatten Chemie-Experimentierkästen, lasen sehr viel und hatten intellektuelle Neigungen.

Freundschaft Oscar erlangen würde. Oscar legte ein förmliches Auftreten an den Tag («nicht sofort sicher, wo da *action* war», um es in der Umgangssprache auszudrücken; wusste er das aber einmal, war er sehr präzise und entschlossen). Leute mit diesen Wesenszügen geben stets gute Techniker ab und Oscar ist das zweifellos. Auch umgab ihn etwas Geheimnisvolles, das durch seine Förmlichkeit noch gesteigert wurde. Ich fragte mich, was für ein Liebhaber er sein mochte und entschied für die «Priester»-Kategorie: der Glaube an seine Theologie kam bei seinen Prioritäten als erstes.

John hatte mich ausreichend über seine Gründe informiert, weshalb er das Training und die Gruppe in Chile verlassen hatte, so dass ich seiner Aufnahme in New York mit grossen Sorgen entgegensah.

Als Oscar ein Treffen in San Francisco vorschlug, ging diese Einladung mit Anweisungen einher, dem Rest der Gruppe, der damals zu Fanatismus neigte, nichts davon zu erzählen. Natürlich sprach es sich trotzdem herum und viele Gruppenmitglieder waren verärgert, dass John Oscar als erster sehen würde, zumal John nicht das ganze Training in Chile mitgemacht hatte.

Wir hörten, dass die Gruppe überzeugt war, John verbreite bereits einige der Lehren, die ihrer Meinung nach von der Gruppe als Gruppe gelehrt werden sollten. So waren die politischen Tricks die üblichen:

1 John sollte davon ablassen. Er blieb nicht die vollen zehn Monate und schloss sich nicht dem Tempel an.
2 Er macht es nicht richtig. «Die Hand muss sich in dieser und nicht in jener Position befinden.»
3 Sein Manuskript zu *Das Zentrum des Zyklons* enthält Einzelheiten des Trainings, eine Veröffentlichung sollte ihm also nicht gestattet werden. Es ist viel zu gefährlich . . . es sei denn, es geschieht unter ihrer Aufsicht.

Ich halte es mit Don Juan in Carlos Castanedas *Ring der Kraft,* wenn er sagt:

«Es spielt keine Rolle, was einer offen bekennt oder was er für sich behält, alles was wir tun, alles was wir sind, beruht auf unserer persönlichen Kraft. Haben wir davon genug, so mag ein uns zugeflüstertes Wort genügen, um die Richtung unseres Lebens zu verändern. Haben wir aber nicht genügend persönliche Kraft, kann uns das prächtigste Wissen offenbart werden, und diese Offenbarung wird nicht das Geringste bewirken.»

Zurück in San Francisco hatte es für mich den Anschein, als drängte Oscar John zurück in den Schoss der Gemeinde. Dieses

Drängen war solcherart, dass ich förmlich spürte, wie Oscar sich durch Johns Ausscheiden aus seiner Schülerschar immer noch verletzt fühlte. Der bolivianische Guru war eine vielbegehrte Persönlichkeit und geschäftig dabei, die Gruppe in eine Organisation umzubilden.

Oscars Gespür für den richtigen Zeitpunkt ist unvergleichlich, auch wenn seine begrenzten Englischkenntnisse ein Handicap waren/sind. Er ist ein einfallsreicher Geschichtenerzähler und findet immer Zuhörer. Seine Frau Jenny ist eine typische Südamerikanerin, in dem Sinne, dass ihre sehr bestimmten Ansichten nach aussen verhüllt sind und nur hinter den Kulissen ausgespielt werden. Ich glaube, dass Frauen in Südamerika im allgemeinen einen ungleich geringeren Rang in der Gesellschaft einnehmen als wir und genau wissen, dass sie überleben müssen, indem sie ihre verschiedenen planetengebundenen Trips mehr aus dem Hintergrund manipulieren. Jennys früherer Ehemann Marcus lebte mit Oscars zweiter Frau in Chile.

Oscar und ich verstanden uns vom ersten Augenblick an, hatte ich das Gefühl. Aufgrund meiner früheren Erfahrung mit Gurus der verschiedensten Richtungen, begegnete ich ihm in erster Linie als einem Mann, einem unterhaltsamen Mann dazu, und die meisten Gurus lieben diese Abwechslung. Wir lachten viel zusammen, aber ach, Jenny fühlte sich in meiner Gegenwart nicht wohl. Auf Johns Vorschlag hin lud ich sie zum Essen ein *(American style),* um ihre Freundschaft zu gewinnen, aber es wollte einfach nicht gelingen.

Die Gruppe schloss John mehr und mehr aus, und es war wirklich faszinierend zu sehen, wie sich ein so intensives *Gruppendenken* entwickelte. Nachdem er das Angebot ausgeschlagen hatte, auf die Veröffentlichung seines Buches zu verzichten und der Gruppe wieder beizutreten, wurde er endgültig als ausgeschlossen angesehen. *Das Zentrum des Zyklons* wurde veröffentlicht. Manche dieser Leute, die sich sonst nie so gedankenlos verhalten hätten, agierten wie Roboter. Sogar einige von Johns besten Freunden wendeten sich ab, wenn sie ihm begegneten, aus Furcht vor der Gruppe.

Die Überbewertung dessen, was sie als Gruppe zu lehren hatten, hatte die Fiebergrenze überschritten. Sie waren damals von fanatischer Ernsthaftigkeit beseelt (sie erretteten die Welt). Aus der Geschichte weiss man, wie humorlos solche Trips sein können (von Mohammed bis Hitler, usw.). Mein mediterranes Gemüt neigt zu fröhlichem Lachen; ich wurde des Humors dieser Situation gewahr – und teilweise war es wirklich witzig.

Die Programmierung – wie John es nennen würde – war auch gegen Paare gerichtet. Das war, sagen wir, das religiöse Konzept, «löse die Dyaden und sei stärker als Gruppe». Somit haftete dem ganzen Trip, den die Arica-Lehrer verbreiteten, ein Beigeschmack von Märtyrer- und Erlösertum, religiösem Eifer, spirituellen Stosstruppkämpfern, Madonnenverehrung, allgemeinem Groupietum, «Mini-Mouse»-Supersekretärin und Variationen zu diesem Thema an. Ein eindeutiger Männerverein, in dem Frauen unterwürfige, schleicherische Rollen zu spielen hatten.

Ich bin stets skeptisch gewesen, wenn irgendein System Angst einsetzte – ob es sich dabei um Angst vor der Hölle, Angst vor der Zerstörung der Erde, Angst davor, die Kundalini* asymmetrisch aufsteigen zu lassen oder was auch immer, handelte. Nebenbei bemerkt setzt die Arica-Gruppe Prophezeiungen über die Erde in zehn Jahren ein. (Oscars Interview in der Dezember Ausgabe (1973) des *East-West Journal* spricht immer noch von zehn Jahren; es ist vier Jahre her, seit ich ihn diese Frist nennen hörte.) Arica lehrte auch, dass man die Kristallisation seines Ego im grossen Zeh auf alle Ewigkeit erfahren könne und trug damit die Angst in den Bereich der Ewigkeit. Dies eröffnete Oscar uns während einer seiner Vorträge im Laufe des dreimonatigen Trainings im Essex House.

Diese Gruppe schien auch von «geistigem Freibeutertum» nicht frei zu sein, das in ähnlichen Situationen an der Tagesordnung ist.

Sobald Geld benötigt wird, ist jede Person, die über einen möglichen Überschuss verfügt, Freiwild, um die fehlenden Dollar zu liefern. Ich zögere ein wenig, irgendwelche Urteile dafür oder dagegen zu fällen; die augenfällige Schwierigkeit vieler Gruppenmitglieder, ausserhalb der Gruppe Geld zu verdienen, stiess mich, was ihre Motivationen anging, ab.

Auf der positiven Seite ist zu vermerken, dass viele der Mitglieder zum ersten Mal das Gefühl der Zugehörigkeit zu einer ausgedehnten Familie erleben und (endlich) etwas zu tun hatten, das sich von ihrem bisherigen Leben unterschied. Gemeinsame Gesänge und gemeinsames Meditieren sind, zusammen mit dem Rückhalt eines ausgedehnten Familien-Environments, tatsächlich etwas Gewaltiges. Der Mensch hat sich von jeher mit anderen zusammengekuschelt, um Wärme, Schutz oder einfach nur Trost zu finden. (Meine Tochter Nina, zum Beispiel, fühlte sich nach ein paar Stunden gemeinsa-

* Gopi Krishna legt in seinem Buch *Kundalini: The Evolutionary Energy in Man* einen autobiografischen Bericht über die unangenehmen Ergebnisse vor, wenn man die Kundalini in nur einer Körperseite aufsteigen lässt, anstatt auf beiden Seiten.

men Singens im örtlichen Yoga-Ashram grossartig. Erst in letzter Zeit ist sie soweit, dass sie das tun kann, ohne sich mit all den anderen negativen und politischen Aspekten zu identifizieren, denen man sich – insbesondere bei dieser Gruppe – gegenübersieht.) Es gibt diese eigentümliche Anschauung, dass man für die Erleuchtung Schlange stehen und dabei Tore und Torwächter passieren muss. Dies scheint eine grundlegende Arbeitsanschauung zu sein, auf die sich die meisten organisierten Gruppen dieser Art stützen.

Das Training, welches ich während dieser drei Monate mitmachte, war eine Kombination aus Gurdjieff, Schulgymnastik und irgendeinem tantrischen Yoga. Gegen Ende des Trainings sassen wir zwanzig Minuten täglich vor dem Schulemblem, welches mit Hilfe eines Stroboskops in unser Was-auch-immer eingeprägt werden sollte. Wahrscheinlich haben sich die Techniken seit damals (1971) geändert. Ein wesentlicher Faktor war natürlich das Aufbrechen des normalen Lebensmusters, indem drei Monate lang, sechs Tage die Woche und bis zu vierzehn Stunden täglich das Training in den Mittelpunkt gestellt wurde.

Es gab viele Durchbrüche in verschiedene Seinszustände und Bewusstseinsebenen. Manche Leute waren nicht bereit zuzugeben, dass sie, nachdem sie soviel Zeit und Geld – tausend Dollar im Monat, und das drei Monate lang – investiert hatten, nicht in den von Arica garantierten, von ihnen erwarteten Zustand «permanenten Satoris» gelangten. Auch herrschte die Furcht, dass sie von der Arica-Gruppe nicht zu weiterführendem Training zugelassen würden.

Ein humorvoller Zwischenfall ereignete sich etwa in der Mitte des Trainings, obwohl ich zu jener Zeit nicht sonderlich viel zu lachen hatte. Eines Tages kam die «Drachen-Lady» (mein Spitzname für Oscars Frau Jenny) in die Klasse und verlangte, Corinne möge das Training abbrechen.

Corinne war ein witziger Altfilmstar. Sie hatte Oscar dazu überredet, ihr ein Stipendium zu gewähren, was zu jener Zeit nicht allzu schwierig war. Oscar war von jedermann fasziniert, der etwas mit Film zu tun hatte und erinnerte sich an Corinnes Filme. Sie gehörte jener Hollywood-Epoche an, die seine und meine Generation konditioniert hatte. Corinne verfügt über einen grossartigen französischen Humor – wenn das Klima stimmt; manchmal kann sie einen mit ihrem Verlangen, im Rampenlicht zu stehen, ganz schön provozieren. Lehrer mit der Absicht, einem «die Botschaft» zu vermitteln haben es mit dieser Eigenart schwer. Jenny, die offensichtlich nicht allzu sehr darauf aus war, Corinne in der Nähe Oscars zu wissen, verfolgte ihre Aktivitäten mit grosser Aufmerksamkeit. Ich mochte Corinnes Humor, und schon bald waren wir gute Freunde.

Eines Tages (kurz nach unseren täglichen Gymnastikübungen) begannen wir mit dem Kiné-Rhythmus, einer Gurdjieff-ähnlichen Bewegungsübung, bei der man einen Stein verwendet, in den man sein «Bewusstsein» bettet. Den Stein hält man in der Hand und bewegt ihn einem bestimmten Massstab folgend, wobei man beide Hände abwechselnd benutzt. Gleichzeitig visualisiert man ein Bewegungsmuster im Kopf und eine Reihe von Bewegungswahrnehmungen im Körper, dabei ist jede Bewegung mit den anderen koordiniert.

Nach etwa fünfzehn Minuten planetengebundener Zeit blickte ich auf und sah eine «Erscheinung» durch die Tür eintreten. Es war die Drachen-Lady – die (aus dem erweiterten Seinszustand, in den ich mich begeben hatte) wie eine wahre Kali* erschien, Flammen und Zerstörung speiend.

Alle blieben wie versteinert stehen und warteten was geschehen würde. Jenny ging zu Corinne und bat sie, mit ihr ins Büro zu kommen. Corinnes Gesichtsausdruck verriet mir, dass dies eine schrekkerregende Aufforderung war, die alte Erinnerung an Begegnungen mit der Gestapo wachrief, denen sie sich während der Pariser Nazi-Besetzung hatte unterziehen müssen.

Beide gingen zusammen hinaus. Nach etwa zwanzig Minuten kehrte Corinne in einem Zustand äussersten Schocks zurück. «Man hat mich rausgeworfen», wimmerte sie. Das Trauma, welches sie durchlebte, zeigte ihr Gefühl ewiger Angst und ewiger Einsamkeit. Hysterisch zerfiel sie vor uns in kleine Stückchen ihrer selbst, und wir standen um sie herum und versuchten, sie zusammenzuhalten. Einer der Trainer liess im Büro anfragen, was man tun solle, und wenige Minuten darauf kehrte die Drachen-Lady zurück.

Wir setzten uns im Kreis nieder (Jenny, ein Lehrer und ungefähr acht Schüler). Jenny in ihrer ganzen Eleganz – Feuer und Schwefel versprühend – legte uns dar, dass Corinnes Einstellung nicht passend sei; dass sie die Gruppe verlassen müsse.

Gesichtsausdruck und Haltung unseres Lehrers (Bob Jolly), der unsere Gruppe unter sich hatte, konnte ich entnehmen, dass ihn diese Entscheidung überraschte – dass Corinne zum Gehen veranlasst wurde, ohne die Teilnahme seiner Lehrergruppe beim Fällen der

* Die Göttin der Zerstörung; die Personifizierung des zerstörerischen Prinzips im Gegensatz zum Schöpfungsprinzip, Shiva; einer von zwei Aspekten der Energie des Universums.

Entscheidung. Ich begann mich mit aller Leidenschaft für Corinne einzusetzen. In meinem erweiterten Zustand fühlte ich, wie ich mich für die gesamte Menschheit einsetzte.

Jenny ging auf mein Flehen nicht ein; ihr Zustand war der einer bühnenhaften tugendvollen Hingabe mit der sie sich dem Prozess des sofortigen Ausschlusses eines niederen Wesens aus ihrer auserwählten Gruppe widmete. Sie war auf diesem Trip derartig abgefahren, dass sie in ihrer Wahrnehmung eingeengt wurde. Sie rauchte eine Zigarette. Mein Stein, oder «Bewusstseinsgefäss», den ich für die Kiné-Rhythmus-Übungen verwendet hatte, lag dort, wo ich ihn liegen gelassen hatte, dicht neben ihr. Mein Stein war eine Druse (ein schöner becherförmiger Stein, der mit edelstein-ähnlichen Kristallen ausgefüllt war), die John mir geschenkt hatte.

Jenny drückte ihre Zigarette auf den Kristallen aus und benutzte mein «Bewusstseinsgefäss» als Aschenbecher.

In dem erweiterten Zustand, in dem ich war – muss ich da noch ein Wort zu meinem Verdruss äussern? Im Handumdrehen hatte die Gruppe zwei laut streitende, hysterische Frauen vor sich. Ich erinnere mich, dass ich wie eine Todesfee aufschrie. Ich verlangte Auskunft darüber, ob dies eine demokratische Gruppenentscheidung sei oder ein autoritärer Trip mit ihr als Diktator? Wollte *sie* uns weismachen, Corinne sei nicht mehr dabei? Auch gab ich ihr sehr still zu verstehen, sie möge ihre Antwort wohl erwägen, weil sie weitererzählt würde. Ihre Antwort lautete, die Entscheidung sei ihr von «einer höheren Quelle» eingegeben worden und implizierte, dass ihre Entscheidung eine nicht in Frage zu stellende Offenbarung sei. Ihr Auftritt war einigermassen beeindruckend. Ich hatte das unwohle Gefühl, dass die Entscheidung nur allzu menschlich sei und dass die Methode, die sie anwendete, altmodischer südamerikanischer, aristokratisch ausgerichteter Politik entsprang.

Einen Monat nach Abschluss des Trainings begaben John und ich uns auf eine Werbetour quer durch die Vereinigten Staaten, mit Radio- und Fernsehinterviews, anlässlich Johns soeben veröffentlichtem Buch *Das Zentrum des Zyklons*. Das Reisen und die ständige Konzentration – häufig mussten wir in Mitternachtsprogrammen auftreten – ermüdeten uns einigermassen. Ich wurde von einem ziemlich gefährlichen Virus erwischt. Das ständige Hotelessen, keine Sonne – ich vermisste das sonnige Kalifornien – und die unnatürliche Körperbelastung während des Reisens und des Trainings, hatten zur Folge, dass ich während eines sechswöchigen Krankenhausaufenthalts (siehe Kapitel 8, «Krankheit in der Dyade») um Haaresbreite dem Tod entging. Was meinen Körper anging, so hatte ich die Grenzen ein wenig zu weit getrieben.

Abschliessend möchte ich erwähnen, dass diese drei Monate meiner Meinung nach auch der Anfang für Oscars und Jennys «amerikanisches Training» waren; es war ein gegenseitiger Austausch. Ich bin aufgeschlossen für eine Gelegenheit, in solch intensiver Weise unterwiesen zu werden und selbst zu unterweisen.

Ich glaube, dass die meisten geistigen/körperlichen/spirituellen Techniken und Methoden neutral sind. Entweder ich spreche auf einen besonderen Stil bei der Präsentation dieser Methoden oder Techniken an oder nicht. Ich glaube, dass der Durchschnittsmensch sich zu dem Stil hingezogen fühlt, in dem er/sie erzogen worden ist. In den Vereinigten Staaten legen wir Wert auf unsere persönliche Initiative und unsere persönliche Integrität. Wir lernen, dass Gurus uns dem entsprechend geben, was wir können und ihre Lehren mit unserem Wissen kombinieren, mit unserer Wissenschaft und unseren demokratischen Ideen. Die meisten Bürger der Vereinigten Staaten blicken auf eine Geschichte zurück, im Laufe derer sie die Aristokratie und deren Einfluss auf das Individuum bekämpften und überwanden: Möchtegern-Könige und -Königinnen werden in unserer Kultur nicht lange überleben. Es ist leicht zu sagen, dass «Ego»* frühere Konditionierungen in Frage stellt.** So definiert muss «Ego» fallengelassen werden, wenn man eine Schule wie das Arica-Institut mitmacht (und somit der Wissbegierde den Hahn abdrehen). Wird eine solche Einstellung auf Kosten des individuellen Selbst aufrecht erhalten, wird sie Willkür in der Form des neuen Gruppen-«Ego» sichtbar werden lassen.

Kann eine Gruppe den Gruppenleiter oder die Gruppenleiter

* Oscars in Chile geprägte Interpretation von Ego als «etwas, das einen vom Satori abhält», wurde von der Lehrergruppe in New York offensichtlich fehlinterpretiert. Sie hielten die Symptome solcher Anti-Satori-Programme (das heisst, den «fragenden» Aspekt des Ego) fälschlicherweise für die Krankheit und verwiesen die Studenten darauf: «Du sollst meine Lehre nicht bekämpfen», anstatt die Anti-Satori-Programme zu analysieren.

** Wie in *Das Zentrum des Zyklons* dargelegt wird, müssen Selbst, Ego und Essenz unterschieden werden. Das Selbst trifft die jeweilige Wahl, sich entweder von der Ego-Programmierung fort oder zur Essenz-Programmierung hin zu bewegen. Im Gegensatz zur psychoanalytischen Definition von Ego, wurde Ego in der chilenischen Schule als jedes beliebige Programm definiert, welches das Selbst aus der Essenz-Programmierung ausschliesst. Die New Yorker Trainingsgruppe machte diese Unterscheidung nicht. Sie definiert Ego als jedwede ausgesprochene Nichtübereinstimmung mit ihren Anordnungen und lässt somit keinerlei Raum für das Selbst und seine Entscheidungen; so als sprächen sie und niemand anderes aus einer Essenz-Position.

nicht widerspiegeln? Die Antwort kenne ich nicht; ich weiss nur, dass ich fühlte, wie Oscars und Jennys Einfluss oder Stil von den «Tempel»-Mitgliedern verspürt wurde, die die Lehrer dann in einer pyramidenähnlichen Struktur beeinflussten, ähnlich der Hierarchie der katholischen Kirche (Papst, Kardinäle, Bischöfe, Priester und Nonnen), nicht dem Gnostizismus*, auf dem die katholische Kirche basiert.

* *Encyclopaedia Britannica*, 1960, Chicago, Illinois: «*Gnostizismus*, eine Bewegung religiösen Synkretismus (oder Verschmelzung unterschiedlicher und bis dahin eigenständiger Glaubensrichtungen), welche sich Seite an Seite mit dem wahren Christentum behauptete, indem dieses sich nach und nach zur alten katholischen Kirche kristallisierte und starke christliche Züge trug . . .

Eine Mehrzahl der Anhänger dieser Bewegung verstanden ‹Gnosis› nicht in der Bedeutung ‹Wissen› oder ‹Verstehen› in unserem Sinne, sondern als ‹Offenbarung›. Diese kleinen Gnosis-Sekten und -Gruppen lebten alle gemäss der Überzeugung, dass sie ein Geheimnis, ein mysteriöses Wissen teilten, welches den Aussenstehenden in keiner Weise zugänglich war, und weder auf Reflektion noch auf wissenschaftliche Beweisführung, sondern auf Offenbarung beruhte. Dieses Geheimnis leitete sich direkt von den Zeiten des primitiven Christentums her; direkt vom Heiland und seinen Jüngern und Freunden, mit denen sie sich durch eine geheime Tradition verbunden fühlten, oder von späteren Propheten, derer viele Sekten sich rühmten . . .

Kurz gesagt fällt der Gnostizismus in all seinen verschiedenen Sektionen, in Form und Charakter, in die grosse Kategorie mystischer Religionen . . . Alle rühmen sich gleichermassen einer mystischen Offenbarung und eines tief verhüllten Wissens. Wie in vielen anderen mystischen Religionen ist auch im Gnostizismus das höchste Ziel das individuelle Heil, die Versicherung eines glücklichen Schicksals der Seele nach dem Tod. Wie bei den anderen gilt die zentrale Verehrung einer Erlöser-Gottheit, die den beschwerlichen Weg bereits beschritten hat, dem die Gläubigen folgen müssen . . .

Und wie in allen anderen mystischen Religionen spielen auch hier heilige Riten und Formeln, Initiationen und Weihen, all das, was wir Sakramente nennen, eine herausragende Rolle . . . Tatsächlich nehmen heilige Formeln, Namen und Symbole in gnostischen Sekten eine höchst wichtige Stellung ein. Stets begegnen wir der Auffassung, dass die Seele, indem sie den Körper verlässt, ihren Weg zum höchsten Himmel findet, dem die Gottheiten und Dämonen der niederen Gefilde des Himmels entgegenstehen, und nur wenn sie die Namen dieser Dämonen kennt und die richtige heilige Formel aufsagen kann, oder über das richtige Symbol verfügt, oder mit heiligem Öl gesalbt wurde, findet sie ungehindert Eingang ins Himmelreich. Folglich muss der Gnostiker vor allen Dingen die Namen der Dämonen lernen und sich mit den heiligen Formeln und Symbolen ausrüsten, um eines gütigen Schicksals nach dem Tode gewiss zu sein . . .

Ehe und Fortpflanzung werden als höchstes Übel, oder insgesamt als überflüssig angesehen und fleischliche Lust wird häufig als etwas Verbotenes betrachtet. Dann aber geschieht es auch, dass Askese in wilde Zügellosigkeit umschlägt . . . Gnostizismus ist in sich eine freie, natürlich wachsende Religion, die Religion isolierter Gemüter, separater kleiner Zirkel oder winziger Sekten. Die Homogenität weiter Kreise, der von ihr hervorgerufene Sinn für Verantwortlichkeit und die Kontinuität mit der Vergangenheit gehen ihm fast gänzlich ab. Er stützt sich auf Offenbarung, die auch heute noch dem einzelnen gewährt wird, auf die freiwillige oder unstete Gruppierung der Schulen um den Meister. Seine Anhänger fühlen sich als die Abgesonderten, die Auserkorenen, die Freien und Erleuchteten, im Gegensatz zur trägen, schwerfälligen Masse von Menschen, degradiert in ihrer Bedeutung, oder als Eingeweihte gegenüber Nichteingeweihten, als Gnostiker im Gegensatz zu den ‹Hylischen . . .›»

Meine Vorliebe gilt dem Ansatz des Jnana-Yoga, bei dem man Geist und Körper analysiert und die individuellen Anti-Satori- und Satori-Programme ohne Druck der Gruppe vervollständigt. Ein weiteres Beispiel für «Gruppendenken» ergab sich auf etwa halbem Wege durch das Training.

Ich machte Oscar den Vorschlag, er solle Kurt von Meier (einen langjährigen Freund aus Kalifornien, der sich selbst, obwohl Nicht-Indianer, als eingeborener amerikanischer Schamane bezeichnet) einladen, vor der Gruppe zu sprechen. Er brachte ein paar *Amanita muscaria*-Pilze (die legal sind) mit nach New York. (Oscar hatte mit Indianern des Altoplano von Bolivien die Wirkung von *Amanita* kennengelernt.) Am Abend vor Kurts Vortrag setzten wir uns mit Oscar zusammen und rauchten ein wenig davon. Am folgenden Abend hielt Kurt seinen Vortrag über *Amanita* als eine Quelle religiöser Inspiration im Christentum und anderen Glaubensrichtungen. Gordon Wassons Buch *Soma* zeigt auf, dass *Amanita* in Indien und Sibirien benutzt wurde; andere Autoren haben seinen Gebrauch in frühchristlicher Zeit nachgewiesen.

Kurts Vorträge sind köstlich: er knüpft verbale, geistige Teppiche, komplizierter als alles andere, was ich jemals hörte. Später stellte sich heraus, dass Kurt der einzige aussenstehende Vortragende war, der von Oscar eingeladen wurde, um vor den Studenten von New York No. 1 des Arica-Instituts zu sprechen.

Dieses Unabhängigsein vom äusseren Einfluss führte zu dem, was wir «Gruppendenken» nennen (s. a. Irving Janis's *The Victims of Groupthink*). Im Laufe des Trainings erschien ein Artikel in *Psychology Today*, den wir kopierten und innerhalb der Gruppe verteilten. Ich fühlte, dass die Mitglieder schnell in Gruppendenken verfielen. Ich schlug Kurt vor, weil ich einfach wahrnahm, dass die Gruppe Einfluss von aussen nötig hatte, um auf ihr Denken und Fühlen zu wirken. Dies wurde mehr oder weniger ignoriert. Die «Top-Management-Gruppe» versuchte, das Gruppendenken-Konzept als ihr eigenes aufrecht zu erhalten.

Ich wage die Vermutung, dass einige der hübschen jungen Menschen aus allen Teilen des Landes, die sich dem Training unterzogen haben, es mittlerweile dahingehend beeinflusst haben, dass solche Egos einem neuen Mitglied nicht länger sichtbar werden. Diese Neuankömmlinge haben wenig oder gar keinen Kontakt zur «Krone Gottes», wie die Tempel-Mitglieder damals genannt wurden.

Diese persönliche Sicht meiner Erfahrung mit dem Arica-Institut erklärt, so hoffe ich, meine grundlegende Philosophie was Gruppen,

Stämme, Familien, Kommunen usw. angeht ... Nicht allzu viel verändert sich. Das Arica-Institut könnte in seinen verschiedenen Formen eine Religion/Gesellschaft sein (ich glaube, es ist beides), denn die Grundmuster beider sind vorhanden. Jedermann, der sich einer Religion oder einer Gesellschaft anschliesst, verfügt über eine begrenzte Auswahl an Wirklichkeiten. Ich teile mit Ihnen ein Bruchteil meiner Eindrücke wie sie von meinem Metaglauben geformt werden (Glauben über Glauben).

3
Die Wurzeln unserer Dyade

Zwei meiner früheren Bücher, *Das Zentrum des Zyklons* und *Simulations of God: The Science of Belief*, schliessen mit einer Darstellung, wie Toni und ich uns kennenlernten und einer Erörterung unserer speziellen Dyade. In jedem dieser Fälle erkannte ich, dass zwischen und in uns ein paar intensive allgemeingültige Prinzipien am Werk waren. Im vorliegenden Bericht verfolgen wir, mehr in die Tiefe gehend, was es ist, das uns gegenseitig angezogen hat, sprechen über unser Zusammenleben und darüber, wie wir das Leben auf diesem Planeten teilen.

Betrachtet man uns vom Standpunkt der allgemeinverbindlichen Wirklichkeit aus als Individuen. Jeder von uns hat zwei Ehen hinter sich und eine Tochter aus einer früheren Ehe. Ich habe zusätzlich zwei Söhne aus meiner ersten Ehe. Jeder von uns beendete die vorangegangenen zwei Ehen auf eigene Initiative.

Beide wuchsen innerhalb starker Familienbande auf; jeder hatte einen älteren Bruder, der noch am Leben ist. Jeder Vater war/ist ein starker mit viel Eigeninitiative Individualist. Unsere Mütter waren liebende familienorientierte Frauen.

Über die jeweiligen Ehen hinaus hat jeder mehrere Liebesaffären hinter sich und sich gewillt gezeigt, aus jeder Liebesbeziehung, die er erlebte, zu lernen; aus positiven wie auch negativen Erfahrungen. Beide lernten wir etwas über Verzückung, über die verführerischen Aspekte von Schönheit und Sex, und die Probleme, die der Projektion auf einen Partner während einer Verzückungsphase innewohnen. Beide haben wir das Modell einer idealen Dyade vor Augen gehabt und jeder hat die blindmachenden Eigenschaften solcher Modelle erfahren, wenn sie auf jemanden projiziert werden, auf den sie nicht sonderlich gut passen. Irgendwie hat jeder von uns gelernt, objektiver zu sein, sozusagen «klinischer» in unserer Einschätzung von Gatten oder möglichen Gatten. Toni und ich glauben, dass wir jeder (beinahe im geheimen) ein Ideal davon entwickelt haben, wie man mit einem Gatten glücklich zusammenleben kann. Jeder von uns hat herausgefunden, dass es wichtig ist, ein Heim zu haben, welches den Anforderungen von Arbeit, Familie und Freunden genügt.

Auf die Dyade angewandt, habe ich mit meinem medizinischen und wissenschaftlichen Hintergrund herausgefunden, dass eine klinische Distanz zuweilen notwendig ist, um ein Versinken in dem üblichen emotionalen Morast einer Mann/Frau-Beziehung zu vermeiden. Toni hat ein ähnliches Losgelöstsein von den üblichen Streitereien, Konflikten, Diskussionen und emotionalen Verwicklungen erreicht, das die meisten Zweierbindungen heimsucht. Ich will damit nicht sagen, wir hätten die ideale Beziehung gefunden. Jeder von uns verfügt über ein hitziges Temperament. Es kommt vor, dass wir beide uns für kurze Zeit ziemlich lautstark auseinandersetzen. Jeder ist zu tiefem Kummer fähig; jeder für sich hat Überlebensprogramme, die bestimmte Reaktionsweisen auf soziale, finanzielle und sexuelle Situationen vorgeben.

Wenn wir uns emotionalen Problemen gegenübersehen, emotionalen Schwierigkeiten, die sich entweder auf grundlegende Überlebensprogramme beziehen, die im Gehirn eingeschaltet wurden, oder wegen irgendeines unbekannten Faktors, ist ein jeder von uns bereit, beiseite zu treten und in seinem eigenen Selbst zu analysieren, was diesen speziellen Sturm hervorgerufen hat. Wir haben dabei einen Punkt erreicht, an dem wir einen guten Teil dieses Materials mit Humor verarbeiten können, indem wir uns seine letztlich triviale Natur und seinen völlig unwichtigen Stellenwert in der derzeitigen Situation vor Augen führen. Tatsächliche Probleme, die andere Personen, männliche oder weibliche, einbeziehen, werden so freimütig wie möglich durchgesprochen, aber auch mit einem gewissen Grad von Diplomatie, der im Hier und Jetzt für glatt ablaufende Operationen nötig ist. Wir wissen beide, dass Worte oder Taten, die bei dem einen aus einem Zustand der Ermüdung herrühren, trivial sind und vom anderen unberücksichtigt bleiben müssen.

Wir sind von unseren bisherigen intensiven Zweierbeziehungen gut trainiert worden. Dieses Training ist unschätzbar, indem es uns nicht nur deutlich macht, was möglich und realistisch ist, sondern auch was unmöglich und unrealistisch ist.

Wir haben herausgefunden, dass Leistungserwartungen (das heisst, *betriebliche* Leistung des anderen in der jetzigen, hiesigen Situation des einen) die Hauptursache von Konflikten bildet. Trägt das eine Mitglied einer Dyade ein heimliches Bild der Leistungserwartung seines oder ihres Gatten, und der Gatte erfüllt diese geheimen Erwartungen nicht, ist die Dyade gefährdet. Eine Lösung solcher Schwierigkeiten wird durch Fritz Perls Gestalt-Trainingsprogramm illustriert, an dem ich in Esalen teilnahm. Ich zitiere Fritz: «Ich bin nicht auf diesem Planeten, um deine Erwartungen zu erfüllen. Ich habe meinen Trip; du hast deinen Trip. Gelingt es uns, einen gemeinsamen, freuderfüllten Trip durchzuziehen, lass es uns tun; wenn uns das nicht gelingt, lass uns voneinander Abschied nehmen.»

Diese Art Philosophie mag denjenigen, die eine sehr lange Ehe aufrechterhalten haben und ein langes, glückliches Familienleben geführt haben, wie Bilderstürmerei (die Zerstörung akzeptierter Idole, Abbilder oder Ikonen) vorkommen. Für diejenigen in einer warmen, glücklichen Familie ist diese Philosophie bilderstürmerisch («als zerstörten sie ihr idealisiertes Abbild»). Für diejenigen, die ein glückliches und zufriedenes Familienleben erst noch zustande bringen müssen, ist Fritz' Philosophie nötig, um mit dem Unterfangen, diesen besonderen Menschen zu finden, fortzufahren, mit dem ein jeder ein glückliches und zufriedenes Leben führen kann.

Darüber hinaus leben Toni und ich gemäss der Philosophie, dass es keine Fehler gibt, dass es nur korrigierbare Irrtümer gibt. Es gibt jedoch keine Irrtümer, es gibt nichts als alternative Programme. Wenn eine Person in der Dyade nicht funktioniert, dann sollte man so säuberlich wie möglich und mit dem geringsten Theater die Tatsache akzeptieren, dass man zu einem alternativen Programm übergehen muss, das heisst, die Person suchen, mit der man glücklich leben kann. Klammert man sich an Programme, die offensichtlich zu Jahren negativen Sich-Abmühens führen, und versucht man mit einem Menschen etwas zu vollenden, was man mit ihm nicht vollenden kann, so handelt es sich um ein Programm, das unweigerlich zu Unglück und zur Anhäufung negativen Karmas (Konsequenzen) führt, und zwar weit über die empirischen Jahre eines Menschen hinaus.

Ich wuchs in einer Familie heran, in der die Ideale der katholischen Kirche diktierten, dass das Ehepaar zusammenblieb, ungeachtet aller Konflikte, Schwierigkeiten mit der Aussenwelt, finanzieller, sozialer oder biologischer Probleme. Diese Maxime bestand darauf, dass ganz gleich was passierte, das Paar nicht geschieden werden konnte: beide müssen im selben Haus bleiben und die Kinder gemeinsam erziehen.

Das war das Ideal, auf das ich meine erste Ehe gründete. Ich sah meinen Eltern zu, wie sie sich bemühten, eine Beziehung aufrechtzuerhalten; sie bedienten sich erstaunlich ausgeklügelter und heimlicher Manöver, um die Beziehung (wenigstens an der Oberfläche) zusammenzuhalten. Auch beobachtete ich, wie sie unter dem Dogma der katholischen Kirche litten, welches die Empfängnisverhütung untersagt. Ich sah, wie sich der angegriffene körperliche Zustand meiner Mutter, nachdem ihre ersten drei Kinder zur Welt gekommen waren, als Resultat einer Schwangerschaft nach der anderen und einem Abort nach dem anderen, verschlechterte. Ihre biologische Erschöpfung entwickelte sich bis an die Grenzen des Erträglichen.

Als Jugendlicher sah ich meine Eltern getrennte Schlafzimmer beziehen und wusste, dass sie von dem Punkt an keinen Geschlechtsverkehr mehr hatten. Ich beobachtete die Konflikte, die daraus erwuchsen, dass Vater die Gesellchaft und den Trost anderer Frauen suchte. Ich erlebte die Wutausbrüche des Vaters und der Mutter, als eine Konsequenz des heimlichen Manövrierens, welches sich aus dieser Situation ergab. Schon als Jugendlicher schwor ich mir, dass ich mich niemals in eine solche Situation versetzen würde.

Wie wenig wusste ich damals über die ungeheuren Mächte, die die Menschen in solchen Situationen treiben. Wie wenig wusste ich davon, dass ich mich später selbst einmal auf eine beinahe identische Beziehung mit meiner ersten Frau einlassen würde. Sie, wie auch ich versuchten, unsere Ehe zweiundzwanzig Jahre lang zusammenzuhalten. Meine zweite Ehe war eine Zweierbeziehung, die wir etwa sieben Jahre lang unter einem Dach gemeinsam auslebten.

In beiden Ehen gab es ein gutes Anfangsjahr, in welchem beide, im gemeinsamen Bemühen, eine erfolgreiche Ehe zu schaffen, sehr gut zusammenarbeiteten. In beiden Fällen gab es in den darauffolgenden Jahren eine lange Periode gemeinsamen Arbeitens und erfolgreichen Ausführens dessen, was wir zu tun beabsichtigten. In beiden Fällen entwickelten sich unlösbare Konflikte, die es notwendig machten, zur Erhaltung der Ehe Hilfe von aussen zu suchen.

In beiden Ehen kam ich schliesslich zu dem Schluss, dass ich nicht einmal meiner eigenen Erwartungen an mich selbst gerecht werden konnte, auch nicht den Pflichten meiner Ehefrau gegenüber; ich konnte ihre Erwartungen bezüglich unserer Dyade nicht erfüllen. Beladen mit Zorn, Scham, Kummer und Selbstverurteilung reichte ich in beiden Fällen die Scheidung ein.

Im Fall meiner Eltern fand ich heraus, dass sie, trotz der unlösbaren Konflikte in ihrer Dyade, den Haushalt für die Kinder aufrechterhielten. In meiner ersten Ehe folgte ich demselben Ideal. Ich war in dem Glauben herangewachsen, dass es die eigene innere Stärke war, die man brauchte, um ein Zuhause zu schaffen und es in Gang zu halten. Ich wurde in dem Glauben erzogen, dass Ehen wegen sexueller Versuchung seitens des männlichen Partners zerbrechen. Dass der Mann irgendwo falsch funktioniert, dass sein Sextrieb, sozusagen seine «Penis-Orientation» ihn in die Falle anderer Frauen lockt, und dass sein «Instinkt» zu schwängern seine Existenz bestimmt, weit über jede Loyalität gegenüber Kindern, seiner Frau oder seinem Heim hinaus.

Im Rahmen dieser besonderen Anschauungsweise werden, wie man sagt, Liebe, Zuneigung, Loyalität und Vertrauen durch sexuelle Neigungen unterminiert. Bei dieser Anschauungsweise wird Frauen unterstellt, sie hätten nicht den Sexualtrieb, den Männer haben. Die längste Zeit meiner erwachenden Männlichkeit über hatte ich Angst, ich könne von meiner eigenen sexuellen Natur betrogen werden.

Meine erste Ehe begann, als ich einundzwanzig und völlig unerfahren war, was sexuelle Beziehungen angeht. Bis dahin hatte ich jeden Kontakt mit den sexuellen Erfahrungen meiner Altersgruppe gemieden. Meine erste Frau war ähnlich unerfahren. In unserer Hochzeitsnacht waren wir beide ziemlich erstaunt, herauszufinden, dass Sex so einfach war und nicht annähernd so angsteinflössend wie wir beide es erwartet hatten. Wir waren beide äusserst erstaunt und sagten, «Oh, ist das alles – so simpel, so einfach?»

Innerhalb des ersten Jahres meiner ersten Ehe war meine Frau mit unserem ersten Kind schwanger. Meine Frau ärgerte sich über die Tatsache, dass sie schwanger geworden war. Da wir in der katholischen Kirche getraut worden waren und seitens der Familie starker Druck zu Nachkommenschaft herrschte, beschritten wir nicht den (heute jedem offenstehenden) Weg der Abtreibung. (Heute bin ich froh, dass wir so handelten: ich bin sehr dankbar, einen Sohn zu haben, der hingebungsvoll und selbständig ist.)

Die ganze Ehe hindurch war ich ein intensiver, hingebungsvoller junger Wissenschaftler, der mit seiner Ausbildung am Cal Tech (California Institute of Technology. A. d. Ü.) fortfuhr, der medizinische Fakultäten durchlief und sich dem Kriegsforschungsprogramm des Office of Scientific Research and Development (dem Committee on Medical Research) an der Johnson Foundation der University of Pennsylvania anschloss.

Es ist schwer, die Intensität meines Hangs zur Forschung während dieser Zeit darzustellen. Mit grosser Hingabe und leidenschaftlicher Wahrung der Stunden, die ich von meinem Familienleben abzweigen konnte, verbrachte ich zahllose Wochenend- und Nachtstunden im Labor.

Nach Abschluss meines Medizinstudiums stieg ich ins Kriegsforschungsprogramm ein. Es ist schwer, den patriotischen Eifer wiederzugeben, mit dem dieser junge Mann seinen Weg ging, in dem Versuch, einen hilfreichen Beitrag zu den Kriegsanstrengungen zu leisten. Er hatte sich dem Erhalten von Leben verschrieben, nicht dem Töten. Er bestand darauf, dass das, was er während des Krieges tat, strikt der Defensive galt: medizinische und physiologische Forschung.

Er widmete sich dem Studium explosiver Dekompression, um von daher rührende körperliche Schäden zu verhindern, die in druckfesten Flugkörpern auftraten. Er studierte Luftdruckkrankheiten in grossen Höhen und die Begleitumstände von Sauerstoffmangel wie sie von Piloten wahrgenommen wurden. Er entwarf einige neue Messinstrumente, die eine Analyse von Sauerstoffmangel und Luftdruckkrankheit möglich machten. Diese Betätigung erforderte viele Reisen, und zwar für die verschiedenen Zweige der Air Force wie auch für das Committee on Medical Research. Diese Aktivitäten trennten ihn und seine Familie für geraume Zeit.

Als der Krieg zu Ende ging, vertiefte er sich intensiv in die Studien, die er wirklich vorantreiben wollte – in die Physiologie des Gehirns. Während dieser Periode wurde sein zweiter Sohn geboren. Seine Frau wollte dieses Kind und schaffte es mehr in einer Atmosphäre des Akzeptierens von Schwangerschaft und mit dem Wunsch, das Kind auszutragen.

Während der nächsten paar Jahre traten in dem jungen Forscher und seiner Ehe tiefe Konflikte auf. Die Hingabe mit der er forschte, seine ungelösten inneren Konflikte, die unrealen Erwartungen seiner Frau, die katholisch orientierten Erwartungen seiner Eltern, die er nicht länger teilte, all das führte ihn unweigerlich in eine Sackgasse. Er brauchte Hilfe von aussen und begann sie für sich und seine Frau zu suchen. Medizinerkollegen fanden ihm einen Psychoanalytiker.

Aufgrund meiner medizinischen Ausbildung war es möglich, mich einer Trainings/Forschungs-Psychoanalyse zu unterziehen, die gleichzeitig therapeutisch war. Fünf bis sieben Tage in der Woche verbrachte ich über einen Zeitraum von drei Jahren täglich eine Stunde mit der Revision meiner inneren Konflikte und den Ereignissen der vorangegangenen Jahre.

Meine Frau brachte ähnlich viel Zeit für einen anderen Analytiker der klassischen Tradition auf. Meine Frau glaubte nicht, eine Analyse nötig zu haben und war einigermassen aufgebracht, weil sie meinte, sie sei dazu gezwungen worden. Später erzählte mir ihr Analytiker einmal, er hätte nie zuvor einen solchen Fall gehabt, sie wäre ausnahmslos jede Stunde wütend gewesen und das fünf Tage pro Woche, ganze drei Jahre lang.

Im Laufe meiner eigenen Analyse fand ich einen professionellen Anreiz, meinen Verstand und den anderer zu untersuchen. Mein Analytiker half mir bei der Entscheidung, ein komplettes Studium der Psychoanalyse zu absolvieren. Daraufhin liess ich mich vom Institute of the Philadelphia Association for Psychoanalysis und der Philadelphia Psychoanalytic Society voll ausbilden und vervollständigte diese Ausbildung am Washington-Baltimore Psychoanalytic Institute.

Unsere Eheschwierigkeiten liessen sich durch die Analyse nicht beheben. Einige meiner eigenen Probleme wurden zwar etwas geglättet, aber nicht alle. In Washington lebten meine Frau und ich weiterhin zusammen und fuhren in der neuen Umgebung mit der Erziehung unserer Kinder fort. Ich setzte meine Forschungsarbeit auf dem Gebiet der Neurophysiologie fort und startete neue Versuche in Einsamkeit, Isolation und Eingesperrtsein, bei denen ich die neue Tank-Methode benutzte. Die Widersprüche in unserer Ehe dauerten an. Der innere dydadische Stress nahm sogar noch zu. Ich nahm meinen ganzen Mut zusammen und verliess schliesslich die Familie. Die ganze Scheidungsprozedur verlief sehr bitter, und ich war drauf und dran, meiner Frau alles zu überlassen und mich völlig abzusetzen. Ich vereinbarte, dass sie das Haus behielt und gab ihr Geld für Hypothek und Unterhalt. Ich zog von Washington auf die Virgin Islands und lebte ein Jahr allein.

Ich verliebte mich in eine verheiratete Frau, die sich später scheiden liess, damit wir heiraten konnten. Innerhalb unseres ersten Ehejahres wurde sie schwanger und meine erste Tochter wurde geboren. Das Delphin-Forschungsprogramm wurde gestartet. Um den Anforderungen dieser Arbeit gerecht zu werden, wurde es schon bald notwendig, ein weiteres Laboratorium in Betrieb zu nehmen, diesmal in Miami. Meine Frau zog Miami und Coconut Grove den Virgin Islands zum Leben und zum Erziehen der Kinder vor. Sie wurde meine geschäftsführende Assistentin. Ich fand heraus, dass der Zeitverlust durch Pendeln zwischen Miami und Saint Thomas meine Produktivität beeinflusste. Ein glücklicher Zufall ermöglichte es Gregory Bateson, das Saint Thomas-Laboratorium zu übernehmen, während ich das Miami-Laboratorium aufbaute und betrieb. Meine Frau interessierte sich für gesellschaftliche Verpflichtungen, so traten wir etlichen Clubs in und um Miami bei.

Dann setzte ein gesellschaftlicher Wirbel ein. Das schaffte einen tiefen Konflikt hinsichtlich meiner Forschungsarbeit. Es war unumgänglich für uns, dass wir das Geld zum Erhalt der Labors beschaffen mussten, einmal über Regierungsstellen, zum anderen über private Spenden. Die Geldbeschaffung stellte sich für mich als eine erdrückende Last heraus. Ich fand, dass ich nicht soviel Zeit mit Forschen verbrachte wie ich Stunden aufwand, um das Geld für die Forschungsarbeit anderer aufzutreiben. Langsam, aber sicher entwickelten sich zwischen mir und meiner Frau Konflikte, mit denen keiner von beiden fertig werden konnte.

Als Gregory Bateson Saint Thomas verliess, um nach Hawaii zu gehen, brachte dass mit sich, dass ich mehr Zeit in Saint Thomas als in Miami zubrachte. Die Beziehung zu meiner Frau war zunehmend emotional gefärbt, negativ und unproduktiv; sie wehrte sich gegen Hilfe von aussen. Meine Treuhänder protestierten gegen ihre Gegenwart im Institut. Ihre Manöver wirkten sich auf den wissenschaftlichen Stab sehr unangenehm aus, und schliesslich musste ich sie feuern. Daraufhin begann sie uns auf eine Art und Weise zu schikanieren, die höchst unangenehm, gar gefährlich war.

In der Zwischenzeit gelangte ich, durch meine Experimente in Saint Thomas mit dem Isolations-Tank und LSD, an einen Punkt, an dem ich meine wesentlichsten Auffassungen idealistischer Ethik Delphinen gegenüber neu entfaltete. Ich wollte sie nicht länger wie Gefangene halten. Ich beschloss, beide Institute zu schliessen, meine Ehe aufzugeben, die wissenschaftliche Arbeit hinter mir zu lassen und mich ans Esalen-Institut zu begeben, um herauszufinden, was mit meiner eigenen Persönlichkeit nicht stimmte, das zu solchen Schwierigkeiten in meinen Beziehungen mit anderen führte.

Ich unterbreitete meiner Frau ein Schlichtungsangebot. Sie nahm es nicht an und bestand darauf, vor Gericht zu gehen. Das Gericht sprach ihr weniger zu als ich ihr angeboten hatte. Zur Zeit fechtet sie dieses Urteil an. Wir trennten uns 1967 und 1976 liegt der Fall immer noch bei den Gerichten.

Ich erzähle diese Geschichte, um zu zeigen dass ich in meinen Ehen nicht besonders erfolgreich gewesen bin; ähnlich verhielt es sich in meinen Liebesaffären – es gab keine einzige tiefe, andauernde Beziehung.

Jetzt, wo ich eine dieser Geschichten noch einmal vorüberziehen lasse, erschüttert mich die Tatsache, dass ich in der Vergangenheit jeweils so schlecht wählte; wäre ich jedoch anders vorgegangen, wäre ich jetzt, sechzigjährig, unter Umständen immer noch bereit, Kompromisse zu schliessen und hätte Toni vielleicht nie gefunden. All die Jahre hindurch hatte ich versucht, Frieden zu finden und gleichzeitig produktive Arbeit zu leisten. Meine eigenen Ideen waren in solch sonderbaren Zettelkästen verstreut, dass ich sie nicht zusammenzubringen vermochte, um sie harmonisch auf Familie und Beruf zu verteilen.

Meine schwerwiegendsten Probleme resultierten aus den blindlings übernommenen Lehren der katholischen Kirche, aus dem Versuch, sie mit ungefähr zwölf Jahren zu negieren und aus dem zweifelhaften Erfolg dieser Bestrebungen. Unter elterlichem Druck wurde ich das erste Mal in der Kirche getraut, und die Scheidung wurde um viele Jahre hinausgezögert.

Grundlegendere Betrachtungen fördern jedoch folgendes zutage: Wenn man ein junger Mann ist, mag man dazu neigen, auf die erste Frau, in die man sich verliebt, ein idealisierendes Bild zu projizieren. Ohne ausreichende Erfahrung in Liebesdingen, wird man in dem Augenblick, wo man ein Verhältnis eingeht, das in eine Ehe einmünden mag, kaum wohlüberlegt handeln. Auch untersucht man nicht die Beziehung der Auserwählten zu ihrer Mutter und ihrem Vater. Man gibt wenig auf die Beziehung der Frau zu ihren Brüdern und/oder Schwestern. Nach einigen Jahren wacht man dann eines Tages auf und merkt wie die Zeit vergangen ist und dass die idealisierenden Bilder nicht stimmen, und dass das, was übrig geblieben ist, nicht das ist, was man sich wünscht oder was man braucht. Praktische, kaltblütige, nüchterne Taxierung ist nicht Teil des «Sich-Verliebens». Wenn man sexuelle Erfahrung von der Zeit, in der Sexualität auftritt, also mit zwölf oder dreizehn Jahren, verschiebt, bis man einundzwanzig ist, übergeht man einen wertvollen Lebensabschnitt, in dem einem eine solche Erfahrung zugute kommen kann bei der späteren Wahl eines Lebenspartners. Die altmodische Tugend der jungfräulichen Ehe ist Unsinn. Sie verweigert einem Menschen das Recht zu lernen – das Recht, durch Erfahrung zu lernen, worauf es bei der Wahl des anderen Elternteils für seine Kinder, bei der Wahl der anderen Grosseltern für seine Grosskinder ankommt.

Einige wichtige Punkte, die mein gegenwärtiges «Ich» mitformten, habe ich in diesem Bericht ausgelassen. Es gibt Dinge, die einen seinen Ehefrauen, seinen Kindern , Geliebten und sich selbst gegenüber zum Stillschweigen verpflichten. Das ist alles, was ich jetzt sagen kann. Unter Umständen wird zu einem späteren Zeitpunkt eine tiefgehendere Analyse möglich sein; in verhüllter Form, in der ich mehr erzählen kann über die inneren/äusseren Wirklichkeiten wie ich sie erlebt habe, ohne andere zu verletzen.

4
Zusammenhalt in der Dyade

«Kohärenz-Theorie: Die Wirklichkeitstheorie, laut der jede wahre Aussage, insofern sie tatsächlich zutrifft, ihren Gegenstand in der Gesamtheit ihrer Beziehungen zu allen anderen Dingen beschreibt.»*

Anders gesagt: Die Kohärenz-Theorie stellt die Behauptung auf, dass der Wahrheitsgehalt einer Aussage von dem Wahrheitsgehalt aller sie umgebenden Aussagen innerhalb eines Kontextes, eines Ganzen, abhängig ist. So gesehen wird die Wahrheit durch die in Wechselbeziehung stehende Konsistenz der Aussagen innerhalb einer semantischen Struktur hervorgebracht. In jedem beliebigen Ganzen ist jeder Teil mit allen anderen Teilen so miteinander verbunden, dass ihre Summe, ihr Multiplikator, bedeutend grösser ist als die blosse Summe ihrer Teile.

Folglich ist die dyadische Struktur zweier Menschen, die zusammen leben bei weitem grösser als jede der beiden Personen für sich allein lebend. Die Wirklichkeit ihres Zusammenlebens liegt im Kontext der Dyade, nicht im isolierten Selbst eines jeden Gliedes in der Dyade. Die Gültigkeit der Dyade wird in dem Kontext, in den die Dyade eingebettet ist, getestet, d. h., sowohl in der allgemein aner-

* *The Random House Dictionary of the English Language*, New York 1973.

kannten Realität wie auch in der Abgeschiedenheit einer dyadischen Beziehung. Das dyadische Ganze ist um Vieles grösser als die addierte Summe beider Individuen. Die Bedeutung einer Dyade kann anhand einer Annäherungsgleichung wahrscheinlich exakter gemessen werden: Im landläufigen Glaubenssystem heisst es, wenn wir ein weibliches Individium «A» und ein männliches Individuum «B» haben, wird die Dyade durch «A» plus «B» ausgedrückt. Diese Gleichung steht in keinem Verhältnis zu den Komplexitäten einer dyadischen Beziehung. Die Komplexität der Beziehung zweier Menschen wird wahrscheinlich durch die Anwendung einer höheren Funktion der Beziehung ausgedrückt, etwa durch «A» mal «B», erhoben in die zweite Potenz, $(A \times B)^2$. Um dies etwas verständlicher auszudrücken: jede Gruppe, zum Beispiel eine durch Liebe verbundene Familie, gleicht eher «A» mal «B» mal «C» mal «D» und so weiter, in die *n*te Potenz erhoben, wobei *n* die Anzahl der Individuen in dieser Gruppe angibt. Die wahre Komplexität einer Gruppe auszudrücken ist ein immenses theoretisches Problem, welches noch adäquat und effizient erarbeitet werden muss. Man kann die wahre Komplexität der Kohärenz einer Gruppe intuitiv erfassen, ohne bislang in der Lage zu sein, ihr detailliert Ausdruck zu verleihen.

Die Dyade (Mann und Frau) ist eine ausserordentlich starke Einheit. Irgendwann einmal vertiefte ich mich in die Literatur solcher Menschen, die, entweder allein, oder in dyadischen oder triadischen Situationen Ozeane überquert hatten. Dabei stiess ich auf ein paar interessante Zusammenhänge. Unter denselben Bedingungen konnte ein Mann oder eine Frau, die den Ozean allein überquerten, überleben oder auch nicht. Das hing von seiner oder ihrer Fähigkeit ab, positive oder negative Interpretationen auf seine oder ihre Schwierigkeiten zu projizieren. Diejenigen, die solch ein Abenteuer allein wagten, gingen – wenn sie schreckerregende, angstbeladene, selbstzerstörerische Bilder projizierten – unweigerlich in den Tod.

Indem ich dem Schicksal allein reisender Seefahrer nachging, fand ich zahlreiche Berichte von Paaren (die es zehnmal so häufig gab wie den Einzelgänger), die erfolgreich Ozeane überquert hatten. Einige dieser Paare lernte ich kennen und fand heraus, dass sie bereits eine integrierte Dyade waren oder es angesichts der Anforderungen einer solchen Reise wurden. Der dramatische Aspekt ihrer Ozeanüberquerungen wurde derart heruntergespielt, dass sie es, im Gegensatz zu manch anderem Alleinsegler, der seine Reise dramatisierte, nicht einmal für nötig hielten, diesen Aspekt in einem Buch näher auszuführen. Die Mann/Frau-Dyade scheint eine sehr stabile

John und Toni auf dem Mount Lassen, 1980.

Basis zu sein, wenn man mit dem Unbekannten der physischen Welt konfrontiert wird.

Welches sind die Voraussetzungen für diese Art von Dyade? Vor allem anderen ist es für ein solches Paar von grösster Wichtigkeit, offen und ehrlich – und ohne etwas auszuklammern – all die negativen und positiven Gefühle zu untersuchen, die mit dem zu tun haben, was es erreichen will, was es gegenwärtig im Begriff ist, zu tun. Wenn dies taktvoll und diplomatisch vonstatten geht, können viele der Reibungspunkte, wie man sie bei unglücklichen Paaren findet, umgangen werden.

Die für das Wohlergehen eines jeden Gliedes der Dyade notwendigen Überlebensprogramme müssen stets neu überarbeitet und nicht als eine innerhalb der Dyade verborgene Tagesordnung aufgefasst werden. Wenn das Paar weiss, wie es ohne die üblichen, von der Zivilisation angebotenen Hilfsmittel überleben soll, wird es von Nutzen sein, sich in die Wildnis zu begeben, gemeinsam zu zelten, und soweit sich das machen lässt, mit der geringstmöglichen Ausrüstung zu leben, damit sie erfahren, wie weit sie auf der zivilisierten Skala nach unten gehen und zufriedenstellend überleben können. Zu viele Paare schlagen sich mit Unwesentlichem herum, als ob das für ein Überleben notwendig wäre.

Ich habe viele Angehörige der jüngeren Generation in die Wälder ziehen sehen, wo sie ein Jahr oder länger mit dem Allernotwendigsten versehen leben, um sich in den Dingen zu trainieren, die für ihren planetengebundenen Trip erforderlich sind. Dies wird entweder auf eigene Faust oder in einer Dyade durchgeführt. Ich habe Eltern gekannt, die ihre Kinder aufzogen, indem sie sie in den Sommerferien ins Hochgebirge führten und darauf bestanden, dass sie mit einem Minimum an Aufwand lebten – jedes musste auf ausgedehnten Fussmärschen durch die High Sierras oder die Rockies seine eigenen Nahrungsmittel tragen, sein eigenes Dach, die eigene Kleidung. Dies stellt augenscheinlich ein grundlegendes Training dar, um eine grosse Zahl von Illusionen zu eliminieren, die die Vorstellung vom Stadtleben und das Teilnehmen an ausgeklügelten Zivilisationsriten begleiten, als hätten sie fürs persönliche Überleben irgendwelche Bedeutung. Mit dem hautnahen Erfahren der freien Natur – nicht nur die Bereitwilligkeit, sondern die Freude, regelmässig in die Natur zu gehen, kann man den Anforderungen des zivilisierten Lebens weitaus glücklicher widerstehen und ohne zuviel in jene Dinge zu investieren, die für das eigene Glück, für die eigene Sicherheit nicht erforderlich sind.

Kohärenz in einer Dyade kann mit diesen Methoden erlangt werden. Der Wirklichkeitsgehalt einer Beziehung in einer Dyade kann stark in den Vordergrund gerückt werden, indem man die Dyade Herausforderungen ins Anlitz blicken lässt, Herausforderungen der Natur, Herausforderungen des Meeres, Herausforderungen anderer Spezies auf diesem Planeten.

Der äussere Realitäts-Test einer Dyade findet in der Natur statt. Bis die Dyade ein festes Gefüge erhalten hat und von ihren Gliedern als für das Leben auf diesem Planeten rationellere Form akzeptiert worden ist, empfiehlt es sich, keine Kinder zu haben. Ein glückliches Familienleben basiert auf einer festgefügten Dyade. Liebevolle Bereitschaft zum Unterweisen der Kinder ist erforderlich, um eine starke und glückliche Familie zu gründen. Familien, die sich gemeinsam in die Wildnis begeben, lernen, dass das Unterweisen ihrer Kinder in dieselben Verfahren, in dieselben Techniken und denselben Lebensstil, die innerhalb der freien Natur angebracht sind, zu einer Familieneintracht führt, die sich im Stadtleben nur schwerlich erreichen lässt.

Oben Gesagtes gibt einigen meiner Auffassungen der äusseren Realität hinsichtlich dyadischer Kohärenz und dyadischer Kraft Ausdruck. In Tonis und meiner Dyade habe ich versucht, diese Faktoren zu formulieren und sie, soweit das innerhalb unserer besonderen Grenzen möglich ist, auszuleben. Anfangs wohnten wir in einem kleinen Haus in einem der Wohngebiete von Los Angeles. Die ersten zwei Jahre wurde ich in Tonis Technik unterwiesen, in einem kleinen Haus zu leben, in welches sich in einer sehr aktiven, kreativen, von jungen Leuten erfüllten Umgebung ein ununterbrochener Strom interessanter Besucher ergoss. Um *Das Zentrum des Zyklons* und *Simulations of God* schreiben zu können, musste ich mich aus dieser Umgebung in ein vor dem Haus, auf der Strasse geparktes Wohnmobil zurückziehen. Dies gewährte mir die nötige Abgeschiedenheit, jene Bücher zu konzipieren und zu realisieren. Dann unternahmen wir Trips in die High Sierras und die Westküste hinauf, in verschiedene Naturschutzgebiete. Toni entdeckte, dass wann immer ich in eine Höhe von annähernd 2000 m gelangte, ich automatisch auf ein *high* umschaltete. Sie begann, die Vorzüge unseres Alleinseins in freier Natur (unter reichlich zivilisierten Bedingungen) zu schätzen. Ich lehrte sie die Grundbegriffe des Skifahrens – das erste Mal in einer Höhe von 2700 m.

Toni hatte langjährige Erfahrung als begeisterte Wasserskiläuferin. Skifahren im Schnee bedeutete für sie einen neuen Anwendungsbereich ihrer Techniken und ihres Talents als Wasserskiläuferin. Die hinzukommende Höhe stellte eine weitere Belastung dar, die sie vom Skifahren auf Meeresspiegelhöhe nicht kannte. Sie protestierte heftig, nahm dann aber die Herausforderung an und erlernte das herkömmliche Skifahren. Zitternd vor Angst begab sie sich schliesslich auf den Gipfel eines Berges und kam, unter der Anleitung eines Skilehrers, die ganze Strecke das erste Mal in ihrem Leben herabgefahren, ohne zu stürzen oder sich sonstwie zu verletzen. Diese Erfahrungen fügten unserer Dyade neue Dimensionen hinzu.

Auch verbrachten wir geraume Zeit in Höhen von über 3000 m mit Zelten und hatten sogar Begegnungen mit freilebenden Bären in den High Sierras.

Im Anschluss an diese gemeinsamen Erfahrungen fassten wir den Entschluss, aus der Stadt fortzuziehen. Wir erwarben ein in 400 m Höhe und nur zweieinhalb Meilen vom Meer entfernt gelegenes Haus, und in den vergangenen Jahren richteten wir unsere Energien und unsere Zeit darauf, ein Zuhause aufzubauen, an dem wir beide Freude haben, in dem wir hinlänglich leben, lehren, proben und Workshops abhalten können. Eine ganze Reihe jüngerer Leute fühlt sich zu uns hingezogen, und sie kommen und gehen durch unser Haus wie es ihnen beliebt. Dieses Zuhause liegt weit genug von der Stadt entfernt und vermittelt uns das Gefühl freier Wildbahn; die Kojoten kommen von den Hügeln herab, und nachts können wir sie hören. Einer der weit umherschweifenden Berglöwen, ein kalifornischer Cougar, riss offenbar eine unserer Katzen. Kürzlich näherte sich eines späten Abends ein Kojote unserem Haus bis auf sechzig Meter.

Toni bestellt einen Garten, in dem sie ihre mit der Scholle verbundenen Bedürfnisse stillt. Jeden Morgen spazieren wir auf einen nahegelegenen Berg, etwa hundert Meter höher als unser Haus.

Da wir fünfzig Meilen vom Stadtzentrum von Los Angeles wohnen und nahe der Küstenstrasse, machen viele Freunde auf ihrem Weg von Los Angeles nach San Francisco, oder umgekehrt, halt und verbringen die Nacht bei uns. Ein stetiger Strom interessanter Leute ergiesst sich durch dieses Haus. Wir haben unsere Bindung an das Stadtleben gelockert und leben trotzdem nah genug, damit wir, wann immer nötig, unseren Geschäften nachgehen können, ohne vierundzwanzig Stunden in die Stadt eintauchen zu müssen. Die tiefe Ruhe beschert uns einen unendlich erfrischenden Nachtschlaf.

Gute Schlafbedingungen sind für den Biocomputer absolut erforderlich. Die Dyade verlangt im Anschluss an die vielfältigen Aktivitäten des Tages Ruhepausen und gesunden Schlaf. Jedes Paar, das nicht genügend Schlaf bekommt, stösst auf Schwierigkeiten, einfach schon aufgrund der in jedem Biocomputer sich aufstauenden Erschöpfung. Schlaf ist notwendig, um die Programme des Tages auszuschütten und den Biocomputer für den nächsten Tag gründlich gereinigt zu halten.

Die Arbeiten am Haus, Erd- und Gartenarbeit erzeugt irgendwo eine Art geistiger Gesundheit, die man ohne diese Aktivitäten nur schwer erlangen kann. Der menschliche Körper hat sich auf diesem Planeten in engem Kontakt mit der Erde entwickelt. Werden diese Bindungen an die Erde erst einmal unterbrochen, entstehen sonderbare geistige Unzulänglichkeiten, wie man das in den Städten findet. Das Aufbrechen der Bindungen an die Erde verursacht die «Papier-Realität» der Zivilisation, die das Bewusstsein dahingehend beeinträchtigen, dass man eines Tages glaubt, die Papier-Realität sei *real* und nicht eine bequeme Konstruktion von Menschenhand. Anstatt dem Menschen ein zuverlässiger Partner zu sein, wird die Papier-Realität zu seinem Meister.

Das Überleben einer Dyade in unserer Zivilisation erfordert angemessene, auf die Papier-Realität gerichtete Aufmerksamkeit. Kooperative Anstrengungen zweier Menschen auf diesem Gebiet können die Dyade ebenfalls stärken. Gegenseitige Anerkennung der Fähigkeit des Partners in einer Dyade ist auf diesem Gebiet besonders notwendig. Die Herausforderungen einer ordentlichen Familienbuchführung, innerhalb der Dyade aufgeteilt und unter Einbeziehung all ihrer Fähigkeiten, verkürzt den Zeitaufwand für die Erledigung der von der organisierten menschlichen Gesellschaft gestellten Aufgaben. Die Kohärenz in der Dyade in diesem Bereich verlangt offene und kritische Beurteilung der finanziellen Aufwendungen und der verborgenen Wege, auf denen, innerhalb der dyadischen Struktur, Geld ausgegeben werden kann.

Die meisten Dyaden kennen Probleme in den Bereichen Geld, Sex und Macht. All dies muss mit kritischer Ehrlichkeit und innerhalb der grundlegenden Programme – den Überzeugungen eines jeden Partners in der Dyade – kritisch überprüft werden. Toni und ich haben unsere Auffassungen in diesen Bereichen noch keiner vollständigen Prüfung unterzogen. Wir gehen dies behutsam, sorgfältig und diplomatisch an. Jeder von uns hat den Zusammenbruch früherer Ehen erlebt, der aus einem Mangel an Kommunikation zwischen uns und unseren Partnern in diesen kritischen Bereichen menschlichen Trachtens resultierte. Wir besprechen in aller Offenheit, welche Gelder aufgewendet werden müssen. Wir geben uns die grösste Mühe, irgendwelche verborgenen Tagesordnungspunkte ans Licht zu fördern, wenn wir feststellen, dass sie irgendwo in unserem Innern wirksam werden.

Auch nehmen wir uns sexuelle Fragen vor, die sich zwischen uns und anderen ergeben und behandeln sie, so gut wir können, offen, ehrlich und diplomatisch. Wir überprüfen unsere Auffassungen auf diesem Gebiet und haben zufriedenstellende Methoden entwickelt, in diesem speziellen Bereich zu kooperieren.

Die Frage der Macht innerhalb der Dyade wird mit einer Frage umrissen, die wir uns gegenseitig stellen – «Wer programmiert wen?» Zusätzlich fragen wir, «Wer wird von wem in Verzückung versetzt?» Warum erlebt man Verzückung mit gerade dieser Person? Darauf basierend überprüfen wir unsere sozialen Bindungen zu anderen. Zeitweilig müssen wir unsere individuelle Initiative, zu anderen Zeiten die Initiative der Dyade angesichts äusserer Widerstände schützen. Immer wieder stellen wir die kritische Frage, «Warum sind wir in dieser oder jener Situation auf Vorschläge oder Pläne dieser oder jener Person, finanzielle Aufwendungen betreffend, hereingefallen?»

Im Rahmen unseres Lebensstils machen wir häufig Erfahrungen mit recht eigenwilligen jungen Einzelpersonen. Meine Schriften haben zu einer Hinwendung zu uns geführt, und viele Menschen, die meine Bücher lesen, meinen, sie könnten einfach zu uns kommen, ihr persönliches Schicksal vortragen und sich dann von uns sozusagen als Therapeuten behandeln zu lassen. Dies führt vielfach zu humorvollen Situationen. Wir haben mit der Zeit Methoden entwikkelt, mit denen wir solchen Situationen begegnen, unterstützt von Leuten, die sich bei uns aufhalten und solchen, die mit uns zusammen arbeiten. Es gibt Individuen, die sich so aufführen, als wären wir öffentliches Eigentum und versuchen, unser Zuhause als ihre persönliche Bühne für die Darstellung ihres persönlichen Schicksals zu benutzen. Irgendwie versuchen Leute, ihre persönlichen Trips auf uns abzuladen. Langsam, aber sicher sind wir dabei, gegen diese Art Happening Gegenmassnahmen zu entwickeln.

Jeder von uns lernt, dass Mitgefühl nicht gleich Mitleid ist, und dass das oberste Mitgefühl im Erteilen jener Lektionen zum Ausdruck kommt, die zu erlernen für andere wichtig ist und von Lektionen zu lernen, die sie uns erteilen, ob bewusst oder unbewusst.

Der jüngeren Generation und ihren Lehren ausgesetzt zu sein, liefert, so finde ich, ein riesiges Energiereservoir für Toni, für mich und für die Dyade. Die Jungen sind gewillt, zu lehren. Sie verfügen über neue Lehrmethoden. Diejenigen, die bereit sind, von uns zu lernen, verfügen über ein weiteres Reservoir neuer kreativer Möglichkeiten.

Unsere Taktik besteht darin, die Eigeninitiative zögernder Jugendlicher zu stimulieren. Um ihnen zu zeigen (durch Arbeit im Tank und durch Teilnahme an ihren Projekten), dass sie im eigenen Inneren über das verfügen, was notwendig ist, um in ihrer intellektuellen Disziplin und ihrem geistigen Trachten auf diesem planetengebundenden Trip erfolgreich zu bestehen. Wir versuchen, ihre und unsere Initiative für neue Bereiche empfänglich zu machen. Bei diesem Unterfangen mit zahlreichen jungen Leuten gab und gibt es Erfolge, so dass wir, was das Schicksal der jüngeren Generation angeht, ungemein ermutigt und optimistisch sind.

Uns wird klar, dass wir es mit einem ziemlich auserwählten Kreis zu tun haben, und dass dies in den Vereinigten Staaten nicht genügend verbreitet ist. Wir hoffen, dass diese jungen Leute, die mit uns in Kontakt gewesen sind, anhaltenden Nutzen daraus ziehen und ihrerseits zu freien Lehrern/Schülern werden.

Die Essenz der von uns angewandten Methode könnte mit dem Begriff «teach-back» umrissen werden, in der das Lehren ein auf Gegenseitigkeit beruhender Prozess ist. Manchmal sind wir Lehrer, manchmal Schüler, und dies pendelt in einem kontinuierlichen Wechselspiel hin und her.

Nachdem *Simulations of God* abgeschlossen war und sich in den Händen des Verlegers befand und erste gebundene Fahnen vorlagen, entschlossen sich Burgess Meredith und der Jazzmusiker Charles Lloyd, vor College-Publikum aus dem Prolog vorzulesen. Wir hörten die Tonbandaufnahmen der ersten öffentlichen Veranstaltung im Santa Ana College. Dies beflügelte uns, mit der Arbeit an einem Theaterstück zu beginnen.

Burgess zeigte uns, dass Erzählung in Verbindung mit Musik ein machtvolles Instrument bildet, um einem Publikum Gedanken und Ideen nahezubringen. Die Kombination aus Musik und Wort stellte sich als durchschlagende Kraft bei der Übermittlung von Gefühlen wie auch von Bedeutungen an ein jüngeres Publikum heraus.

Spontan beschlossen Tonis Tochter Nina und ich, ein Tanz/Musik/Erzählungs-Stück zu erarbeiten, basierend auf Elementen aus *Simulations of God*. Eines Morgens schrieb ich die Erzählung. Nina wählte einen weiteren Tänzer aus und begann, die Erzählung für den Tanzpart in Körpersprache zu übersetzen. Nina wählte einen kreativen jungen Musiker, Dean Olch, die Musik zu schreiben. Mit zwei anderen Musikern begann Dean, in Zusammenarbeit mit den Tänzern, die Musik für unser Theaterstück zu schreiben.

Anfänglich versuchte ich mich als altmodischer Regisseur. Die jungen Leute brachten mir im Handumdrehen bei, dass dies nicht die Art und Weise ist, wie die neue Generation funktioniert. Also lehnte ich mich zurück und schaute zu, zog mich als bestimmender Faktor zurück und wartete das Sich-Entfalten der Gruppe ab.

Durch reinen Zufall ergab sich die Gelegenheit, das Stück anlässlich des von Warren Christiansen, einem Freund Ninas, organisierten Garden Festival of Los Angeles aufzuführen. Wir legten das Stück so an, dass es eine halbstündige Lücke im Festival-Programm ausfüllte.

Ich hatte das Gefühl, das Stück würde niemals zustande kommen. Bei seiner ersten Aufführung war es dann aber ein solcher Erfolg, dass ich vom Hochgefühl, welches es in mir, im Publikum, in den Tänzern und Musikern erweckte, überwältigt wurde. Während dieser ersten öffentlichen Aufführung vor einem Publikum der UCLA wurde mir klar, welches kreative Potential diesen jungen Leuten innewohnt. Sie leben mit einer neuen Disziplin, die ich jetzt bei weitem mehr respektiere, als ich es ohne diese Erfahrung jemals getan hätte.

Toni engagierte sich als Produzentin dieses Stückes und machte es mit dem ihr eigenen diplomatischen Geschick, innerhalb der Gruppe Beziehungen zu fördern, unserer Dyade möglich, Energie und Geld in dieses Projekt zu stecken. Ein Teil der Proben fand in unserem Wohnzimmer statt, andere in einem Tanzstudio. Toni beobachtete vor allem mein Umgehen mit den Jüngeren und wies mich sanft darauf hin, wo meine Probleme hisichtlich meiner Beziehungen zu den anderen lagen. Sie analysierte mein drängendes Bedürfnis nach Präzision. Sie analysierte das Bedürfnis der anderen nach einer gelockerten Bindung und schliesslich war ich soweit, dass ich meinen Perfektionismus fahren lassen und das Entfalten der wahrhaft kreativen Fähigkeiten in den anderen zulassen konnte.

Somit war es mir dann möglich, ihre Initiative zu schüren und zu helfen, wenn sie in wirkliche Schwierigkeiten gerieten und meiner Hilfe bedurften. Sie kritisierten etwa den zeitlichen Ablauf in meiner Erzählung, baten mich um Korrekturen, wie sie, ihrer Auffassung des Stückes entsprechend notwendig waren. Wenn ich dann eine Unterbrechung wünschte und die zugrunde liegende Philosophie erläuterte, hörten sie aufmerksam zu, bevor sie fortfuhren und erarbeiteten das, was dieser speziellen Philosophie angemessen war. Ich wies auf die Unumgänglichkeit von Feedback hin, um die Gruppe zu vereinheitlichen. Sie bauten Feedback ein und befriedigten alle Erfordernisse, trotz grosser Schwierigkeiten die ganze Gruppe für eine ausreichende Zahl von Proben zusammen zu bringen.

Das Feedback aller drei öffentlichen Aufführungen unseres Stükkes ist für alle Beteiligten äusserst befriedigend gewesen. Die Kostümfrage war für die ganze Gruppe von Toni gelöst worden (unterstützt durch die kooperative Hand ihrer Freundin Mary Taylor), die auch den Einsatz ihrer Tochter unterstützte, indem sie bei der Lösung der verschiedenen Probleme des Projektes hilfreich zur Seite stand.

Nina bewies beim Organisieren von Gruppen und beim Entlokken guter Leistungen ein geniales jugendliches Talent, eine Tatsache, die ich am Anfang nicht für möglich gehalten hatte. Ihre disziplinierte Leistung als Tänzerin ist bemerkenswert. Die Art wie sie ihren Tanz auf den der anderen Tänzer abstimmte war wirklich überraschend und ergreifend.

Der Anklang beim Publikum zeigte, dass wir etwas geschaffen hatten, das das Publikum eine Erfahrung machen liess, die es vorher nicht gemacht hatte; diejenigen, die nach der Aufführung hinter die Bühne kamen, waren sichtlich bewegt und hatten während der Aufführung ein beinahe religiöses Erlebnis. (In allen drei Aufführungen war das Publikum tief bewegt – es verharrte die ganze Darbietung über in Schweigen, auch nach dem Vorhang noch, bevor es applaudierte.)

Im Anhang 5 dieses Buches geben wir das Skript – in der Fassung, wie sie sich aus den Interaktionen der Gruppe schliesslich ableitete – die Erzählung, die Tanz- und Musikanweisungen, so wie wir sie im Laufe der Arbeit schriftlich fixierten. Auch legen wir die Philosophie dar, auf die sich das Stück gründete (und zwar in der Form wie sie im kurzen Einführungstext erläutert wird, der vor Beginn der Aufführung an das Publikum ausgeteilt wurde).

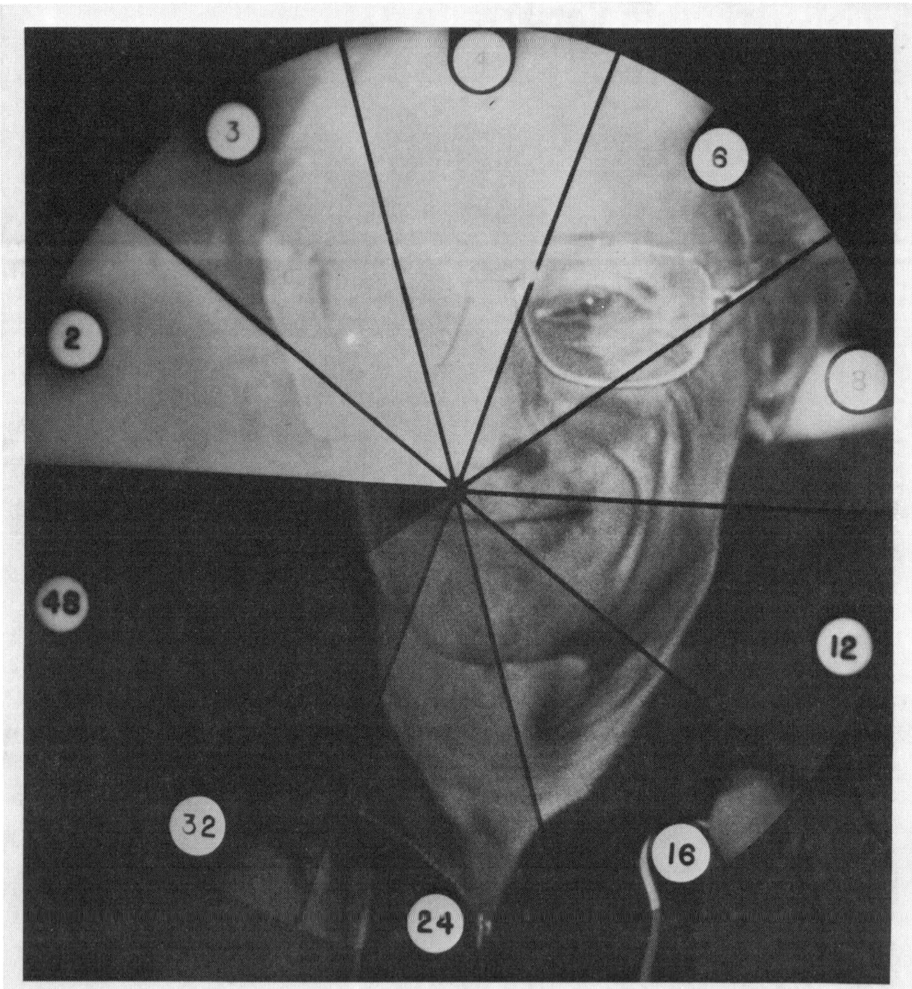
2
3
4
6
8
12
16
24
32
48

5
Das Transpersonale Überich und die Sicherheit in der Dyade

In den beiden Büchern *The Human Biocomputer* und *das Zentrum des Zyklons* werden die Begriffe von etwas Höherem als der Mensch es ist präsentiert, welche im Leben des Menschen wirksam werden. In diesen Büchern werden spezifische Beispiele für dieses Einwirken genannt. Der Begriff «transpersonal» bezeichnet etwas jenseits vom einmaligen menschlichen Ego oder Selbst Liegendes. Es gibt eine Publikation, das *Journal of Transpersonal Psychology,* die sich den Studien dieses Aspektes des Selbst widmet. Den Begriff «Überich» führte ich in *Das Zentrum des Zyklons* ein, um jene Erfahrungen zu beschreiben, während derer das Ich auf seine inneren Realitäten lauscht, von ihnen unterwiesen wird und in ihnen aufgeht – jenseits der inneren Realitäten des Selbst, welche in der äusseren Realität bzw. in seiner eigenen inneren Realität zum tragen kommen.

In einer Beschreibung der Funktionsbereiche der dem Menschen zugänglichen Realitäten, habe ich von der äusseren Realität (ä. r.) und der inneren Realität (i. r.) geschrieben. In den letzten zwei Jahren habe ich einen dritten Bereich, die ausserirdische Realität (a. i. r.) hinzugefügt. Diese Realitäten gliedern sich wie folgt:

In der gewöhnlichen allgemein anerkannten äusseren Realität operiert das Selbst hauptsächlich im Grenzgebiet zwischen innerer und äusserer Realität. Die Körperfunktionen werden der äusseren Realität zugerechnet und die Geistesfunktionen der inneren Realität. Der Selbst-Metaprogrammierer operiert in der inneren Realität und benutzt den Körper in der äusseren Realität. Im Isolationstank wird die äussere Realität bis zu einem Punkt abgeschwächt, wo der Selbst-Metaprogrammierer die wenigen verbleibenden Anhaltspunkte für die Existenz der äusseren Realität hemmt und mit der inneren Realität verschmilzt. Der mit der inneren Realität eins gewordene Selbst-Metaprogrammierer kann dann «transpersonale» oder Überich-Erfahrungen erlangen.

Das Überich betrachtet man als einen autonomen Metaprogrammierer; hinzu kommt, dass der Überich-Metaprogrammierer als Programmierer des Ichs oder des Selbst-Metaprogrammierers gesehen werden kann, und zwar als etwas, das ihn in die ausserirdische Realität bewegt. (In einer weniger präzisen, herkömmlichen Sprache ausgedrückt: «Das Selbst kann ungewöhnliche Realitäten ausdenken und darin leben, die im Geist erschaffen wurden.»)

Das Überich metaprogrammiert und kann als in Tätigkeit wahrgenommen werden, wenn der Selbst-Programmierer (das Selbst) hinsichtlich der äusseren oder der inneren Realität aktiv ist. Den Übergang zur ausserirdischen Realität erlebt man, wenn das Selbst oder der Selbst-Programmierer aufgibt, bzw. dem Überich oder dem Überich-Metaprogrammierer einräumt, das Kommando zu übernehmen und das Selbst zu programmieren. In den weiteren Bereichen der ausserirdischen Realität verliert das Selbst seine Identität und wird zum Überich bzw. zum Überich-Metaprogrammierer. Bei den meisten Menschen wird dieser Prozess des Gewährens oder des Identifizierens mit den Überich-Metaprogrammen anscheinend nicht so häufig erlebt wie das Verschmelzen des Selbst-Metaprogrammierers innerhalb der inneren Realität. Erfahrungen kann man dann als transpersonal oder jenseits des Selbst stattfindend bezeichnen, wenn eine tatsächliche Identifikation des Selbst mit dem Überich stattfindet.

Diese Begriffe sind Arbeitsbegriffe, das heisst, sie finden Anwendung beim Aufzeichnen realer Erfahrungen. Sie stellen kein Dogma dar, welches absolut befolgt werden muss. Sie sollen Hilfestellung leisten beim Beschreiben von Erfahrungen. Macht man solche Erfahrungen einmal und unterzieht sie einer Prüfung, können diese Konzepte verwendet werden, um neue Erfahrungen zu schaffen. Die ursprünglich beschreibende Sprache wird richtungsgebend.

Im gewöhnlichen Alltagsleben kann man das Operieren des

Überichs spüren, die Überich-Metaprogrammierung, die einem subtile, unbewusste Anweisungen gibt. Hat man einmal Erfahrungen der Identifikation mit dem Überich gemacht, gelangen diese täglichen Operationen mehr und mehr ins Bewusstsein, das heisst, die Überich-Metaprogrammierung wird in der bewusst wahrgenommenen Sphäre in erheblich grösserem Ausmass Teil des Alltagslebens als, z. B. in der Kindheit. Fortgeschrittenes Bewusstsein, wie wir es begreifen, entwickelt sich, indem man oben beschriebene Unterscheidungen zu treffen beginnt, das ganze Leben lang.

Meine eigenen, in *Das Zentrum des Zyklons* und *The Human Biocomputer* dargelegten Erfahrungen machten die Entwicklung dieser Terminologie notwendig, um über das von mir in diesen Bereichen Gelernte sprechen zu können und es zu lehren. Die drei Bereiche (äussere, innere, ausserirdische Realitäten) definieren nicht alle erfahrbaren Phänomene. Es gibt Bereiche ausserhalb der ausserirdischen Realität. Nach der Fusion des Ichs mit dem Überich und einsetzenden transpersonalen Erfahrungen stellt man fest, dass man noch weiter gehen kann. An diesem Punkt lässt man seine Identität völlig hinter sich und wird eins mit «allen anderen» im Universum. Wie ich in *Das Zentrum des Zyklons* (Kap. 17) darlege, tritt man dem Netzwerk der Schöpfer bei, in welchem das individuelle Ich mit dem Netzwerk jener verschmilzt, die Schöpfung auf sehr hohen Ebenen betreiben. Hier bleibt vom Ich und vom Überich nichts übrig. Man wird zum höchsten kreativen Prozess. Diese Region symbolisiere ich mit dem Netzwerk (N). In *Das Zentrum des Zyklons* nannte ich diese Region «plus drei». Netzwerk empfinde ich als den befriedigenderen Begriff als das «plus drei» des Gurdjieffschen Numerierungssystems.

Während der letzten fünf Jahre haben Toni und ich diese Regionen mehrmals betreten. Jedesmal habe ich ein wenig mehr Bewusstsein meines Überichs erfahren, wie auch seine Verschmelzung mit dem Überich anderer. Jedesmal gibt es einen zunehmend deutlichen Verlust an Individualität zu verzeichnen, jedesmal ist der «Zustand» das Einsseins mit dem Kosmos zunehmend mächtiger gewesen.

Während der Arbeit an meinem letzten Buch, *Simulations of God: The Science of Belief,* fiel mir auf, dass es durch Verbindungen zwischen mir und meinem Überich zustande kam; also trat ich einen Schritt zur Seite und «erlaubte» den Gedanken, das Ziel vom Überich und den Verknüpfungen mit dem Netzwerk her zu erreichen.

Wenn man die Verbindung zu seinem Überich auf bewusste, duldende Weise herstellen und die Verbindung dieses Überichs mit dem Netzwerk (N) berücksichtigen kann, ist man in höchstem Masse innerhalb der Begrenzungen kreativ, die ich das Gefährt eines Menschen (Körper und Geist) nenne. Im Zustand des Verbundenseins und der Wahrnehmung des Überichs durch das Selbst ist es so, als schriebe oder diktierte irgend etwas auf dem Weg über unser Selbst. Das bewusst funktionierende Ich, das über andere Menschen funktioniert, tritt sozusagen zur Seite und gestattet dem Überich, das Buch zu diktieren oder die Arbeit zu erledigen. Ich vermute, dass oben genannte Funktionsweise dem christlichen Zustand der Gnade ähnlich (wenn nicht gar damit identisch) ist, dem praktischen Satori des Buddhisten und den niederen Ebenen des Samadhi der Yogis. (Siehe auch Tabelle I, *Das Zentrum des Zyklons).*

Die höheren Gnadenzustände, die höheren Ebenen des Satori, die höheren Ebenen des Samadhi scheinen den Erfahrungen des Eintauchens in das Netzwerk zu entsprechen. (Die «Einswerdung mit dem Allumfassenden Geist» ist beispielsweise eine Beschreibung eines solchen Seinszustands.)

Diejenigen, die niemals in diese Bereiche eingetreten sind, mögen weder auf die Beschreibung dieser Erfahrungen, noch auf die daraus resultierende Arbeitssprache reagieren. Diejenigen, die in diesen Bereichen gewesen sind, mögen zurückkehren und versuchen, die, die dorthin gelangen wollen zu lehren, wie man diese Bereiche erfährt. Man stellt fest, dass die meisten Menschen, die ein ganz normales Leben führen (äussere Realität plus eine begrenzte innere Realität) und keine anderen Bereiche erfahren haben, einen als Heiligen, als Psychopath oder als aufwieglerischen Propagandisten bezeichnen. Diese weitverbreitete Einstellung, diese Meinung erzeugt Esoterik und esoterische Schulen.

In der gegenwärtigen amerikanischen Gesellschaft gibt es eine grosse Anzahl von Menschen, die diese Bereiche unter Verwendung von LSD, Meskalin, Peyote erfahren haben oder während hautnaher Begegnungen mit dem Tod, unter Anästhesie oder im Koma, und, in selteneren Fällen, durch persönliches Hinarbeiten auf Erleuchtungszustände. Somit wird es heutzutage zunehmend sicherer, über solche Erfahrungen zu schreiben, sie zu beschreiben und diesen Menschen zu helfen, ihre Erfahrungen zu verstehen.

Für mich persönlich habe ich herausgefunden, dass es sicher ist, diese Erfahrungen isoliert von seiner gegenwärtigen Gesellschaft und in Abgeschiedenheit zu durchlaufen. Im Tank kann man in völliger Sicherheit in die innere Realität gleiten und seine Selbst-Metaprogrammierung direkt erfahren. Man kann sich dann unter die Befehlsgewalt des Überichs begeben und der Überich-Metaprogrammierung die Übernahme seines Geistes genehmigen. Ist dieses erst einmal eingetreten, kann man in die ausserirdische Realität übergehen, dann in das Netzwerk und schliesslich über das Netzwerk hinaus. Verlässt man den Tank nach solchen Erfahrungen, kann man den Bericht im Licht einer praktischen Beurteilung hinsichtlich der sozialen Ergebnisse überprüfen, wenn man ihn an seine Zeitgenossen an der äusseren Realität weitergibt. Wohlüberlegt angewandt kann die Tank-Technik einem dazu verhelfen, den Übergang von inneren zu sozialen Bereichen zu vollziehen. Diese eigene Disziplin hinsichtlich des eigenen sozialen Bereichs gestattet es einem, ein Gleichgewicht zwischen erinnerten Erfahrungen und dem, was man anderen darüber berichtet, herzustellen.

In unserer Dyade ist dies ein schwieriges Programm. Toni würdigt und respektiert meine Erfahrungen in diesen Regionen. Sie ist sich der sozialen Konsequenzen von Kommunikation auf dem planetengebundenen Trip bei weitem bewusster als ich es bin. Ihre Beziehungen zu ihrer Familie, zu ihrem Garten, ihrem Haus, ihren Freunden, zu dem, was ich ihr «Dorf» nenne, vermittelt ihr ein Gefühl der Sicherheit, welches sich in ihrer Beziehung zu mir niederschlägt.

Aufgrund dieser dyadischen Sicherheit fühle ich mich frei, solche Entdeckungen weiter zu verfolgen. Toni berichtet von Erfahrungen in diesen Regionen, welche sie in der Vergangenheit gemacht hat. Während jener Zeit, in den frühen sechziger Jahren, als dieses legal war, unterzog sie sich, von einem LSD-Therapeuten kontrolliert und angeleitet, einer LSD-Therapie. Sie berichtet beispielsweise von einem Experiment, in dessen Verlauf sie eins wurde mit dem tiefen Pulsschlag der Schöpfung des Universums mit seinen fliessenden, wechselnden Energien (im Grenzbereich der ausserirdischen Realität und dem Netzwerk). Aus diesen Bereichen zurückgekehrt, beschreibt sie ihre Erfahrungen als «unermessliche pulsierende Veränderungen im Energiefeld», welche sie «grosse Schnörkel, die kleine Schnörkel umfassen» nennt. Mit einem Mal realisierte sie, «Ach, das ist also alles!»

Diese Erfahrungen versetzten sie in die Lage, das würdigend zu verstehen, was ich beschreibe. Bevor wir uns kennenlernten war ihr praktisches Selbst in diesen Regionen genügend ausgebildet worden, um ihren Selbst-Metaprogrammierer zufriedenzustellen. Sie respektiert die unermesslichen Kräfte, die übermenschliche Natur ihrer eigenen Erfahrungen. Folglich fühlt sie sich während der meisten meiner eigenen Entdeckungsreisen in diese Regionen sicher. Sie liefert die Basis, von der aus ich, aus der Dyade heraus, in diese Bereiche im Tank starten kann.

Kürzlich begab ich mich zum Beispiel gegen elf Uhr abends in den Tank, um die Grenzen zwischen der äusseren, der inneren und der ausserirdischen Realitäten zu untersuchen. Ich begab mich mit besonderer Aufnahmebereitschaft in den Tank und überliess es meinem Überich, zu tun, was es wollte. In diesem besonderen Fall gestattete das Überich meinem Ich, im Laufe dieser Erfahrung bewusst weiterzufunktionieren.

John:

Die Erfahrung setzt damit ein, dass mein physischer Körper in völliger Dunkelheit und Stille ruhig an der Oberfläche der Epsomer Bittersalzlösung treibt. Nach und nach setzt ein tiefes Pulsieren ein, mit einer Frequenz von etwa einer Pulsation alle zwei Sekunden – eine langsame Sinuswellen-Bewegung. Diese tiefen Pulsationen sind so heftig, dass mein Selbst spürt, ein schweres Erdbeben müsse eingesetzt haben. Ich hebe den Kopf über die Wasseroberfläche und lausche. Ich taste die Wände des Tanks mit den Händen ab. Das Wasser selbst bewegt sich nicht. Mit dieser Überprüfung der ä. r. lege ich mich wieder hin; die Pulsationen gehen weiter. Die Frequenz der Pulsationen nimmt zu, bis sie schliesslich ein dröhnendes Geräusch in hoher Tonlage erzeugen. Der Übergang von den Niedrigstfrequenz-Schwingungen zu Höher- und Höchstfrequenz-Schwingungen vollzieht sich behutsam.

Dann werde ich in die Niedrigstfrequenz-Schwingungen zurückprogrammiert. Es ist, als käme ich mittels einer riesigen, aus der a. i. r. stammenden Trägerwelle von einer weit entfernten Resonanz zu einer stets näher rückenden Resonanz. Mit abnehmender Frequenz der Schwingungen realisiere ich, dass diese eine «Beat-Frequenz» ist, dass mein inherenter Oszillator seine Frequenz der von der a. i. r. stammenden kritischen Frequenz hin verändert. (Die «Beat-Frequenz» bezeichnet den Unterschied zwischen meinem Oszillator und der Trägerfrequenz aus der a. i. r.). Langsam, aber sicher bewege ich mich auf die a. i. r.-Trägerfrequenz zu und die Vibrationen verlangsamen sich, bis zu einer einzigen Schwingung pro Minute.

In dem Augenblick, da ich mich der Resonanz mit dem a. i. r.-Träger nähere, verschwinden Tankwände wie auch mein physischer Körper. Ich realisiere mein «Selbst» als einen Bewusstseinspunkt innerhalb eines anderen Körpers, den ich «meine Simulation des physischen Körpers» nenne. Das Wasser und der Tank sind irgendwie noch immer vorhanden, aber die Tankwände haben an Höhe abgenommen, bis ungefähr einen Fuss über dem Wasser, über der Oberfläche des schwimmenden Körpers. Die «äussere Realität» um den Tank herum öffnet sich, der Raum löst sich auf und der Rasen ausserhalb des Gebäudes scheint bis an die Kanten des Tanks zu reichen.

«Ich» liege da und merke, dass andere «menschliche Wesen» auf dem Rasen umherwandern. Alle sind nackt, Männer und Frauen, offensichtlich Besucher unseres Hauses. Eine gut aussehende junge Dame kommt herüber und blickt in den Tank und sieht mich dort liegen. Ich sehe ihr hübsches Gesicht, ihre Brüste und ihren Körper, welcher sich über den Tank beugt. Sie betrachtet mich aufmerksam; dann geht sie fort. «Ich» stehe aus dem Wasser auf und gehe ins Haus; ich weiss, dass Toni dort vor dem Fernseher sitzt. Das Haus liegt schwach beleuchtet da, wie jeden Abend. Ich sehe Tonis Körper auf Kissen vor dem Fernseher ruhen. Ich rufe sie. «Sie» erhebt sich aus ihrem Körper heraus und kommt zu mir herüber. Wir unterhalten uns, und ich erzähle ihr, wie ich aus meinem Körper herausstieg, über die anderen Leute im Garten und die Frau, die mich beobachtete. «Sie» steht aus ihrem physischen Körper heraus auf; «sie» hat einen Körper wie der, in welchem ich mich befinde, indem er vom physischen Körper getrennt ist. Ihr mobiler Körper ist unbekleidet; ihr physischer Körper ist bekleidet. Wir besprechen einige sehr persönliche Dinge, über die ich nicht berichten möchte.

Bei der nachträglichen Betrachtung dieser Erfahrung realisierte ich, dass «ich» erstmals befähigt war, in einem solchen Experiment an dem erdgebundenen äusseren Bereich (den Koordinaten) festzuhalten. Mehrere Jahre lang habe ich versucht, «mich selbst» auf diesem Planeten zu lassen, während ich an der a. i. r.-Zone experimentierte.

Obwohl ich Robert A. Monroes *Der Mann mit den zwei Leben* gelesen hatte, hatte ich über die Passage, in der er sehr ähnliche, wenn nicht identische Begebenheiten beschreibt, hinweggelesen. Vor dieser speziellen Tankepisode hatte ich nicht bewusst programmiert, eine solche Erfahrung zu machen. Ich hatte jedoch tief im Innern den Wunsch verspürt, Erfahrungen wie Monroe zu machen. Meine vorangegangenen Erfahrungen in diesem Bereich hatten diese ganz besondere Erfahrung ausgelassen. (Ich versuchte noch viel weiter hinauszugehen und war erfolgreich dabei.) Auch war es das erste Mal, dass ich in diesen Regionen einen «Körper» hatte. Im allgemeinen neige «ich» dazu, als ein «Bewusstseinspunkt» zu reisen. Seitdem ich mit Toni zusammenlebe, vertraue ich unserem Milieu offenbar mehr als je zuvor. Bis dahin hatte ich den «ä. r.-Bereich», die Region um den Tank und die Region, die mit diesem Planeten zu tun hat, immer ausgelassen.

Diese Erfahrung überzeugte mich, dass ich unserer Dyade trauen konnte, und ich war fortan gewillt, eine Programmierung des Überichs zuzulassen, die solche Erfahrungen in meiner «ä. r.-Nachbarschaft» förderte. Tonis Beharren darauf, dass Transpersonales und Persönliches hier und jetzt, auf diesem Planeten erfahren werden können, überzeugte «mich» schliesslich, dass es auf diese Weise gefahrlos bewerkstelligt werden konnte.

Tonis und mein Überich haben sich in der Dyade fest genug verbunden, dass einer den anderen programmieren kann. Ein dyadisches Überich hat sich entwickelt, welches mehr und mehr das Programmieren übernimmt, ohne die vorherige Dichotomie zweier individueller Ichs. (Die Glaubensstruktur lässt dieses Konzept nunmehr zu.)

Vor langer Zeit (1970) wurde mir klar, dass es viele Übergänge des Ichs, des Überichs und des Netzwerks gab. Von der Verschmelzung mit dem Netzwerk zurückkehrend war ich gleichzeitig viele Millionen Selbst, Tausende Selbst, zehn, dann zwei, schliesslich eins. Dieses Experiment zeigte mir, dass es mehr Dimensionen von Überich-Beziehungen gibt als ich bis dahin realisiert hatte. (Eine Expansion von Glaubenslimiten in neue Bereiche hinein hat stattgefunden.)

In obigem Bericht habe ich den Begriff «astrale Projektion» bewusst vermieden. Es gibt derart viel Literatur, so viele Theorien zur sogenannten «Astralebene», versetzt mit einer Vielzahl von Theorien und Programmen, denen ich nicht zustimmen kann. Heute weiss ich, was Leute mit Erfahrungen «auf der Astralebene» als direkten Erfahrungen meinen. Noch immer stimme ich jedoch nicht den vielfachen Gliederungen und jenen schwerfälligen theoretischen Erwägungen zu, mit denen manch einer Erfahrungen aus erster Hand belastet.

Man kann eine solche Erfahrung erklären, indem man sagt, dass alles innerhalb eines menschlichen Biocomputers existiert, namentlich in meinem, und dass dies eine spezielle Methode darstellt, mit Hilfe derer man seine Simulationen konstruiert und sich zwischen diesen Simulationen bewegt. Benützt man diese Erklärung, so verliess ich den Tank überhaupt nicht und die gesamte obige Deutung fand in meinem, fest in meinem Gehirn verankerten Verstand statt. Die meisten westlichen Wissenschaftler, Psychiater und Psychologen würden diesen Standpunkt einnehmen. Sie würden behaupten, all das wäre eine hübsche, John Lillys Fantasie entsprungene Konstruktion. Alles, was ich solchen Leuten antworte, ist, «macht solche Erfahrungen erst einmal selbst und seht dann, ob diese Erklärung für euch zutrifft».

Ich ziehe es vor, gar nicht erst den Versuch zu unternehmen, solche Erfahrungen auf der Grundlage unserer derzeitigen begrenzten wissenschaftlichen, psychiatrischen und psychologischen Gesichtspunkte zu erklären. Ich spüre, dass es weitaus mehr gibt als diese Theorien begründen können. Ich schlage vor, dass diejenigen, die sich wirklich für Experimente dieser Art interessieren, «sich Tank-Arbeit vornehmen und diese Erfahrungen machen». Dies bezeichnet den einen Weg, mit dem wir eine *allgemeinverbindliche Wissenschaft* entwickeln können, denn eine *schulmeisterliche Einstellung,* welche bei anderen Menschen nur Entmutigung hinsichtlich solcher Experimente hervorruft.

Ich bin überzeugt, dass medizinisches und psychologisches Krankenhauspersonal solche Erfahrungen persönlich sondieren kann, um seine Patienten besser zu verstehen. Anstatt sie mit Diagnose-Kärtchen zu versehen, wie «paranoid» oder «schizophrene Ausbrüche», Verlust rationalen Denkens, Wahnvorstellungen und so fort, schlage ich vor, dass sie die Erfahrung erst einmal machen. Meiner Erfahrung mit anderen (wachen, intelligenten Köpfen aus allen Schichten) zufolge, kann jedermann solche Erfahrungen unter den geeigneten Umständen machen. Die Umgebung ist ausreichend gesichert und andere vor ihnen haben diese Erfahrungen ebenfalls gemacht. (Die «anderen» sind weder geistig krank noch in Klappsmühlen untergebracht.)

So respektieren, in unserer Dyade, Toni und ich gegenseitig die Erfahrungen, die jeder für sich in diesen Regionen macht und wir finden, dass sie sehr erfrischend und recht unterhaltsam sind. Sie fügen unserer dyadischen Beziehung eine Reihe neuer Dimensionen hinzu, welche uns eine Stabilität und eine Kohärenz vermitteln, die wir in unseren vorangegangenen Leben eher vermissten. Erst durch Erfahrungen wie sie oben beschrieben wurden, wird uns deutlich, dass wir auf sehr subtile Art und Weise verbunden sind und dass unsere Dyade grossartiger ist als jeder für sich allein (s. Kapitel Null).

6
Kreativität, Physiologie und innere Wissenschaft in der Dyade

Die gewöhnliche Dyade von Mann und Frau gibt ihrer Kreativität durch die Schöpfung von Kindern Ausdruck. Der kreative Akt setzt als ein biologischer ein und bewegt sich nach und nach auf eine familiäre/gesellschaftliche Kreativität zu; das Sorgen um, das Reagieren auf, die Hilfestellung für Kinder, erfolgreich in die allgemeinverbindliche Realität hineinzuwachsen. In den Vereinigten Staaten produzieren die meisten Dyaden heutzutage Kinder, erziehen sie oder haben sich aus diesen, in erster Linie biologischen Aktivitäten zurückgezogen. Toni und ich scheinen diesen Lebensabschnitt abgeschlossen zu haben. Unsere Kinder sind erwachsen und benötigen nichts anderes als ab und zu unsere Aufmerksamkeit als Gleichgestellte.

Andere Arten von Kreativität halten uns in Bewegung. Meine hauptsächliche Beschäftigung besteht im Bücherschreiben, unterstützt von Toni. Während des Schreibens brauche ich Einsamkeit. Toni respektiert dieses Bedürfnis. Sie ist behilflich, die notwendige Zeit frei von Störungen und Unterbrechungen abzuzweigen, damit die Bücher entstehen können. Um rasch zu schreiben, um rasch zu kreieren benötige ich angemessenen Schlaf und angemessene Ruhepausen, angemessene Bewegung und angemessene Ernährung.

Wir schlafen gemeinsam in einem Bett. Dies scheint in unserer

Dyade absolut notwendig. Keiner von uns kann vom anderen getrennt den tiefen Schlaf erlangen, wie wir das zusammen tun. Es bedeutet eine grundlegende biologische und physiologische Wohltat, des Nachts die Wärme und Körpernähe zu haben, die, unserer Erfahrung nach, durch nichts anderes zu ersetzen ist.

Meiner Überzeugung nach stellt der Isolationstank eine absolute Notwendigkeit dar, um sich während des Tages rasch zu erholen und Überanstrengungen entgegenzuwirken, die sich durch zu viel Aktivität, zu viel Kontakt mit anderen Menschen, zu viel Fahrerei nach Los Angeles und zurück angestaut haben. Wenn ich mich im Laufe des Tages abgespannt fühle, gehe ich, anstatt einen ausgedehnten Mittagsschlaf zu halten, für eine halbe Stunde in den Tank. Der Tank gestattet mir nicht nur das zu de-programmieren, was sich soeben ereignete, sondern auch meine biologischen Batterien, inmitten aller Aktivitäten, aufzuladen.

Vor kurzem habe ich von sieben Uhr morgens bis fünf Uhr nachmittags Kies geschaufelt und ein neues Antennensystem installiert. Physisch war ich fix und fertig – zwar empfand ich jenen erregenden Zustand muskulärer Ermüdung, war aber so erledigt, dass ich mich nicht mehr zu erinnern vermochte, wo ich die Arbeitsgeräte abgestellt hatte. Für den frühen Abend gab es eine wichtige Verabredung – eine entscheidende Konferenz um ein Filmprojekt. Ich wusste, dass ich Körper und Geist irgendwie aufladen musste.

Also begab ich mich in den Tank, liess mich treiben und öffnete gleichsam ein Tor, um meine Aktivitäten des Tages langsam aus meinem Kopf abfliessen zu lassen. Die Rückstände des Tages lösten sich langsam, aber sicher auf und ich geriet in einen Zustand des Vakuums, in welchem die totale Dunkelheit, die Stille und das Auf-dem-Wasser-Treiben alles waren, von dem mein Bewusstsein erfüllt wurde. Eingeschlafen bin ich nicht. Ich geriet in eine abstrahierte Verfassung, in der es keinen Körper gab, keine äussere Realität, nur das Treiben, die Dunkelheit, die Stille. Gemessen an der objektiven Aussenzeit blieb ich nur dreissig Minuten. Die Innenzeit in der inneren Realität hörte auf zu existieren. (Anzeichen für eine a. i. r. oder N gab es keine.)

Ich verliess den Tank vollkommen erfrischt, voller Energie und bereit zuzupacken. An jenem Abend kreierte ich gemeinsam mit vier anderen Leuten in Umrissen das Drehbuch für einen Spielfilm.

Dieser Wechsel zwischen angespannter geistiger und körperlicher Aktivität und Erholung im Tank scheint mir der Schlüssel für meine spezielle Kreativität.

Jeder von uns in unserer Dyade hat grossen Respekt vor der Notwendigkeit der richtigen Nahrung. Wir stimmen nicht unbedingt darin überein, worin sie besteht, aber wir respektieren die Unterschiede zwischen der Kost, die jeder über die Jahre hinweg für sich ausgedacht hat. Meine Kost ist gewöhnlich sehr streng eingegrenzt. Ich nehme grosse Mengen Vitamine zu mir, und zwar in Form von Kapseln mit Langzeitwirkung, und grosse Mengen Protein, vorzugsweise tierisches Protein. Toni zieht grössere Abwechslung vor. Sie ist eine ausgezeichnete Köchin und bereitet viele neue ausgezeichnete Gerichte für sich und unsere Freunde zu. Ich beschränke mich darauf, diese zu kosten und bestehe auf meiner eigenen, speziellen Diät.

Jeder von uns hat entdeckt, dass wir täglich eine bestimmte Anzahl körperlicher Übungen absolvieren müssen. Um das Gehirn am Morgen in Gang zu bringen, steigen wir in unmittelbarer Nähe des Hauses auf einen Hügel und tragen damit unser Körpergewicht über einen Höhenunterschied von hundert Metern hinauf. Toni tut dies, indem sie langsam geht. Ich laufe meistens vor ihr her, zurück gehen wir dann zusammen. Diese Form der Übung verschafft dem Zentralnervensystem ein aktiviertes Schaltsystem, welches den ganzen Tag über läuft. Das Zentralnervensystem braucht eine Aktivierung am Morgen: die Feedback-Schaltkreise müssen in den unteren Abschnitten des Rückenmarks und im Gehirn aktiviert werden. Einmal in Gang gesetzt halten sie ihre Aktivität aufrecht und beliefern die Grosshirnrinde nach der Einleitung auf Stunden hinaus mit Energie. Um eine solche Aktivität aufrecht zu erhalten, benötigt man aber auch Ruhepausen, Vitamine und Protein.

Ein reichlich ermüdender Faktor im Leben ist der frustrierende Effekt, wenn ich mit zuviel Gerede, zuviel Geschwätz, mit zuviel, wie ich es nenne, «Trivialität» konfrontiert werde. Dies zu bekämpfen ermüdet mich. Dies macht es unabdingbar, dass ich eine bestimmte Gruppe eine Zeitlang verlasse, um diese Art von Aktivität in meinem Gehirn auslaufen zu lassen. Toni respektiert dieses Bedürfnis und wenn ich mich von einer Gruppe entferne, lässt sie dies mit anmutiger Toleranz zu. Sie verfügt über eine wesentlich höhere Schwelle solchen Ermüdungseffekten gegenüber und kann sich längere Zeit mit Gruppen aufhalten als ich es kann.

Zeitweise brauchen wir, wie jeder andere auch, Unterhaltung, bei der wir Zuschauer und nicht Teilnehmer sind. Toni sieht fern. Ich kann Fernsehen nur dann ertragen, wenn etwas für mich ausserordentlich Interessantes gezeigt wird. Für mich ist das, was im Fernsehen gezeigt wird, meistens Stumpfsinn. Ich ziehe es vor, ein gutes Buch zu lesen, Radio zu hören oder einen guten Film zu sehen. Manchmal ermutigt Toni mich, einen Film zu sehen, den ich normalerweise nicht anschauen würde. Meistens finde ich das sehr lohnenswert. Ich sehe den Film mit ihren Augen und sehe, was sie daran bemerkenswert findet.

Aber auch sie sieht Leute, Filme, hin und wieder auch TV mit meinen Augen. Diese dyadische Verflechtung setzt sich praktisch ununterbrochen fort. Es gibt da etwas Geheimnisvolles, das ich nicht begreife.

Dieses Mit-den-Augen-des-anderen-Sehen, dieses Gefühl, man befände sich im Körper des anderen, während man irgendwelchen Aktivitäten nachgeht, tritt täglich auf. Wie viele andere Paare, die einander nahestehen, glauben wir, dass es sich hierbei um einen automatischen Vorgang handelt, welcher sich unterhalb unseres Wahrnehmungsvermögens vollzieht. Allein rückblickend realisieren wir, dass wir es so machten. Bei der Analyse von Schwierigkeiten mit anderen oder untereinander stellt sich dies als ein wertvoller Wesenszug heraus. Indem wir das tun, versuchen wir, unseren eigenen Trip nicht dem anderen aufzuerlegen. Wir versuchen beiseite zu treten und gestatten dem, was sich abspielt, das eigene Selbst zu passieren, ohne den Scheinwiderstand einer Einmischung durch das Ego.

Nach längeren kreativen Perioden zu Hause, finden wir, dass wir uns durch Reisen reaktivieren können, durch Workshops oder Lesungen anderswo. Solche Veranstaltungen halten wir auf zweierlei Weise ab. Entweder unternehme ich einen Solotrip oder wir gehen beide auf die Bühne und führen einen Gedankenaustausch mit dem Publikum. Im Verlauf von Workshops teilen wir die Arbeit untereinander auf. Dies stellt eine sehr effektive Methode dar. Während einer spricht, kann der andere sich ausruhen. Man kann Fragen beantworten, die dem Wissen des einen entsprechen, während der andere zuhört. So bilden wir uns auf der Basis gemeinsamer Ideen gegenseitig aus.

Wir führen viele Gespräche miteinander, welche für beide sehr gewinnbringend sind. Neue Ideen bespreche ich mit Toni. Sie bespricht ihre neuen Ideen mit mir. Jeder von uns versucht, die automatischen Skripts, Szenarios und Programme innerhalb seines Selbst zu finden, die dahin tendieren, allzu automatisch aufzukommen. Wir wenden die analytischen Methoden an, die jeder von uns früher einmal gelernt hat und behandeln solche Szenarios und Skripts diplomatisch, voller Toleranz und mit Humor. Meine Energie ist eher «heavy», direkter und mehr Yang als Tonis. Sie ist diplomatischer und vorsichtiger als ich. Ihre Energie ist Yin-orientiert.

Wenn wir innerhalb einer grösseren Gruppe, oder im Laufe von Verhandlungen (mit jeweilig ihrem/seinem Nachwuchs) den Kontakt verlieren, mag es zu einem höchst emotionell geladenen Schlagabtausch kommen. Einer von uns mag sehr ärgerlich werden und negative Energie auf den anderen lenken. Dem Empfänger dieser Energie stehen verschiedene Alternativen offen:

1 Warten und zuhören.
2 Ebenfalls lautstark zu zürnen.
3 Sich still zu ärgern.
4 Zu fragen: «Woher stammt *dieses* Skript?»
5 Warten, bis diese Energie sich auflöst.
6 Energie im Selbst zu transformieren, zuzulassen, dass auftretender Ärger sich in freie Energie verwandelt, hinsichtlich einer neuen, möglichen/wahrscheinlichen Alternative, die sich zeigen mag.
7 Wende 1–6 in beliebiger, intuitiv angemessener Weise an.
8 Halte an dem Glauben fest, dass die Dyade grossartiger ist als jeder für sich allein und dass irgend etwas eine verborgene, isolierte, unbewusste Anschauungsweise provoziert hat, welches noch zutage gefördert werden muss.
9 Sei beim Zutage-Fördern und bei der Analyse – im Sinne von 8 – der verborgenen Notizbuch-Anschauungsweise behilflich.

7
Körperliche Grenzen gegen grenzenlosen Geist in der Dyade

In drei meiner vorangegangenen Büchern wurde die Idee eines unbegrenzten Geistes in einem begrenzten Körper geschildert. Folgendes umschreibt eine Aussage, die ich verschiedentlich abgegeben habe:

> In der Provinz des Geistes ist das, was man als wahr erachtet, entweder wahr oder wird, innerhalb gewisser Grenzen, wahr. Diese Grenzen müssen durch Erfahrung und Experiment gefunden werden. Einmal entdeckt, sind diese Grenzen weitere Anschauungen, die transzendiert werden müssen.
>
> Im gegenwärtigen Geist schafft der Körper klar umrissene Grenzen. Diese Grenzen müssen mit Hilfe körperlicher Ertüchtigung erweitert werden. Sind sie einmal erweitert, findet man heraus, dass die ursprünglichen Grenzen transzendiert und neue Grenzen errichtet wurden. Die neu erweiterten körperlichen Grenzen helfen, die Begrenzungen des Geistes zu erweitern.

Diese grundlegenden Feststellungen finden in der Dyade Anwendung wie auch auf jeden einzelnen in der Dyade. Obige «Metaglauben» (Glauben über Glauben) können in der Dyade als Überich benutzt werden: und Supradyade-Metaglauben, um die Begrenzungen der Dyade selbst zu erweitern. Wenn die Metaglauben von strikt persönlichen Metaglauben zu dyadischen Metaglauben transzendiert werden können, kann auch die Dyade selbst ihre Fertigkeiten erweitern.

Bevor ich Toni kennenlernte, konnte ich meinen eigenen Glauben über Glauben erweitern und ich konnte meine körperlichen Begrenzungen durch geeignete körperliche Ertüchtigung ausweiten. Ein paar Einzelheiten dieser Geschichte werden in *Das Zentrum des Zyklons* und im Anhang 3 desselben Buches wiedergegeben.

Dieses System von Metaglauben kann über die Dyade hinaus ausgeweitet werden. Toni und ich haben diese Anschauungen über Anschauungen vielen Leuten vorgestellt – anlässlich von Workshops, bei Zusammenkünften zu Hause, bei Vorträgen und unseren Freunden. Es ist für uns beide sehr befriedigend zu sehen, wie durch diese eher fesselnden Aussagen Geist expandierte und Körper Verbesserungen erfuhren.

Als ich Student am Cal Tech war, machte ich zwei Jahre lang Judo und Jiujitsu. Toni hat einen Aikido-Lehrgang hinter sich. Bei Ida Rolf haben wir an zahlreichen Rolfing-Kursen teilgenommen.

Unsere verschiedenen Aktivitäten halten uns physisch ziemlich fit. Wir sind weder Berufssportler, noch professionelle Lehrer körperlicher Fertigkeiten. Unser Hauptinteresse gilt der Expansion grundlegender Auffassungen über die Begrenzungen des Geistes und irgendwie auch der körperlichen Begrenzungen.

Wir nehmen an Tanzübungen jüngerer Leute teil und helfen ihnen, so gut wir können, auf die verschiedenste Weise aus. Es bieten sich uns viele Gelegenheiten zu beobachten, wie weit man den Körper belasten kann, und zwar bei Tanz und Musik, beim Theaterspielen, bei Schreinerarbeiten, bei den zur Montage elektronischen Geräts nötigen Fertigkeiten wie auch bei mehr formalen Übungen, wie Hatha-Yoga und ähnlichem.

Es bietet sich uns die beinahe einzigartige Gelegenheit, unsere geistigen und körperlichen Fähigkeiten hinsichtlich des Autofahrens auf Bergstrassen fast täglich unter Beweis zu stellen. Wir wohnen am oberen Ende eines zweieinhalb Meilen langen Stücks kurvenreicher Bergstrasse mit zwölf Prozent Steigung. Die meisten Tage fahren wir aus vierhundert Meter Höhe dieses schwierige Teilstück bis auf Meeresspiegelhöhe hinab. Begeht man dabei irgendeinen fundamentalen Fehler, so fährt man entweder in das Felsgestein auf der einen Strassenseite oder über den Strassenrand auf der anderen Seite und stürzt in eine tiefe Schlucht. Diese stetige Erinnerung, wie nahe wir dem Tod doch sind, durch Mangel an Geschicklichkeit oder Mangel an Aufmerksamkeit, stellt uns geistig und physisch täglich neu auf die Probe. Zum Einkaufen, für den Weg zur Bank, auch um Freunde zu besuchen müssen wir ein recht schwieriges Stück

Autobahn überwinden. Wir müssen in der Lage sein, diesen Weg spät abends zu bezwingen, wenn wir müde sind, oder frühmorgens, wenn wir gerade aufwachen, oder tagsüber, wenn es uns gut oder schlecht geht, oder wenn wir erschöpft sind.

Ich kann diese Übung dringendst empfehlen, demonstriert sie doch körperliche Begrenzungen und die Wechselwirkung von geistigem und körperlichem Befinden. Es liefert einen täglichen Massstab dafür, wo man sich gerade befindet. Hunderttausende, wenn nicht Millionen von Menschen führen diese Übung täglich durch, wobei die meisten nicht einmal realisieren, dass dies wahrscheinlich die höchstentwickelste und gefährlichste Form der Meditation ist, die der Mensch auf diesem Planeten entwickelt hat.

Da wir in Südkalifornien leben, wo das ganze Jahr über die Sonne scheint, laufen wir soviel wie möglich nackt oder mit einem Minimum an Bekleidung herum, je nachdem, wer bei uns ist. Wir haben beide festgestellt, dass ausreichendes Sonnenlicht unser geistiges wie körperliches Wohlbehagen ebenfalls beeinflusst, und zwar auf grundlegende Art und Weise. Unsere körperlichen Begrenzungen werden durch angemessene Sonnenbestrahlung erweitert. Wenn wir aufgrund anderer Arbeiten oder wegen einer Regenperiode vom Sonnenlicht ferngehalten werden, verzeichnen wir eine langsame, aber spürbare Veränderung in geistigen und körperlichen Leistungen. Können wir dann wieder in die Sonne, spüren wir, dass sie uns auf eine ganz spezielle Art Leben gibt, wie anderes das kaum vermag. Es ist, als sei das menschliche Tier so angelegt, dass es eine regelmässige Bestrahlung von Blut und Haut durch Violett- und Ultraviolettstrahlen benötigt, um bei bester Gesundheit zu bleiben. Eingehende biochemische Forschung zur Ergründung dieser Veränderungen steht noch aus.

Morgens beim Aufstehen finden wir, dass wenn wir unseren Hügel hinaufsteigen können – ob wir nun ausreichend Nachtruhe gefunden haben oder nicht –, der Tag wesentlich energiereicher in Angriff genommen werden kann. Die Energie, die wir mit dieser Übung erzielen, setzt sich über den ganzen Tag hin fort. Können wir unseren Spaziergang aus irgendeinem Grund nicht durchführen, verläuft so ein Tag wesentlich langsamer; es bleibt einfach nicht genügend Energie für andere Projekte. Auch finden wir, dass diese Übung eine Nebenerscheinung mit sich bringt: sie hält unsere Beine in Form fürs Skifahren oder Bergwandern. Glücklicherweise sind unsere Herzen in ausgezeichnetem Zustand. Jeder von uns verfügt über gute Lungen, und diese Übung stellt überdies sicher, dass sie unter allen anderen Bedingungen ebenfalls gut funktionieren.

Die physische Physiologie und Psychologie sexueller Aktivitäten ist mit den Jahren weniger wichtig geworden. Jeder von uns hat auf diesem Gebiet genug Erfahrungen mit anderen gemacht, so dass sexuelle Impulse irgendwie nicht mehr wie früher das A und O sind. Jeder von uns weiss um die Fallstricke, die Sex und Verzückung mit sich bringen können. Freud vertritt in seinen Drei Abhandlungen zur Sexualtheorie die Auffassung, dass die grundlegenden Impulse in Energiequellen für geistige und körperliche Disziplinen umgewandelt werden können. Diesen Prozess nannte er «Sublimierung». Es gab eine Zeit, da ich mich eingehend mit psychoanalytischen Fragen beschäftigte und seine Theorien auf Patienten und auf mich selbst anwendete. Mir scheint, dass Sublimierung das Resultat jahrelanger mühsamer Disziplinierungen ist, im geistigen wie auch im körperlichen Bereich. Ich stimme mit Freud überein, dass wenn diese Impulse unterdrückt und in gewissen kritischen Phasen nicht ausgedrückt werden, man Sklave dieser Impulse werden kann, was in versteckter und offener Form zutage tritt. Wenn diese Impulse in jenen kritischen Phasen jedoch bis an die oberen Grenzen befriedigt werden, wird man viele Jahre später in eine Phase eintreten, in der sexuelle Energie in zunehmendem Masse anderswo Eingang findet. Ich stimme mit Freud darin überein, dass dies nicht mit blosser Willenskraft erreicht werden kann. Ich ziehe ein Vorgehen vor, welches ein wenig zu vereinfacht in dem Satz «Wissen durch Exzess» und Selbst-Analyse Ausdruck findet.

In unserer Dyade kann jeder von uns eine Geschichte des Lernens über diese Impulse aufweisen, durch die Hilfe anderer und über gewisse Zeiträume hinweg durch das Ausprobieren verschiedener Methoden, diese Impulse zu befriedigen. Wir haben beide gelernt, was für unsere Sexualität wesentlich ist. Wir respektieren sexuelles Verlangen und versuchen nicht länger, es auf repressive, computerisierte, sich wiederholende Bandschlaufen-Aktivitäten und Gedanken zu beschränken. Wir haben uns beide eingehend mit tantrischem Yoga und seinen Lehren befasst, hinsichtlich der Transformation dieser Energie in sogenannte höhere Seinszustände. Diese Studien und Praktiken haben uns gelehrt, dass je mehr Drehungen um die Sonne man macht, diese Transformation desto leichter wird; die Disziplinen des Geistes und des Körpers wechseln von drängenden Fortpflanzungsbedürfnissen zur Fähigkeit, solche Handlungen einfacher und mit grösserem Scharfblick in den Hintergrund zu stellen. Wir haben beide gelernt, eher die Geistesqualitäten eines Menschen zu schätzen; Geistesqualitäten mehr zu schätzen als die sexuellen Reize einer Person. Weder würdigen wir sexuelle Reize herab, noch beten wir sie an. Wir plazieren sie in den rechten Zusammenhang – in ein geistiges Gefüge, innerhalb dessen es möglich ist, Umwandlungen zu vollziehen, ohne die altmodische Willenskraft hinsichtlich dieser fundamentalen Qualitäten der Menschen in Anwendung zu bringen.

Über sexuelle Energie und deren Programmierung sagt Toni folgendes:

Haben Sie sich jemals vorgestellt, dass Mathematik oder Physik sexy sein könnte? Ich habe erst kürzlich entdeckt, dass sie kraftvolle Instrumente bei Metasex* sein können.

Dieser Punkt erhellte sich für mich, als unser lieber Freund, der Kybernetiker Heinz von Foerster kürzlich bei uns zu Besuch weilte. Heinz verfügt über die bemerkenswerte Fähigkeit, Bedeutungen anhand mathematischer Konzepte zu porträtieren. Er kann neue allgemeine Grundsätze auf Erfahrungen anwenden, von denen sie mit erfrischender Genauigkeit Bilder schaffen. Heinz und John befanden sich in einem tiefen, ein besserer Ausdruck wäre in einem dichten Gespräch über alle möglichen faszinierenden Konzepte zu Lehren und Lernen. Heinz argumentierte, dass John in seinen Büchern «Bereiche», anstatt «Wege» darstelle. Der Unterschied zwischen beiden Darstellungsweisen in meinem eigenen Denken, meinen eigenen Erfahrungen wurde mit einem Mal klarer. Ich konnte, indem ich diesen Gedanken anwendete, sofort auf «Meta» gehen (auf «Meta gehen» bezeichnet den Prozess, während dessen man Programme verlässt und sich auf die metaprogrammatische Ebene begibt).

Weiteres Meditieren darüber brachte automatisch alle möglichen Durchbrüche hervor. Anders gesagt meditiere ich im neuen Metaprogramm über Bereiche und nicht über Wege; diese Prozedur erweiterte automatisch den möglichen, zulässigen Set Programme.

Zum Beispiel liess ich es früher zu, dass meine erste Erfahrung mit dem Orgasmus spezifische Bandschlaufen in meinem sexuellen Muster oder Rhythmus programmierte und prägte. Im Laufe meines Lebens veränderten verschiedene Partner diese Muster auf die eine oder andere Weise. Einige Programme schienen mir bei wechselnden Partnern unverändert; dies war natürlich eine Auffassung, die transzendiert werden musste, wie John sagen würde. Je älter ich wurde, desto mehr realisierte ich, dass die Transzendenz dieser Auffassung wahr und möglich war. Wenn man beispielsweise einen Orgasmus in seinem grossen Zeh hatte, wird das gewiss die eigenen Auffassungen über sexuelle Körpergeographie befreiend erweitern. Die Medita-

* Siehe Marco Vassi, *Im Spiegel der Leidenschaft,* München 1983.

tion eines präzisen Aufbaus bei der Erstellung seiner sexuellen Landkarte kann einen dahin führen, neue (oder erweiterte alte) Bereiche zu betreten. Solche Karten werden wirkungsvoll sein oder nicht, das hängt von den Auffassungen ab, die man bezüglich der Kraft seiner eigenen Karten und Metakarten hat.

Ich glaube, dass es uns allen möglich ist, wenn wir nur wach genug sind, unsere Augenblicke/Ewigkeiten in diesem mystischen Zustand zu erweitern.

Ich rufe Sie auf, gründlich nachzudenken. Anstatt aus dem Häuschen zu geraten, wenden Sie diese Metaprogrammierung an, um sich selbst in den gewünschten Zustand zu programmieren, und befreien Sie sich von gewohnheitsmässigen, ungewollt sich wiederholenden Zuständen.

Jnana-Yoga, ein Weg der Weisheit, kann zu neuer sexueller Erfahrung führen, jenseits der «erwarteten starren Muster».

Unserer Erfahrung nach lassen sich solche Auffassungen und Metaauffassungen bei jungen Männern und Frauen nur schwerlich finden. Innerhalb der modernen jungen Generation gibt es erheblich mehr Freiheit im sexuellen Bereich als in unserer Jugend. Jeder von uns wuchs in einer Familie auf, in welcher man von den Kindern erwartete, dass sie ihre sexuellen Impulse zügelten, bis sie älter waren. In jedem von uns schaffte das Bedingungen, unter denen es uns möglich war, separat von sexuellen Aktivitäten und Neigungen Disziplin zu entwickeln. Ich sage nicht, dass dies richtig oder falsch ist. Ich will lediglich sagen, dass wir so erzogen wurden.

In der modernen Welt scheint es weniger elterliche Kontrolle zu geben. Bei jungen Leuten gibt es wesentlich mehr Experimentierfreudigkeit im sexuellen Bereich. Soweit wir das überblicken können, führt dies zu erheblich grösserer Freiheit, diese Energie zu transformieren, solange die Leute jünger sind, als im gleichen Alter bei uns möglich war. Das Wissen um Experiment und Erfahrung in diesem Bereich scheint junge Menschen dahingehend zu trainieren, mit mehr Freiheit einen Partner zu wählen als wir es bei unseren ersten Versuchen konnten.

Jeder von uns zweien heiratete das erste Mal ziemlich jung. Es ist uns unmöglich, die jüngere Generation von unserer Erziehung her zu beurteilen. Trotz der Tatsache, dass sie weniger Beschränkungen kennen als wir, ist es uns beiden gegeben, diese Beschränkungen in fortgeschrittenem Alter noch auszuweiten. Folglich haben wir ein gewisses Verständnis, wenn ich auch sicher bin, dass es nicht so weitreichend ist wie das, welches die heutige Jugend haben wird, hat sie erst einmal unser Alter erreicht.

Folglich denke ich, dass es in der Zukunft eine Erweiterung bewussten Verstehens dieser Prozesse geben wird, weit jenseits des Verstehens meiner Generation.

Ein junges Mädchen erzählte uns zum Beispiel, dass sie alles an Pornographie gelesen hatte, was sie nur finden konnte und dass es sie unsäglich gelangweilt hatte. Es mag gut sein, dass Pornographie in Zukunft nichts weiter als eine andere Form literarischer Präsentation werden wird und wenn dies nicht gut gemacht sein wird, wird sie gänzlich verschwinden. Was auf diesem Gebiet einst überraschte und schockierte, wird heute zunehmends langweilig. Die neue Freiheit über Sexuelles zu schreiben und zu veröffentlichen, ist weit übers Ziel hinaus geschossen. Ich vermute, dass in Zukunft Sex seinen angemessenen Platz als Teil des menschlichen Lebens einnehmen wird, weder unterdrückt, noch als besonders pompös dargestellt. Es sieht so aus, als resultierten sexuelle Verbrechen aus sexueller Unterdrückung. Im Licht der neuen sexuellen Freiheit sollten sexuelle Verbrechen abnehmen und schliesslich ganz aufhören.

Wenn die Anschauungsweisen in der allgemeinverbindlichen sozialen Wirklichkeit modifiziert werden und in zunehmenden Gleichklang mit unserer wahren Natur kommen, indem wir diese Anschauungsweisen überprüfen und transzendieren, mag es einem Grossteil der Menschheit möglich werden, Erleuchtung zu finden, Information, Ausbildung zu erhalten, hinsichtlich dessen, was der Mensch wirklich ist, im Gegensatz zu dem, was einige der Mächtigen in der Vergangenheit versuchten, ihn/sie sein zu lassen.

Der Yoga westlicher Wissenschaft, vor allem in der Biologie, angewandt auf unsere eigene Spezies, sagt uns, was wir biologisch gesehen wirklich sind. Durch diesen Yoga werden wir uns klar machen, dass wir einer Biologie willkürliche Beschränkungen auferlegt haben, die diese Beschränkungen nicht anerkennt. Indem wir auch den Yoga unseres Geistes vervollkommnen, werden wir die Verengungen, die höchst künstlichen, von Menschenhand geschaffenen Verengungen, welche in unserem Geist existieren, sprengen. Wir alle werden im höchsten Sinn des Wortes Vereinigung erfahren – geistige Vereinigung mit dem, was wir werden können, haben wir unseren Geist einmal von den Verengungen der Vergangenheit befreit. Das wahre Wissen um den Körper wird in das wahre Wissen um den Geist transformiert werden, welcher dann in das wahre Wissen des Geistes transformiert werden wird. Defätistische und negative Lehren der Vergangenheit werden aussterben und verschwinden.

Dies ist meine Hoffnung, dies ist die Hoffnung unserer Dyade. Solche Hoffnungen setzen eine ausreichende Verbreitung von Metaanschauungen voraus, die auf unsere Spezies zugeschnitten sind; Metaanschauungen, auf die man sich allgemein geeinigt hat und die in den körperlichen und geistigen Gefilden unseres Planeten Frieden schaffen werden. Offensichtlich gibt es derzeitig genügend Lehrer auf der ganzen Welt, dieses Ziel anzustreben. Es gibt eine ausreichende Zahl von Gefolgsleuten dieser Lehrer, um die menschliche Spezies zu ihrem vollen Potential zu erheben.

Natürlich setzt dies alles voraus, dass wir uns in unseren internationalen, den Planeten umspannenden Konflikten nicht selbst zerstören – ökonomische, kriegerische, politische Konflikte, die zeitweise überwältigend gross und beinahe unmöglich zu lösen scheinen. Es ist nicht länger möglich, engstirnige, nationalistische, rassistische oder kurzsichtige Anschauungen zu nähren – andernfalls wird die menschliche Rasse vernichtet werden, weil sie ihren Platz auf diesem Planeten nicht wert ist.

Dies ist meine Überzeugung und ich hoffe, dass meine Spezies, bevor sie diesen schönen Planeten zerstört, ihn transzendieren und neu kreieren wird.

8
Krankheit in der Dyade

Zu den schwerwiegenderen Krisen einer beliebigen Dyade, eines beliebigen Paares, einer beliebigen Ehe zählen Zeiten, zu denen ein oder beide Mitglieder der Dyade physisch krank sind. Die Krise mag einen langen Zeitraum des Mangels an verbaler Kommunikation zwischen beiden Gliedern einbeziehen. Hohes Fieber, Koma, medizinisches Einschreiten, Krankenhausaufenthalt, chirurgische Eingriffe, Anästhesie und Rekonvaleszenz, all dies kann zu einem Prüfstein der Dyade und des einzelnen in der Dyade werden.

Über die letzten Jahre hinweg haben wir solche Krisen mehrmals durchmachen müssen.

Zwei Monate, nachdem Toni ihr Arica-Training in New York aufgenommen hatte, befand John sich in einer Situation, wo er Toni beinahe verloren hätte.

Auf ähnliche Weise hatte umgekehrt Toni einer solchen Situation ins Auge zu blicken. In allen diesen Fällen stand das gesunde Mitglied der Dyade zur Verfügung, leistete Hilfe, wann immer das nötig war, und harrte auf den Ausgang der Krise, wenn medizinische Hilfe eingesetzt hatte.

Tonis Krankheit wurde unmittelbar nach einer Werbetour schlimmer, einem dichten Programm von Vorträgen, TV-Auftritten und späten Radioprogrammen, mit denen wir dem Verleger bei der

Werbung für die amerikanische Ausgabe von *Das Zentrum des Zyklons,* welches im Frühjahr 1972 veröffentlicht worden war, unterstützten.

Tonis Krankheitszustand verschlimmerte sich, kurz bevor wir in Topanga Canyon, in der Nähe von Los Angeles, einen Workshop abhalten sollten. Während des Workshops bekam Toni hohes Fieber und wurde so krank, dass sie nicht weitermachen konnte; sie kehrte nach Hause zurück. Diese Krankheit stellte unsere dyadische Beziehung zum ersten Mal wirklich auf die Probe. Bis zu diesem Moment waren wir niemals mehr als ein paar Stunden auf einmal voneinander getrennt gewesen. Die Anforderungen, welche der Workshop und Tonis Krankheit an uns stellten, verursachten vielstündige Trennungen über mehrere Tage hinweg.

Als dieser Workshop vorüber war, mussten wir zum nächsten am Esalen-Institut in Big Sur. Toni war entschlossen, die Reise zu versuchen, so fuhren wir nach Big Sur und begannen mit den Workshops; doch verschlimmerte sich ihre Krankheit so sehr, dass sie abbrechen und sich ins Krankenhaus begeben musste. Ihre vorangegangene Krankheitsgeschichte machte uns deutlich, dass das Wiederauftreten von Kolitis eine grosse Gefahr in sich barg. Wir zogen einen Arzt aus Carmel zu Rate. Toni wurde in das Krankenhaus von Carmel eingeliefert, und John fuhr mit dem Workshop in Esalen fort.

John musste sich zeitlich so einrichten, dass er die vierzig Meilen nach Carmel und zurück täglich zurücklegen konnte. Mit der Zeit stellte es sich immer mehr heraus, dass Toni zu keinerlei Kommunikation mehr fähig war. Wenn John sich neben sie ans Bett setzte, vermochte sie kaum zu sprechen und verfiel in einen Zustand, in dem John keinen Zugang mehr zu ihr hatte. John blickte mit stummem Entsetzen Tonis möglichem Tod ins Auge. Es wurde ihm klar, dass die Entscheidung, vom Abgrund des Todes zurückzutreten oder einen Schritt weiter zu tun und zu sterben, allein bei ihr lag. Er fühlte sich dem machtvollen Gegner gegenüber ohnmächtig, der sie in seinen Klauen hielt.

Die vorangegangene Erfahrung, dem Tod selbst mehrere Male gerade noch entwischt zu sein, hatte ihn gelehrt, dass jeder, der sich am Rande des Todes befand, die Entscheidung, zurückzukehren oder nicht, allein zu treffen hatte.

Viele Male sass John an Tonis Bett und betete, es möge ihr gestattet sein, am Leben zu bleiben, und dass sie entscheiden würde, zurückzukehren. Er bat die Wärter um Erlaubnis und Anleitung für ihre Rückkehr. Sie litt grosse Schmerzen, und ihr Bewusstsein war mit der Lösung des Krankheitsproblems beschäftigt. Äussere Anzeichen ihres Lebenswillens fehlten.

Das Krankenhaus verfügte über ausnehmend schöne Zimmer und ausgedehnte Gartenanlagen. Die ärztliche Versorgung war erstklassig. Das Krankenhauspersonal strahlte Lebensfreude aus und war äusserst hilfsbereit.

Über zwei Wochen hinweg war der Ausgang der Krankheit ungewiss. Schliesslich kehrte Toni aus ihrem entrückten Zustand zurück und blickte John an und sagte: «Ich kehre zurück. Ich werde wieder gesund.»

John sah auf ihrem Gesicht, dies war die Wahrheit und dass ihr verzweifelter, abgekämpfter Gesichtsausdruck verschwand. Am nächsten Tag begann sie den mühsamen Weg, ihren Körper einer allmählichen Besserung entgegenzuführen. Ihre Genesung erstreckte sich über mehrere Wochen, am Ende zu eher freudvollen Wochen.

Aus dieser Erfahrung konnten wir eine Menge lernen – wie man jemandem zur Seite steht, wie man sich vergewissert, dass Krankenhauspersonal und Ärzte alles in ihrer Macht stehende unternahmen und die Entscheidung des kranken Glieds der Dyade, weiterzuleben, achteten, bzw. den Wunsch zu sterben, sollten sich die Dinge in diese Richtung entwickeln.

Über die Jahre hinweg hatte John zuviel Einmischung bei Krankenhauspatienten erlebt, gutgemeinte Einmischung zwar, aber immerhin Einmischung. Johns Erfahrung als Mediziner war schliesslich an einem Punkt angelangt, an dem ihm klar wurde, dass die Mitwirkung des Patienten bei einer Krankheit unglaublich wichtig ist, dass der Patient über sehr persönliche innere Erfahrungen verfügt, welche ihm/ihr mitteilen, ob er/sie in den Körper, in das Gefährt auf diesem Planeten, wieder eintreten kann oder nicht. John hatte verschiedene Episoden durchlaufen, in denen die Wächter ihn über den Zustand seines Körpers informiert hatten, während er sich ausserhalb befand. Während medizinischer oder chirurgischer Eingriffe kehrte er zum Körper zurück, checkte, was geschah, und ging dann wieder.

Diese Episoden lehrten ihn, dass ein Grossteil einer beliebigen Krankheit nicht der Kontrolle des medizinischen Personals unterliegt; sie steht unter der Kontrolle des Individuums und der Beziehung des Individuums zu denjenigen, die grösser sind als wir alle.

Er hatte gelernt, dass Koma lediglich eine medizinische Bezeichnung ist, welche den Zustand des Körpers beschreibt; sie beschreibt nicht, was jemandem im Inneren geschieht. John fand heraus, dass er in seinem speziellen Fall bei Bewusstsein blieb, aber nicht unbedingt in dem von seinem Körper vorgezeichneten Raum. Er erfuhr das Überich.

Als er an Tonis Krankenbett weilte, betrachtete er seinen eigenen Fall noch einmal und gewährte ihr dieselbe Freiheit, entweder zu gehen oder zurückzukehren, die er in sich selbst ebenfalls gefunden hatte. Er tat dies unter schweren Opfern, hinsichtlich seines Kummers und des vorübergehenden Verlusts der Dyade. Er realisierte unsere Schwäche, unsere Sterblichkeit, solange wir in unserem Körper stecken. Auch realisierte er seine ewigwährende Bindung zu Toni in den anderen Dimensionen. Er realisierte, dass, wenn sie sterben würde, er ihr schliesslich folgen würde. Diese Tatsache machte ihn beherzter und gab ihm die Kraft, geduldig zu sein.

Über Jahre hinweg entdeckte jedes Glied der Dyade, dass Tranquilizer, Schlaf- und Schmerztabletten das Bewusstsein des Kranken nachteilig beeinflussen, solange er sich in seinem Körper befindet. Die Bereiche, in denen man den Existenzkampf fortsetzen kann, liegen ausserhalb des Körpers, bei den Wächtern in irgendeinem anderen Raum. Kehrt man zum Körper zurück, während er unter dem Einfluss von Medikamenten steht, ergibt sich ein verzwicktes Kommunikationsproblem mit dem anderen Glied der Dyade am Bettrand.

Das Selbst ist sozusagen völlig klar, aber der Körper ist vollgestopft mit Medikamenten. Man quält sich damit ab, den Körper zu benutzen, um auszudrücken, was man wirklich fühlt, wo man gewesen ist, aber die Medikamente machen dies nahezu unmöglich. Die Sprachfähigkeit ist so weit herabgesetzt, dass man sie praktisch gar nicht einsetzen kann. Dies macht es dem gesunden Glied der Dyade beinahe unmöglich, mit dem Überich oder dem absoluten Sein des anderen zu kommunizieren. Die normale Kommunikation ist schwerfällig und völlig unbefriedigend geworden. Wo immer das möglich ist, setzt man andere Mittel der Kommunikation ein, zum Beispiel absolutes Sein zu absolutem Sein (dyadische Überichverbindung). Es geschieht auf diesem Weg der Kommunikation, dass man dem anderen zustimmt, entweder in den Körper zurückzukehren oder ihn zu verlassen und woanders hinzugehen.

Während John an Tonis Krankenbett sass, gewährte er seinem eigenen absoluten Sein, auf diesen höheren Ebenen mit ihrem absoluten Sein zu kommunizieren. Er wusste, wann er die liebevolle Zuneigung zu ihr und ihre liebevolle Zuneigung zu ihm zu lösen hatte, damit sie in diesen Räumen eine freie, ungebundene Entscheidung fällen konnte.

Er musste alles, was er über unsere faktische Unsterblichkeit wusste, einer Revision unterziehen, auch unsere körperliche Vergänglichkeit. Tag und Nacht meditierte er und wartete auf Tonis Entscheidung.

Als sie endlich beschloss, zurückzukehren, und es tatsächlich tat, war seine Freude gross und sein Kummer vergessen.

Toni:

Meine Erinnerung an diese Krankheit ist, dass das Verharren an den Pforten der grossen Veränderung traumähnlich war. Nach genauem Abwägen der Annäherung an die Grenze zwischen *Scheinleben* und Tod schien es, als entschiede etwas anderes, dass der Übergang zu diesem Zeitpunkt nicht stattfinden sollte.

Der schrittweise Niedergang meines körperlichen Selbst wurde durch meine eigene Neugier gefördert. «Irgend etwas» schien klarer zu werden, indem ich schwächer wurde.

Nach langer Krankheit zeigte sich der Wendepunkt im Anschluss an eine Nacht voller Schmerzen. Einer Nacht, in der alle meine Schmerzsysteme aktiviert waren. Ich reagierte intensivst auf die Medikamente, die man mir verabreichte. Diese Reaktion drückte sich in heftigsten Kopfschmerzen aus. Einhergehend mit den körperlichen Schmerzen war ich ein einziger pulsierender, bewusster Schmerzenspunkt in einer zeitlosen inneren Realität und für ein paar Stunden äusserer Realitätszeit.

Endlich begriff ich die Worte aus Dantes *Göttlicher Komödie (Inferno),* welche ich als junges Mädchen einmal gelesen hatte:

«Es war eine Art besonderer Läuterung durch dieses Feuer von Schmerzen.»

Ich erinnere mich, wie ein Teil von mir noch danebenstehen konnte und das, was von mir noch übrig war, zu betrachten. Schliesslich dämmerte es mir, dass ich nicht weitergehen durfte und die Richtung jetzt zurück lautete. Als John mich an jenem Tag besuchte, konnte ich ihm sagen, dass ich gesunden würde. Es war ein Augenblick des Wissens, und ich bin dankbar. Dieser zeitlose Augenblick ist in meine Erinnerung geätzt und kann im Laufe von Meditation gelegentlich abgerufen werden.

Johns unermüdliches Wachen war ein Licht, welches meinen Weg zurück beleuchtete.

Nora und Gregory Bateson im Gespräch mit Jerry Brown, 1978.

9
Unsere Lehrer

Johns Lehrer

Wenn wir hier unsere Lehrer vorstellen, so ist es von äusserster Wichtigkeit, darauf hinzuweisen, dass wir keinen Platz haben, alle Lehrer und alles, was wir von ihnen gelernt haben, aufzuführen. Lassen Sie mich kurz erläutern, weshalb ich die wenigen hier aufgeführten ausgewählt habe.

Was mich (John) betrifft, so habe ich nur jene aufgeführt, welche mir Kenntnisse und Wissen im Bereich des Positiven vermittelt haben. All meine negativen Lehrer habe ich ausgelassen, jene also, die mich lehrten, diesen Trip nicht noch einmal auf mich zu nehmen. Meine zwei ersten Ehefrauen und meine Liebhaberinnen wurden aus Gründen der Diskretion ausgelassen, wie auch deshalb, um keine Energien aufzuwirbeln, welche in der Sozialstruktur nachhallen. Während ich meine Liste aufstellte, war ich entsetzt, wie viele von ihnen bereits gestorben waren. Was sie mich gelehrt haben, lebt in mir weiter, und ihr Tod bedeutet einen Verlust für den Planeten.

Welches sind die charakteristischen Merkmale der Lehrer, die ich hier ausgewählt habe? Was ist kennzeichnend für ihre Lehre?

Allem voran scheint ein gemeinsamer Zug zu sein, dass diese Männer mit einem ausgeprägten Sinn für Humor lehrten. Zweitens waren es Lehrer, die über Wissen verfügten, über das ich nicht verfügte und welches ich mir zum höchstmöglichen Grad aneignete.

Mein ganzes Leben lang habe ich hartnäckig das verfolgt, was ich als wahr erachtete; und ich meine *wahr*, nicht «als ob wahr».

Schon als kleiner Junge hatte ich dieses sonderbare Gefühl für das *Wahre* hinter den äusseren Erscheinungen. Es gab etwas in mir, welches um die Substanz wusste, die Essenz des Wissens, der Leute, des Universums. Den «üblichen Unsinn», wie ich es nannte, der mir in der Schule, in der Wissenschaft, in der Medizin, in den psychoanalytischen Studien, in der Biophysik, im Laufe meines Staatsdienstes, mit meinen vorherigen Kenntnissen über Delphine, während der Arbeit mit Delphinen, während der Arbeit am Esalen-Institut, in der Arica-Schule in Chile, in den Medien, in der Filmindustrie rund um Los Angeles und von meinen gegenwärtigen Freunden angeboten wurde, war ich nicht gewillt zu akzeptieren.

Dieser Sinn für das Wahre wurde noch verstärkt durch eine gewisse Dickköpfigkeit, die Weigerung, mich mit dem zu befassen, was ich als falsch erachtete, als oberflächlich und als nicht wert, dass man es studierte, mit anderen Worten – «als ob bedeutungslos».

Zurückblickend kann ich sagen, dass es viele Dinge gibt, die ich hätte studieren sollen, aber nicht tat; beispielsweise: Rechts- und Politische Wissenschaften, mehr über die Geschichte unserer Zivilisation und Wirtschaftswissenschaften, wie sie in der westlichen Welt praktiziert wird. Es geht nicht darum zu klagen, lediglich darum, die Bereiche meiner maximalen Unwissenheit abzustecken.

Für einen Studenten ist es ziemlich schwierig, die richtigen Fächer zu belegen, die für die Zukunft auch von Wert sein werden. Der Student handelt aus einer Position der Unwissenheit heraus.

Mit der Zeit habe ich gelernt, meine Unwissenheit zu respektieren und mit denen zu sprechen, die über mehr Wissen verfügen, um meine eigenen Lücken zu füllen. Das ist nicht einfach. Wenn man von einer Position der Unwissenheit heraus spricht, ist man ein Narr.

Ich habe zwei schmerzliche Scheidungen hinter mir. Hätte ich bessere Rechtskenntnisse gehabt, wäre ich diese Scheidungen besser gewappnet angegangen. Es wäre mir unter Umständen möglich gewesen, bessere Vereinbarungen zwischen mir und meinen Exfrauen zu treffen. In beiden Fällen wurde vieles mit einem Gefühl falscher Tugend durchgezogen.

Weil ich in jüngeren Jahren soviel Zeit auf andere Dinge als meine Familie wendete, hege ich ein Gefühl des Bedauerns meinen beiden Söhnen und meiner Tochter gegenüber. Ich glaube, dass ich vieles besser gemacht hätte, wäre ich ein wenig cleverer und mit mehr Wissen und dem gesunden Menschenverstand ausgerüstet gewesen, die ich bei anderen beobachtete, denen es gelingt, eine stabile Familie zusammenzuhalten.

Mit Toni und mir in der Dyade gibt es nichts von dem, was sich im früheren Leben in meinen dyadischen Beziehungen abgespielt hat. Obwohl es bei Ehepaaren eher eine Ausnahme zu sein scheint, haben wir beide Achtung und Respekt vor den Kenntnissen und Unkenntnissen des anderen. Toni ist ein ungewöhnlich menschliches Wesen, eine ungewöhnliche Frau in meiner Erfahrung. Hin und wieder versuche ich Haltungen und Gefühle aus meiner Vergangenheit auf sie zu projizieren. Sie entdeckt das rasch und entzieht sich dem oder macht mich auf sanfte und mitfühlende Weise darauf aufmerksam.

Zusammen mit Namen und Erkennungsmerkmalen der aufgeführten Lehrer umschreibe oder zitiere ich die Lektionen, die sie mich lehrten; Lektionen, die den Wissenschaftler in mir aufpolierten, und Lektionen, die es sichtbar machten, dass die inneren Realitäten einen wesentlichen Bestandteil der Wissenschaft ausmachen, auch wenn der Naturwissenschaftler das Spiel spielt, als sei der Beobachter nicht Teil des Systems, kein Teilnehmer innerhalb des Systems.

Als ich sechzehn war, schrieb ich einen kurzen Aufsatz für die Schulzeitung mit dem Titel «Realität». Dieser Aufsatz erscheint im Anhang I meines neuesten Buches, *Simulations of God: The Science of Belief*. In jenen jungen Jahren hatte ich bereits für mein zukünftiges Leben einen Plan entworfen, einen Plan jener Lehren, die mich besonders interessieren würden. Ich schrieb, dass ich mich für den Geist und das Gehirn des Menschen interessieren würde. Diesen Aufsatz kann man Satz für Satz analysieren, und ich kann Ihnen sagen, wie viele Jahre jedem der in jenen Sätzen aufgeworfenen Probleme gewidmet wurden.

Das Wort «res» beispielsweise bedeutet im Lateinischen «Ding». Im Angelsächsischen bedeutet «Thing» «Gerichtshof». In seiner ursprünglichen Bedeutung bezeichnete *res* im Lateinischen ebenfalls «Gerichtshof». Ich bin in meinem Leben viermal vor Gericht gewesen und realisiere heute, dass Gerichtshöfe in der alltäglichen Realität des Menschen den Grundstein bilden. In meiner Liste von Lehrern gehe ich auf diese Lektionen nicht weiter ein.

Ich habe die Liste in chronologischer Reihenfolge angeordnet, entsprechend den Zeiträumen, in denen sie mich unterrichteten. Manche von ihnen erstrecken sich über eine solch lange Zeitspanne, dass sie sich mit anderen überschneiden. Damit bitte ich Sie um Ihre Aufmerksamkeit.

Saint Paul Academy, Saint Paul, Minnesota 1928–33

RUSSELL VARNEY, Dozent für Wissenschaft und Militärwesen: Klassische Physik und das ungewöhnliche, kontrollierte Experiment sind es wert, vorangetrieben zu werden.

JOHN DE QUEDVILLE BRIGGS, Rektor: Den ganzen Menschen definieren – den Wissenschaftler und den Schriftsteller: *mens sana in corpore sano.*

HERBERT TIBBETTS, Studienrat: Bringe das zum Ausdruck, was du als wahr erachtest, *jetzt* schriftlich *(Realität)* und auf Film *(Academiana).*

RICHARD C. LILLY (Vater), Bankier: Verliere in schwierigen Verhandlungen niemals die Geduld. Du magst so tun, «als ob» du die Geduld verloren hast, gehe aber sicher, dass du innerlich ruhig bleibst. Wenn du jemanden einschätzst, benutze voll und ganz deine Intuition und vertraue ihr mehr als der Kreditwürdigkeit dieser speziellen Person. Das Bankwesen ist im Grunde genommen eine Papierrealität. In keiner grossen Institution kannst du irgend etwas erreichen, ohne Freunde in den richtigen Positionen zu haben. Ohne guten Willen lassen sich auf der ganzen Welt keine Geschäfte machen. Das ist die fundamentale Bedeutung von Kredit. Perfektioniere deine Fähigkeit im Kopfrechnen, damit du rasch und akkurat rechnen kannst. Vervollkommne das bis zu dem Punkt, wo du arithmetisch denken und Berechnungen schnell genug im Kopf anstellen kannst, um deinem Konkurrenten gegenüber einen Vorsprung zu wahren. Pokern ist das Übungsfeld für gute Bankiers. Wenn dein Geschäft oder dein Beruf hier auf Erden das A und O für dich ist, wird der Ruhestand dein Verderben sein. Wähle einen Beruf, der dich nicht zwingt, in den Ruhestand zu treten, wenn du ein gewisses Alter erreichst.

DAVID M. LILLY (Bruder), Diplomat und Industrieller: Nachsicht ist Einsicht. Das Leben kann gegenwärtig mit Logik und gesundem Menschenverstand gelebt werden. Gebrauche gütigen Humor und eine strenge Hand, wenn du Anweisungen erteilst. Die Leute haben das Bedürfnis, ihren Rasen zu schneiden. Baue Rasenmäher und befriedige dieses Bedürfnis.

Cal Tech 1933–38

HARVEY EAGLESON, Professor für Englisch und Abgeordneter: «Gott starb 1859 und der Dreckhaufen auf seinem Grab ist bis auf den heutigen Tag stets grösser geworden»: Sigmund Freud, Hiroshigi, die Kunst des Lehrens; alleine leben; Schülertum, Ratschläge.

Dr. MCMINN, Professor für Englisch: «Deine Dichtkunst kann sich selbst ausdrücken, wenn du zur Seite trittst und sie laufen lässt.»

HENRY BORSOOK, Professor für Biochemie: «Dein Wissen ist begrenzt. Du kannst es in der medizinischen Fakultät erweitern. Das Wissen, das du brauchst liegt in der medizinischen Fakultät verschlossen.»

ERNEST WATSON, Professor für Physik: Gute Physik-Experimente werden unter Befolgung adäquater Arbeitstheorie durchgeführt. Das entscheidende Experiment braucht selten statistischen Beistand. Das entscheidende Experiment können nur diejenigen wiederholen, die über adäquates technisches und theoretisches Wissen verfügen. Verständnis stellt sich nur mit auf Experimenten basierender Erfahrung ein.

ROBERT A. MILLIKAN, Rektor und Organisator, 1923 Nobelpreisträger für Physik: Der ganze Mann in der Wissenschaft funktioniert in einer Weise, dass er Unterstützung für die Wissenschaft im allgemeinen und sein eigenes Gebiet im besonderen bewirkt. Der geniale Mensch bringt seine eigene neue und erfindungsreiche Wissenschaft zur Anwendung. Wissenschaft heisst (in ihrem Wesen) das bestmögliche menschliche Denken angewandt auf die Existenzprobleme des Menschen: Die rationellste Geschwindigkeit für ein Automobil muss gefunden werden und das Auto mit Geschwindigkeit gefahren werden, mit einem Minimum an Beschleunigungen–Verlangsamungen; um ein Feuer anzurichten, erzeuge mit dem Holz eine maximale Anzahl und maximale Länge von Rauchabzügen.

Wähle die für die zu erwartende Zuhörerschaft angemessene Kleidung. Lebe im Einklang mit Familie, Studenten und Kollegen.

ARNOLD O. BECKMAN, Lehrer, Geschäftsmann/Wissenschaftler und Philanthrop (er unterrichtete während meiner Studienjahre Anorganische Chemie am Cal Tech): «Chemie ist nichts anderes als eine Maschine, so wie ein Selbstentladewagen mit einer Kurbel an der Seite. Man schüttet die Daten einfach oben hinein, dreht die Kurbel und die Antwort kommt unten heraus.» Wissenschaftler brauchen Instrumente. Wir konstruieren Instrumente für ihren Bedarf, auf der geeignetsten Wissenschaft basierend. Die Verfügbarkeit anspruchsvoller Instrumente bestimmt den zukünftigen Lauf der Wissenschaft. Wann immer möglich, wende man seine Energie und sein Geld zur Unterstützung wissenschaftlicher Ausbildung der Jugend auf.

FRITZ WENT, Professor für Pflanzenphysiologie: Pflanzenwachstum kann durch Regulierung der Hell-Dunkel-Zyklen, durch Feuchtigkeit, Mineralien, Stickstoff, durch Pfropfen und genetische Manipulation kontrolliert werden. Warum können Bäume und Ranken Wasser höher als neun Meter pumpen (1 Atmosphäre), selbst wenn sie gefällt, bzw. abgeschnitten wurden? Fotosynthese ist der Schlüssel zur Anwendung von Sonnenenergie; man finde eine Lösung, wie dieser Prozess vonstatten geht und man wird die Weltbevölkerung mit geringstem Aufwand und geringstem Energieverbrauch rationell ernähren.

FRITZ ZWICKY, Professor für Astrophysik: Novä und Supernovä treten in unserer Galaxie häufig genug auf, um uns auf die Tatsache aufmerksam zu machen, dass es möglich ist, dass sie unter Umständen unser Hinscheiden verursachen könnten.

EDWIN P. HUBBLE, Astronom, der die Rotverschiebung definierte: Die Rotverschiebung verhält sich proportional zur Grösse des Sterns. Je grösser die Rotverschiebung, desto weiter entfernt ist der Stern. Von unserem Standort aus weitet sich das Universum gleichförmig und bei gleichbleibender Geschwindigkeit aus. (Spektographen haben die Bewegung der Galaxie im Universum voneinander weg und weg von unserem Sonnensystem überwacht, indem sie die sichtbare Änderung der Farbe eines Sterns im Verhältnis seiner Entfernung (Doppler-Effekt) am roten Ende des Spektrums der Spiral-

Galaxie aufgezeigt haben. Dieses Zurückweichen, weg von unserer Galaxie tritt bei gleichbleibender Geschwindigkeit im Verhältnis ihrer Entfernung von der Erde auf, das heisst, das Universum weitet sich bei gleichbleibender Geschwindigkeit aus.)

ALBERT EINSTEIN, Physiker: Gesunder Menschenverstand ist jenes, vor dem achtzehnten Lebensjahr erlangte Sortiment aus Neigungen und Vorurteilen. Mir fällt es schwer zu glauben, dass Gott mit seiner Schöpfung Würfel spielt. In der Raum-Zeit kann es kein absolutes Bezugssystem geben: die einschränkende Signalgeschwindigkeit im Universum ist *c*, die Geschwindigkeit von Licht, von elektromagnetischer Strahlung und von Gravitationswellen. Masse und Energie sind untereinander konvertierbar: die Restmasse, *m* unter Null (m_0), eines Materieteilchens verfügt über eine potentielle realisierbare Energie, gleich der Restmasse multipliziert mit dem Quadrat der Geschwindigkeit der resultierenden elektromagnetischen Strahlung.

Die Lösung des Problems der Natur des Universums liegt im Ausbauen der einheitlichen Feldtheorie, welche elektromagnetische Wellen und Gravitation miteinander verbindet.

Raum-Zeit ist in der Nachbarschaft grosser Massen gekrümmt; das Universum mag, als Folge seiner Masse-Verteilung, geschlossen erscheinen. Unterziehe die grundlegenden Annahmen-Postulate-Axiome, auf die eine gegebene Wissenschaft aufbaut einer sorgfältigen Prüfung; manipuliere diese systematisch und schaffe neue Wissenschaften. Lebe alleine, gehe mit Kollegen spazieren und denken, arbeite mit diplomierten Studenten, lebe für deine Wissenschaft und deren Fortschreiten.

SIR JAMES JEANS, Mathematiker und Physiker: Das Universum und wir selbst sind geheimnisvoll. Wir sind auf Erden, um das Geheimnis der Existenz zu lüften.

Medizinische Ausbildung 1938–42

Dr. WILL MAYO von der Mayo-Klinik, Rochester, Minnesota: Deine Wahl der medizinischen Fakultät ist wichtig. In den ersten zwei Jahren wirst du dir das Wissen der menschlichen Anatomie angeeignet haben. Dies wird für dich als Doktor der Medizin der wichtigste Kurs sein. In den ersten zwei Jahren solltest du klinische Erfahrungen sammeln. Die medizinische Fakultät, die den besten

Anatomie-Kurs anbietet, ist Dartmouth. Der Professor heisst Frederic Lord. Auch sieht Dartmouth innerhalb der ersten zwei Jahre Arbeit in der Klinik vor. Studiere die ersten Semester in Dartmouth; alsdann begebe dich an die University of Pennsylvania zum Studium der Physiologie des Menschen.

Dr. CHUCK MAYO von der Mayo-Klinik, Chirurg und Freund: Die Chirurgie steht für das Versagen medizinischer Wissenschaft, das Problem des Gewebewachstums, einschliesslich Neoplasia (Krebsgeschwüre), zu lösen. Nebst schweren Schäden, die Nähen erforderlich machen, und so weiter, muss die Chirurgie überholt werden, indem wir mehr erfahren über Biochemie, Gen-Kontrolle und die wirklichen Gesetze von Geweberegeneration und neoplastischer Prozesse.

Wenn du zum Skalpell greifen musst, denke stets an die ganze Person; behandle deinen Patienten mit gütigem Mitgefühl und untersuche ihn gründlich. Gewinne ihn zum Freund.

Mache die kleinstmöglichen Schnitte, grosse Schnitte sind *Gewebeschädigungs*-Syndrome; je kleiner der Schnitt, desto schneller heilt die Wunde und desto kürzer die Rekonvaleszenz. Bereite eher dir als dem Patienten Unannehmlichkeiten; entwickle den Tastsinn deiner Hände und deine Arbeitstechniken, um mit sicherer Hand blind in den Körperkavernen arbeiten zu können. Umgebe den Patienten während der Nachuntersuchung mit freundlicher Fürsorge. Lerne aus deinen Fehlern; als Akademiker werden dir nur sehr wenige zugestanden.

Dr. ROLF SYVERTSEN, Professor für Anatomie und Histologie: Wenn Sie jedes Mai-Wochenende auf den Mount Washington zum Skifahren gehen wollen, muss an Ihrem Anatomie-Studium einiges geändert werden. Wollen Sie Skifahren, so müssen Sie abends im Anatomie-Labor arbeiten. Und ich bin nicht bereit, darum zu feilschen.

Ihre Liebe zum Detail ist bemerkenswert für einen Medizinstudenten. Die meisten Studenten hätten jene winzigen Ventile, die Sie in der linken Herzkammer gefunden haben, ignoriert. (Nachdem ich den Verdauungstrakt über das ganze Anatomie-Labor ausgebreitet hatte, um seine volle Länge zu messen, tauchte Syvertsen unvermutet auf und hielt mir einen langen Vortrag über das Heilige des menschlichen Körpers und sagte, dies sei keine Art, Teile davon zu behandeln. Zu meiner Verteidigung sagte ich: «Im Lehrbuch steht, dass der Verdauungstrakt ausgebreitet fast neun Meter lang ist. Ich wollte herausfinden, ob das stimmt oder nicht.»)

H. CUTHBERT BAZETT, Professor für Physiologie: Bei der Ausbildung von Physiologen ist es unumgänglich, auf dem Ausspruch des britischen Wissenschaftlers J. B. S. Haldane zu beharren: Wenn man den menschlichen Körper erforschen will, sollte man jegliches Experiment zuerst an sich selbst ausführen. Dieses Vorgehen wird gewährleisten, dass man die Grenzen erkennen wird, innerhalb welcher man zu arbeiten hat. Diese Methode wird einem gleichzeitig Aufschluss über die eigenen Motive geben und garantieren, dass man Methoden ersinnt, welche den kleinstmöglichen Schaden anrichten, die also so wenig unangenehm, so wirksam und ungefährlich wie möglich sind. Oft verlangt ein korrekt an einem selbst durchgeführtes Experiment keine weiteren Versuchspersonen für das entsprechende Gebiet.

Der an sich selbst arbeitende Beobachter bringt Resultate und Daten hervor, die ebenbürtigen oder besser trainierten anderen zu übereinstimmender Wissenschaftskontrolle vorgelegt werden sollten. Dies tut er aber erst, nachdem er persönlich diese Daten integriert und seine Sprache für angemessene Präsentationen in der allgemeinverbindlichen Realität transformiert hat.

Biophysik 1942–53

DETLEV W. BRONK, Biophysiker und Direktor: Junge Forscher benötigen Platz, Gerät und Kollegen. Darüber hinaus überlasse man sie sich selbst. Man stelle jedem ein niedriges Gehalt, ein eigenes Labor, eine Werkstatt, eine Dunkelkammer zur Verfügung und gestatte ihnen, zu jeder Tages- oder Nachtstunde zu arbeiten. Die Pflichten eines Wissenschaftlers schliessen das Verfassen wissenschaftlicher Schriften und Vorträge für Nichtfachleute ein. Unterstützung für die Wissenschaft stammt vorzugsweise aus privaten Stiftungen oder aus Regierungsstipendien und -verträgen. Die Eigeninitiative des einzelnen Wissenschaftlers ist ein wichtiger Faktor in der Wissenschaft.

BRITTON CHANCE, Biophysiker und Freund: Es ist möglich, mindestens drei Dinge gleichzeitig zu tun. Man kann mit seiner Laborarbeit fortfahren, während man mit einem Besucher spricht und dessen Anliegen löst und wissenschaftliche Berichte schreiben. Wissenschaftliche Techniken müssen ausgearbeitet werden, um neue Wissenschaften zu entwickeln. Man muss etwas wissen über Analogrechner, über Digitalrechner, Elektronik und Software, um in der modernen Wissenschaft Fortschritte machen zu können. Es ist am besten, wenn man dazu beiträgt, dass andere Nobelpreise zugesprochen bekommen und nicht man selbst. Ein Nobelpreis kann eine Ablenkung von der Arbeit bedeuten.

CATHERINE DRINKER BOWEN DOWNES, Schriftstellerin: Schreiben ist ein hartes Brot. Adäquate Nachforschungen sind absolut unabdingbar. Man kann Familie und Schriftstellerei integrieren. Für unsereins lohnt es sich, die besten Köpfe, welche die Menschheit hervorgebracht hat, zu studieren und deren Leben in verständlicher und sachverständiger Weise zu beschreiben. Das interessanteste Forschungsobjekt ist der Mensch.

Psychoanalytische Jahre 1949–58

Dr. ROBERT WAELDER, Analytiker für Analytiker: In der eigenen Psychoanalyse schreibt niemand anderes als man selbst die Regeln für Fühlen, Denken, Handeln vor. Wir sind nicht dazu da, Freuds Theorien zu testen, andere Fälle zu überprüfen, wissenschaftliche und philosophische Diskussionen zu führen. Es sei denn, sie sind Teil von einem selbst. Ich höre zu, denke, während ein anderer spricht und laut denkt. Schliesslich werde ich genau erfahren, was einer denkt, um ein paar Vorschläge machen zu können. Bis dahin werde ich sehr wenig oder gar nichts sagen.

John (wütend): «Wie können Sie mich analysieren? Sie essen zu viel, haben Übergewicht und rauchen tödliche Zigarren.»
Waelder: «Ich hatte keine Gelegenheit, mich von einem so cleveren Analytiker analysieren zu lassen wie Sie.»
John (lachend): «Okay!»

LAWRENCE KUBIE, Analytiker und Freund: In Zukunft muss die Psychoanalyse sich irgendwann einmal auf eine ausgeklügeltere und fortgeschrittenere Wissenschaft des menschlichen Gehirns stützen als sie Freud und heutigen Analytikern geläufig war.

SIGMUND FREUD, Doktor der Medizin und einsamer Sucher: Bestehende medizinische Forschung und Lehre schränken den Horizont ein. Unsere persönlichen Dramen der Vergangenheit bestimmen, innerhalb gewisser Grenzen, die noch gefunden werden müssen, unbewusst unsere gegenwärtigen und zukünftigen Gefühle, unser Denken und unser Verhalten. Hypnose, klassisch angewandt, schafft die Freiheit der Erkundung der tieferen Schichten des eigenen Geistes ab. Starre Theorien ruinieren den Geist.

«Nein, Wissenschaft ist keine Illusion. Es ist eine Illusion, anzunehmen, dass wir irgendwo anders hingelangen können, was die Wissenschaft uns nicht geben kann.»

C. G. JUNG, Psychoanalytiker und «Kosmologe»: Das Unbewusste ist weiträumiger als Freuds Theorien darüber. Irgendwie stimmen wir uns innerlich auf das Universum draussen ein.

Zwei Söhne und eine Tochter 1937–75
(Mexico, Colorado und Maine)

JOHN C. LILLY, JR, Filmemacher und Anthropologe: Die indianischen Kulturen Mexikos sind ungeheuer mannigfaltig und besonders empfindlich gegenüber Forschern aus den Vereinigten Staaten. Um adäquate Daten über ihre Lebensgewohnheiten und ihre religiösen Auffassungen zu erhalten, ist es nötig, ein paar Jahre lang unter ihnen zu leben, bis sie einem vertrauen und bis man genug über sie weiss, um in ihrer Gegenwart unbefangen zu sein. Wir müssen rasch arbeiten, um diese Kulturen aufzuzeichnen, bevor der Vormarsch des Maschinenzeitalters die Lebensmuster bis zur Unkenntlichkeit verändert. Unter diesen Indianern wurde das Benutzen psychedelischer Pflanzen ritualisiert, reguliert und zu einem Lebensstil gestaltet, der es wert ist, festgehalten zu werden.

CHARLES R. LILLY, Gelehrter: Die Wurzeln seiner selbst und die der eigenen Familie sind es wert, erforscht und studiert zu werden. Die eigenen Vorfahren zurückzuverfolgen ist ein lohnenswertes Unterfangen.

CYNTHIA OLIVIA ROSLYN LILLY: Die subjektive Beschreibung eines individuellen Beobachters besagt, dass ein neugeborenes weibliches Baby offenkundig weiblich ist, wie auch ein neugeborenes männliches Baby offenkundig männlich ist. Man sieht das am Gesicht, an den Körperbewegungen. Beim weiblichen das totale Akzeptieren der Welt wie sie ist, beim männlichen das rastlose Erkunden sowie Modifizieren der Welt wie sie ist. «Ich werde dich lieben, auch wenn man mich hypnotisiert und mir sagt, ich täte es nicht.» Als junges Mädchen aufzuwachsen ist äusserst schwierig, ohne Papa in der unmittelbaren alltäglichen Umgebung. Scheidung, wie sie in den Vereinigten Staaten vollzogen wird, ist eine grausame Prozedur für Kinder. Das Erregen von Wettstreit, von Agonie zwischen den Ehepartnern im Namen des Gesetzes, ist irgendwo grundlegend falsch. Ausser in Fällen schwerwiegender physischer Bedürftigkeit haben Unterhaltszahlungen, wie es sie heute gibt, häufig einen degenerierenden Einfluss auf die Frau. Sie sind eine Einladung, alle Anstrengungen zu unterlassen, sich sein eigenes Leben zu verdienen und sehr spitzfindig zu werden beim Erhöhen der Unterhaltsbeiträge. Ich habe noch von keiner Frau gehört, die Unterhaltszahlungen bezieht, die ihren eigenen Platz unter den Menschen behauptete; die einzigen Ausnahmen sind diejenigen, die direkt körperlich oder geistig behindert sind. Unterhaltszahlungen ziehen geistige Störungen nach sich und heben jegliche Tendenzen in dieser Richtung hervor. In der neuen Welt muss eine Frau so ausgebildet werden, damit sie, wenn sie will, im Alter selbst für sich sorgen kann, ob sie sich neu verheiratet oder nicht. Männer haben Tausende von Jahren Wissen und Wege zur Selbsterhaltung gesucht; die Zeit der Frau ist im Kommen.

National Institutes of Health (Nationales Gesundheitswesen) 1953–58

FRED STONE, Verwaltungsbeamter: Der erfahrene Kommunikator kennt innerhalb der Regierung Kommunikations-Netzwerke an deren Existenz er nicht teilhaben kann. Er kann diese Netzwerke allerdings benutzen, solange er aus dem Nachspann am Ende aussteigt. «Sagen Sie mir, was Sie erledigt haben möchten und es wird arrangiert werden, fragen Sie aber nicht, wie es erledigt wurde, und fühlen Sie sich dem Mann zu Dank verpflichtet, dessen Namen ich Ihnen zu einem späteren Zeitpunkt nennen werde.» Innerhalb jeder Regierungsdienststelle gibt es ein tüchtiges Netzwerk loyaler, vertrauenswürdiger Leute von höchster Integrität. Es sind diese Leute, die man bei einer Regierungsstelle auffinden muss, um etwas erledigen zu lassen.

Delphin-Labor, Virgin Islands, Saint Thomas 1958–66

ORR REYNOLDS, Wissenschaftler/Verwaltungsbeamter: Man muss die tüchtigen Forscher finden und sie fördern. Projekten kommt keine andere Bedeutung zu als Mittel der Kommunikation zwischen dem Wissenschaftler und dem Verwaltungsbeamten. Seminare, die sich über mehrere Tage erstrecken, sind die wirksamsten Mittel zur Kommunikation zwischen Wissenschaftlern. Hat man einmal tüchtige junge Forscher gefunden, schenke man ihren Ideen Beachtung. Sie mögen einem ziemlich ungewöhnlich vorkommen, wenn sie aber wirklich tüchtig sind, werden sie etwas Neues zutage fördern, etwas Originelles, Interessantes und für die Wissenschaft Wichtiges. Eine sehr grosse Regierung arbeitet auf eine Weise, dass man intern weitaus mehr zustande bringen kann als man zu jedem beliebigen Zeitpunkt annimmt. Dies setzt jedoch ein gewisses Talent im Umgang mit dem komplizierten Kommunikationssystem in der Regierung voraus. Man trete so wenig Leuten wie möglich auf die Füsse, halte aber seine Position.

GREGORY BATESON, Anthropologe: Um den Menschen tiefergehend zu begreifen, müssen wir die anderen Arten auf diesem Planeten verstehen. Otter, Wölfe, Kraken und Delphine sind es wert, von uns erforscht zu werden. Rituale sowie das Tun «als ob» sind sehr wichtige Komponenten des Tierverhaltens. Wenn Sie einen begabten talentierten Studenten finden, bitte ruinieren Sie ihn oder sie nicht. Wenn Sie gründliche Forschung betreiben, wird sich Unterstützung ganz von selbst einstellen. Die Priorität liegt im Anpacken der Forschung.

CONSTANCE DOWLING TORS, Schauspielerin und Beraterin: Es ist möglich, verschwenderisch zu lieben und sich der Fesseln zu entledigen, die der Liebe in der Vergangenheit auferlegt wurden. Ist man offen und frei, können die eigenen Anschauungsweisen von denen, die man liebt und repektiert, verändert werden. In bestimmten Bewusstseinszuständen ist es möglich, direkt und ohne Worte viele spezifische Vorkommnisse miteinander zu erleben – Vorkommnisse aus Vergangenheit, Gegenwart und Zukunft. Man projiziert das Negative nicht auf diejenigen, die man liebt. Man schafft Schönheit in sich selbst, in seiner Umgebung und unter seinen Freunden.

Esalen-Institut, Big Sur, Kalifornien 1968–71

IDA ROLF, Begründerin der strukturalen Integration: Der Körper hat in sich all die Anzeichen vergangener Traumata für den Körper gespeichert. Um diese, in das Muskel-Zentralnervensystem-Feedback eingebauten Muster freizusetzen, muss man am Ort des ursprünglichen Traumas Schmerz erfahren. Dadurch werden die verborgenen Bandschlaufen des früheren, aus dem Bewusstsein verdrängten Traumas freigesetzt. Dieses Freisetzen schafft Energie, welche jetzt frei fliesst und nicht länger an das ursprüngliche Muster gefesselt ist.

RICHARD PRICE, Mitbegründer des Esalen-Institut: Es gibt nichts Wichtigeres in diesem Leben als sich selbst zu vervollkommnen – in Körper und Geist. Andere beim Erreichen dieses Ziels zu unterstützen ist ein lohnenswerter Lebensstil. Sogenannte «Psychose» heisst nichts anderes als die eigenen Dinge zu tun, ohne sich von den Wünschen anderer irritieren zu lassen; es kann eine Transformation des Selbst sein, die auf anderem Wege nicht erreichbar ist. «Wenn du ein Delphin sein willst, leb' es aus und ich werde es auch ausleben, mit dir, bis an die Grenzen unserer Vorstellungskraft.» Wenn du das Himmelreich betreten willst, werde wie ein kleines Kind. Es gibt zehntausend Trips, die andere gern sähen, dass du sie unternimmst. Mach' soviele du willst, sei aber gewiss, dass du sie integrierst und deinen eigenen Trip konstruierst. Umgebe dich mit tüchtigen Leuten, die an ihre Trips glauben und alles andere wird sich von selbst einstellen. Es ist nicht nötig, despotisch zu sein, wenn man es mit seinen Gefährten zu tun hat. Setze voraus, dass jeder Mensch gewillt ist, für sein eigenes Sein die Verantwortung zu übernehmen; für seine eigenen Seinszustände.

FRITZ PERLS, Begründer der Gestalt-Therapie: Man sollte für jedes seiner Lebensjahre eine Rolfing-Sitzung machen. «Die Realität ist das Wesentliche.» Du hast deinen Trip und ich habe meinen Trip. Wir haben unseren Trip nur dann, wenn wir uns entscheiden. Wenn nicht, ist das auch okay.

ALDOUS HUXLEY, Gentleman und Geisteswissenschaftler (aus Gesprächen und aus seinen Schriften): Alle menschlichen Angelegenheiten verdienen Neugier und Interesse. Die Projektion gegenwärtiger wissenschaftlicher Trends in die Zukunft mögen zukünftigen sozialen Schrecken vermeiden. Fiktion ist eine wesentliche soziale Kraft, um den Machthabern mögliche zukünftige Entwicklungen nahezubringen, um ihre wahrscheinliche Existenz zu umgehen. *Schöne neue Welt* ist ein Bauplan einer solchen Möglichkeit, die vermieden werden sollte.

Alle Phänomene der inneren Wirklichkeit des Menschen sind es wert, untersucht zu werden. Deine Untersuchungen des neurologischen Substrats der Motivationen ist für jedes menschliche Wesen wichtig. Deine Forschung zu Isolation, Einsamkeit und Einzelhaft ist grundlegend für das Verständnis des menschlichen Geistes.

ALAN WATTS, Schriftsteller und Philosoph: (Alan wurde vierzig Minuten vor mir geboren.) «Das zufällige Zusammentreffen unserer Geburten lässt mich beinahe an Astrologie glauben, aber nicht ganz.» Als er mich das erst Mal seiner Frau Jano vorstellte, sagte er: «Hier ist ein Mann, der rücksichtsloser rational ist als ich.» (Diese Bemerkung fiel, nachdem ich drei Stunden lang mit ihm über der «Chirurgen-Story» zugebracht hatte, bei der es sich um ein langwieriges, kompliziertes intellektuelles Geduldspiel handelt. Um es zu lösen, muss man rücksichtslos rational vorgehen, ohne jegliche emotionale Neigungen zu verschiedenen menschlichen Aktivitäten.) Formgerechte Rituale können Spass machen. Das Leben auf diesem Planeten ist ein kosmischer Witz. Lasst uns ihn gemeinsam geniessen. Buddhismus in seinen vielfältigen Formen hat dem wesentlichen Verstand einiges zu bieten. Lasst uns gemeinsam Buddhismus studieren.

GEORGE SPENCER BROWN, Mathematiker: Die Protologik jenseits der Logik bestimmt die Logik. Lasst uns eine Protologik finden und dann neue Logiksysteme erstellen. *The Laws of Form* ist kein Handbuch wie man in abgelegenste Räume gelangen kann, sondern ein Handbuch, wie man, einmal dorthin gelangt, wieder zurückkehren kann. In der Protologik von *The Laws of Form* ist der Beobachter ein markierter Zustand (der Brownsche Operator). *The Laws of Form* wirft ein Dilemma auf: Wo ist der Schriftsteller und wo ist der Leser? Wenn man, indem man eine Unterscheidung trifft, ein Universum abtrennt, wer trennt dann ab? Sind dies der Brownsche Operator, die markierten Zustände und die Leeren, die sich ad infinitum abwechseln? Wechselweise ist derjenige, der die Trennung vornimmt, getrennt von diesem System. Ist er im Begriff (mit einem kontinuierlichen Bewusstsein) diskontinuierliche Universen zu schaffen?

(BABA) RAM DASS, Mystiker und Freund: Patanjali erklärt die grundlegenden Anschauungsweisen des Jnana-Yoga. Befasse dich eingehend mit Patanjalis *Yoga Sutras,* um die tiefergehenden Meditationen zu verstehen. «Die Kräfte des Geistes werden erlangt durch die Geburt, durch lichtbergende Kräuter, durch Mantra, durch Tapahs und durch Samadhi.» (Buch 4, Sutra 1). *Brahmacharya* (Ehelosigkeit) ist ein lässiger Lebensstil, wenn man ein Bhakti-Yogi ist. Es ist dies eine Disziplin, welche eine enorme Menge innerer Energie erzeugt, die nützlich ist beim Lehren. «Mein Guru existiert überall. Du bist mein Guru; die Katze ist mein Guru.»

Arica, Chile, 6. Mai 1970 – 7. Februar 1971

OSCAR ICHAZO, Esoterischer Meister und Lehrer: Wenn ein Schüler alles gelernt hat, was du ihn lehren kannst, lass ihn seiner Wege ziehen. Wenn eine Gruppe zu einer Einheit geworden ist und alles gelernt hat, was du sie zu lehren hast, lass sie alle ihres Weges ziehen. Entwickle deine eigenen körperlichen, intellektuellen und geistigen Disziplinen und praktiziere sie beharrlich. Realität, so wie sie ist, lässt keinen Kompromiss zu. Realität, wie du sie dir wünschst, hat in deinem Leben keinen Platz. Kosmische Liebe ist rücksichtslos: sie liebt dich, ob es dir gefällt oder nicht. Um die höheren Bewusstseinsebenen, die höheren spirituellen Ebenen zu erreichen, muss dein Ego sterben. Nachdem dein Ego wiedergeboren wurde, wird es zu einem Werkzeug im Dienste deines absoluten Seins und nicht der Meister deines Schicksals. Der alleinige Grund, dass du keine höheren Bewusstseinsebenen erreichen und deine spirituelle Entwicklung nicht vorantreiben kannst, ist dein eigener Wunsch, dies nicht zu tun. Das Ego ist irgend etwas, das dich an den höheren Zuständen des Satori hindert. Der injunktive Gebrauch von Wörtern ist der einzig gültige Gebrauch von Wörtern, um Seinsveränderungen zustande zu bringen. Eine wirksame Übung verliert – indem du sie und die Einsichten, die sie gewährt, meisterst – an Kraft. Ohne die höheren Bewusstseinszustände, die höheren Seinszustände, wird der Planet Erde in einer Katastrophe enden. Jeder Mensch auf diesem Planeten muss diese höheren Zustände teilen. Wenn man in seinem eigenen Land Schwierigkeiten hat, diese Zustände zu erreichen, muss man sich auf Reisen begeben und einen Ort finden, wo man die Begrenzungen seiner eigenen Kultur unbeschadet transzendieren kann. Die Vereinigten Staaten waren, und das wird möglicherweise so bleiben, der Hauptbrennpunkt von

Energie unter den Menschen auf diesem Planeten. Gott ist wesentlich grösser als unsere Vorstellungen von ihm, als unsere Projektionen und Simulationen. Westliche Wissenschaft, westlicher Mystizismus werden miteinander verschmelzen und es wird uns nicht möglich sein, beide voneinander zu trennen.

STEWART BRAND, Erfinder und Herausgeber von *The Whole Earth Catalog* und von *CoEvolution Quarterly:* Einschlägige Information ist die Essenz des Planeten. Die Erde ist der einzige Planet, den wir haben, erhalten wir ihn uns. Der Mensch verändert den Planeten unbewusst; machen wir das zu einem bewussten Prozess und damit besser. Wir brauchen neue Ideen. Finden wir diejenigen, die sie haben, übermitteln wir unsere Information auf billigem Wege und für ein möglichst breitgestreutes Publikum. Setzen wir alle verfügbaren Medien ein – Film, Ton, Druck – um nutzbringende Information zu verbreiten. Im wörtlichen Sinne gibt es Millionen von Menschen, die noch immer nicht wissen, wie sie ihren planetengebundenen Trip auf die wirtschaftlichste Weise durchführen können. Erforschen wir Mittel und Wege, dies zu tun, und übermitteln wir sie an diejenigen, die sie brauchen.

Los Angeles, Kalifornien 1971–75

ANTONIETTA LENA LILLY, meine beste Freundin, meine Liebe und meine Frau: Das Leben ist ein Balanceakt. Ganz gleich, wie weit man das Leben in eine Richtung stösst, es pendelt in entgegengesetzter Richtung zurück. Jeder Mensch ist es wert, dass man ihm zuhört, und zwar lange genug, um ihn zu verstehen. Soziale Umgangsformen drücken Einfühlungsvermögen, Geduld und Rücksicht aus. Unser Dorf ist die Welt; die Welt ist unser Dorf. Politik macht Spass; sie bezeichnet die Beziehungen der Menschen untereinander. Politik beginnt da, wo drei Personen zusammen sind.

Die Dyade bildet die stabilste menschliche Beziehung; die Triade ist unbeständig. «Nein»-Sagen kann eine anmutige, elegante Kunst sein, wie auch «ja» zu sagen oder «vielleicht».

Schönheit kommt von innen heraus; um ihr Ausdruck zu verleihen, benutze man, was man an äusserem Beistand hat und weite das aus auf Heim und Garten und Freunde. Man muss Werkzeuge benutzen; man lobt Werkzeuge nicht, wälzt nichts auf sie ab; man behandelt sie gut und benutzt sie umsichtig, rationell und im rechten Zusammenhang.

Realität ist ökonomisch; wenn sie nicht ökonomisch ist, ist sie nicht real.

Das Universum ist eine Serie miteinander in Verbindung stehender, sachte dahin treibender Schnörkel, geschmiert mit kosmischem Gekicher.

NINA CAROZZA (Tonis Tochter), Tänzerin und Lehrerin: Es ist notwendig, seine Körperhaltung und die Anmut seiner Bewegungen durch tägliche harte Arbeit zu vervollkommnen. Bleibe beim Lehren auf der Höhe dessen, wo eine Person sich zu einem bestimmten Zeitpunkt befindet und führe sie von dort jene Bahnen entlang, von denen du glaubst, dass sie ihnen folgen könnte. Es ist notwendig, in einer Klasse Entspannung zu erzielen, bevor man (bei den Teilnehmern) spontanes Tanzen hervorrufen kann. Beobachte den Energiefluss und kippe ihn um, wenn die Notwendigkeit auftaucht, damit du diese Spontanität erzielst. Die meisten Leute tanzen gern, haben aber Angst, es zu tun. Hilf ihnen über diese Hürde hinweg.

ANGELO FICAROTTA, Zimmermann und Vater: Das Schaffen von Häusern, von Wandschränken, von Möbeln ist eine kontinuierliche Meditation und ein produktiver Lebensstil auf unserem planetengebundenen Trip. Autounfälle, Schlaganfälle und Krankheit können von einem selbst behandelt werden, und man kann die meisten Wunden aus eigener Anstrengung heilen. Ich muss an nichts anderes glauben als meine eigene direkte Erfahrung und an meine Familie.

THOMAS FICAROTTA, Bauunternehmer: Manch ein Rechtsanwalt schwelgt in gekünstelter Nötigung. Manch ein Rechtsanwalt und manch ein Richter neigt dazu zu vergessen, dass wir alle in einem kleinen Städtchen namens Planet Erde wohnen.

BURGESS MEREDITH, Schauspieler, Regisseur, Autor: Loyalität Freunden gegenüber, ungeachtet dessen, was sie tun, an was sie glauben oder wer gegen sie ist, ist eine der ersten Tugenden. Gute Umgangsformen sind wesentlich für das Leben auf diesem Planeten. Arbeite mit dem Establishment, nicht dagegen. Es wird sich in dem Masse verändern, wie du dich änderst. Die darstellenden Künste bezeichnen eine Lebensauffassung. Sie können die Öffentlichkeit nicht nur lehren, was Kunst ist, sondern auch, was dahinter steht und wichtig für die Wissenschaft ist.

ARTHUR UND PRUE CEPPOS (Dyade) Verleger: Man kennt ein Buch nicht und weiss nicht, was es enthält – sogar dann, wenn man es selbst geschrieben hat –, bis man es fünfmal gelesen hat. Es gibt ein altes chinesisches Sprichwort – Wenn es nicht ökonomisch ist, ist es nicht real. Das Tao bedeutet sinngemäss, dass man sein Leben voll auslebt, so wie man ist und nicht, wie man gern sein möchte.

JOHN BROCKMAN, Schriftsteller und Agent: Wenn man ein Buch schreibt, muss man «alle seine Lieblinge umbringen»; man kann nicht bestimmte Absätze, Sätze oder Kapitel besonders hochschätzen. Wörter als solche beinhalten keine wie auch immer geartete Wirklichkeit. Wittgenstein sagte in seinem *Tractatus Logico-Philosophicus* alles, was es zu sagen gibt. Eine Autobiographie kann niemals up to date sein. Alles, was darin gesagt wird, ist vorbei – ist abgeschlossen. Necken ist eine schöne Kunst.

JERRY BROWN, Ex-Gouverneur von Kalifornien: Die Regierungsmaschinerie ist kopflastig mit Bestimmungen, mit Papierkram und einer Überzahl von Menschen darin. Wir sollten die Regierung, wie wir sie übernommen haben, einmal gründlich überprüfen und unkomplizierter und menschlicher neu gestalten. Wir sollten diejenigen, welche die Amtsgewalt in Händen haben, einzeln befragen, was sie tun und wie sie es tun und verlangen, dass sie ihre Methoden verbessern –, dass sie ökonomischer und verständlicher werden. Niemand in der Regierung kommt um eine solche Analyse oder das Programm kooperativen Umstrukturierens dessen, was zu tun ist, herum.

BERNICE DANYLCHUK, Körperhaltungs-Therapeutin: Mit Hilfe eines disziplinierten Körperhaltungs-Therapeuten lässt sich die Grundstruktur des Körpers, wie er der Schwerkraft gemäss existiert, verändern. «Ich bin auf deine Mitarbeit angewiesen. Wenn du nicht kooperieren kannst, frage mich bitte nicht um meine Hilfe.» Die Knochen des Menschen müssen – der Schädel eingeschlossen – so angeordnet sein, dass einer auf dem darunter liegenden ruht, und zwar in einer geraden Linie von Kopf bis Fuss. Hat man diese Anordnung erst einmal gemeistert, verschwendet man keinerlei Energie mehr, den Körper in Position zu halten. Ganz gleich, was man mit dem Körper tut, es ist möglich, diese Ausrichtungen in Bewegung und in Ruhephasen zu verbessern.

HELEN COSTA, Strecken und Bewegen, Yoga-Lehrerin: Der Körper sollte jeden Tag an jedem Gelenk bis an die Grenzen der Belastbarkeit gestreckt werden, um diese Grenzen zu erweitern. Dabei sollte man niemals übertreiben. Tue täglich etwas, das dein Herz schneller schlagen lässt, das die Frequenz und Tiefe deines Atmens erhöht.

GRACE STERN, Yoga-Lehrerin und Mystikerin: Innerhalb des eigenen Geistes ist es möglich, aufgrund kleinster Vorwände weit hinaus zu gehen und sich auf andere zu verlassen, die einen zurückholen. Es ist möglich, eine Reihe intensiver Yoga-Kurse abzuhalten und gleichzeitig ein glückliches, gut funktionierendes Familienleben zu führen.

RUTH UND MYRON GLATT (Dyade), Lehrer: Lehrer auszubilden kann Spass und Freude bereiten. Der Einsatz audiovisueller Hilfsmittel ist die gründlichste Methode bei der Informationsübermittlung an den Schüler. Wenn ein Schüler sich selbst auf dem Monitor sieht, fällt es ihm leicht, das zu korrigieren, was in seinen Bewegungen, in seinen Techniken nicht stimmt.

RUTH UND HENRY DENNISON (Dyade), Lehrer: Wenn man seinen planetengebundenen Trip einmal im Griff hat, teile man sein Glück mit anderen und ermutige Lehrer und die jungen Leute. Gute Küche induziert bei den Empfängern positive, erhebende Gefühle. Reisen nach Indien und in die Schweiz sind inspirierend.

FRANKLIN MERRELL-WOLFF, Autor, Philosoph, Lehrer und Mystiker: Es lohnt sich, Seinszustände jenseits der allgemeinverbindlichen Realität anzustreben. Erleuchtung/Realisation erzeugen Konsequenzen/Erfahrungen, die sich denjenigen mitteilen lassen, die in der Lage sind, dem Selbst zu lauschen/es neu zu programmieren. Das Lehren anhand von Beispielen und scharf gegliedertes Schreiben zeigt die Macht/Kraft des Selbst und die Macht/Kraft des Wortes auf. Es gibt Seinszustände jenseits von Glück, jenseits von Befriedigung, jenseits von Nirvana: Der Zustand Erhabener Gleichgültigkeit kann durch Einladung/Beschreibung/Verfügung erfahren/kommuniziert werden. Die Tatsache, dass Dr. Wolff Erhabene Gleichgültigkeit erlangte, kann, ordnungsgemäss berichtet, diesen Zustand bei anderen induzieren, die bereit sind, das Selbst in neue Bereiche hinein zu reprogrammieren.

HEINZ VON FOERSTER, Kybernetiker, Lehrer und westlicher Jnananda: Anmutige, von Yoga geprägte Umgangsformen lösen Probleme, bevor sie auftauchen. Kommunikation ist eine Einladung, am Spiel des Schöpfens teilzunehmen. Wittgenstein offenbart/verschleiert (im *Tractatus Logico-Philosophicus)* die Struktur des Monologischen/Dialogischen. Bereiche enthalten alle Wege. Brown offenbart (in *The Laws of Form)* Monologisches durch verborgenes Dialogisches. Varela reinigt (in *A Calculus for Self-Reference)* die Gesetze der Form des Selbstverweises. Eigen-Funktionen sind nützlich, um Erfahrungs/Verkörperungs-Bereiche als stabil/unbeständig, endlich/unendlich, den Betrachter/Handelnden als transformierend/passierend zu erläutern. «Als ob» wird in den tieferen Schichten der Analyse des Betrachters/Handelnden in den inneren Bereichen von Erfahrungen/Verkörperungen und in Einladen/Kommunizieren/Teilnehmen/Kreieren im Dialogischen/Multilogischen unvermeidbar bedeutsam werden. Begabte Schüler und eine glückliche Dyade sind die wesentlichen Voraussetzungen für die Kreativität eines Mannes.

E. J. GOLD, Sufi, Transit-Führer und Erforscher innerer Bereiche: Indem man eine entlegene, isolierte Gemeinschaft ins Leben ruft, kann man mit grundlegenden Anschauungsweisen experimentieren/sie erforschen und aus dem/in das Gefährt aussteigen/einsteigen. Freude/Humor/persönliche Energie verknüpft mit Disziplin erleichtern die Transformation des Selbst/anderer. Mit Vergnügen gespielte Spiele generieren ein neues Verständnis des Selbst.

Bethesda; Saint Thomas; Miami; Baltimore; Esalen; Los Angeles; Palo Alto; Arica und Malibu 1954–75

DER ISOLATIONSTANK, als Lehrer in der Einsamkeit: Du selbst bist dein bester erdgebundener Lehrer. Der Spielraum deines eigenen Geistes ist bei weitem grösser als deine Auffassungen dieses Spielraums. Deine gegenwärtigen Grenzen werden irgendwie vorgegeben durch deine persönlichen Postulate deiner Existenz über deine Wurzeln, deine eventuelle Bestimmung, durch deine kostbarsten und heiligsten Anschauungsweisen.

Wahrheit wie du sie kennst ist zu 99 % Unsinn und zu 1 % «als ob»-zutreffend. Deine innere Erfahrung ist zum Zeitpunkt der Erfahrung *wahr*. Du wirst dich lediglich an 10 % erinnern, 5 % aufarbeiten und mit deiner begrenzten Sprache und Ahnungen lediglich

1 % ausdrücken. Von diesem einen Prozent kann man nur einen sehr kleinen Bruchteil zu Lehrzwecken übermitteln.

Die eigenen Kreationen und deren Begrenzungen zu beobachten mag einen Verlust kostbarer Zeit bedeuten.

Das Schaffen erweiterter Begrenzungen für innere Kreationen kann lohnend sein. Spürt man die Belohnung, verfahre man behutsam und mit leichter Skepsis.

Der Raum der Überbewertung ist ein Produkt der Aktivitäten des Lustzentrums im eigenen Gehirn.

Man kann seine gegenwärtigen Anschauungsweisen nicht zerstören. Man kann sie nur dort begraben, wo sie ihren Einfluss auf Fühlen-Denken-Tun fortlaufend geltend machen. Was nicht erlaubt ist, ist verboten. Um zu erlauben, sollte man das Verbotene sorgfältig überprüfen. Ist es wahr, scheinbar wahr, falsch, scheinbar falsch, bedeutungslos, scheinbar bedeutungslos?

Gibt es Einflüsse, die, jenseits unserer besten Wissenschaft, von weitaus fortgeschritteneren Zivilisationen und Wissenschaften auf uns einwirken? Wenn ja, wie können wir diese Einflüsse dann am besten auf unsere eigenen Zivilisationen und Wissenschaften untersuchen? Dieses Problem nehme man sich in aller Abgeschiedenheit vor, in physischer Isolation, in der Beengtheit der äusseren Realität mit den am wenigsten einschränkenden Metaglauben, die man zur Verfügung hat. Mit dieser Methode mag man innerhalb unerwarteter Phänomene Antworten finden, die man unter diesen Bedingungen erfahren hat.

BEWUSSTSEINSZUSTÄNDE KONTRA SEINSZUSTÄNDE

«Veränderte Bewusstseinszustände»

Es gibt zwei Einwände gegen die Anwendung dieses Satzes als wissenschaftliche Terminologie:

1 «Verändert» ist eine pejorative Bezeichnung, gleichbedeutend mit «kastriert» in anderem Zusammenhang; Bewusstseinszustände können nicht kastriert sein.

2 Bewusstseinszustände sind nur zwei an der Zahl, «anwesend» oder «abwesend», «bewusst» oder «unbewusst». Ein Selbst ist entweder bewusst oder unbewusst.

Seinszustände

1 Ein bewusstes Selbst hat zahllose Seinszustände, von den gewöhnlich akzeptierten, allgemeinverbindlichen Seinszuständen,

bis hin zu selteneren Zuständen, wie ausserkörperlichen Samadhi-, Einheitlichkeits-Zuständen usw.

2 Seinszustände können transformiert werden, der eine in jeden beliebigen anderen, mit sehr kurzen Übergangszeiten, hinunter bis von 10^{-12} bis zu 10^{-27} Sekunden.

3 Ein Mensch in von aussen beschriebenem «Koma» kann in einem anderen, nicht unbedingt an die Körper-Gehirn-erdgebundenen Koordinaten geknüpften Seinszustand ziemlich bewusst sein.

Tonis Lehrer

NINA CAROZZA: Meine Tochter lehrte mich etwas über Mutterschaft, und was es bedeutet, für jemanden über dem eigenen Selbst zu sorgen. Sie trat voller Anmut in diese Welt ein und fährt fort, dieser Eigenschaft in ihrem Leben Ausdruck zu verleihen. Ihre Disziplin, welche Teil eines Tänzerlebens ist, ist sehr vergeistigt.

ALAN WATTS: Dass der Beruf oder die Arbeit Spass machen kann. Er redete gern und benutzte seine Stimme als Instrument. Manche seiner Geschichten erzählte er in der besten Shakespeareschen Tradition.

ROCHARD OSHMAN: Business kann kreativ und packend sein.

WILLIE RUFF: Jazz kann als Musiksprache in manchen Dimensionen bei weitem effektiver sein, um tiefe Gefühle auszudrücken, als Worte.

LAURA HUXLEY: Kreatives Zubereiten nahrhafter Zutaten, elegant angerichtet.

KURT VON MEIER: Seine Vorträge in der Schule oder bei sich zu Hause sind berückende Teppiche, geknüpft aus Geschichte, Farbe und Form; seine Zubereitung von Mahlzeiten mit Zutaten aus dem eigenen Garten sind eine Meditation.

(BABA) RAM DASS: Seine Freude, seine Liebe zu den Menschen findet in seinem Bhakti-Yoga ununterbrochen Ausdruck.

RAFE AFFLECK: Die Vereinfachung der Linie in seinen Skulpturen ist eine Lebensauffassung.

JOE MUGNANI: Den menschlichen Körper zu zeichnen erzählt eine Story deiner eigenen Anschauungen.

JEPPSON: Kunstlehrer an der Chouinard Art School. Östliches Gedankengut, das seine feinen Strichzeichnungen beeinflusst, lehrte mich Feinheiten in meiner eigenen Einstellung der eigenen Arbeit gegenüber.

MARY TAYLOR: Eine wahre Meisterin im Nähen, in der Ernährung und der Anmut.

OSCAR ICHAZO UND SEINE FRAU JENNY PAREDA: Südamerikanische Palastpolitik, vermischt mit esoterischen Lehren; das kann ganz lustig sein.

JOHN C. LILLY: John hat mir geholfen, den Blick über die allgemeinverbindliche Realität hinauskreisen zu lassen. Seine völlige Hingabe und die Offenheit seines Geistes werden höchstens vom grenzenlosen Horizont seines Geistes übertroffen.

Mit seinem durchdringenden Blick wird er jegliches Ding auseinandernehmen und es wieder zusammensetzen, nie eher ruhend, bis er alle Parameter des Gegenstandes seiner Untersuchungen kennt. Er lehrte mich Courage und Flexibilität. Er ist ein grossartiger Gefährte, Bruder, Liebhaber, Vater und, vor allem anderen, wirft er meinen eigenen Humor auf mich zurück. Wir beide sind unser bestes Publikum.

JAN NICHOLSON: Unsere Freundin und Sekretärin, deren Offenheit und Neuseeland-Humor jeder schätzt – vor allem Pish, unsere Katze, die sie heiss liebt. Sie spricht mit Tieren, und sie reagieren alle.

KATHRYN SHARPE: Deren Loyalität ebenso hitzig ist wie ihr Gedächtnis. Ihre lieblichen Töchter, Hannah Leigh und Mary Ann, dunkle und lichte Juwelen.

LOULABELLE NORCHIA: Ihre Beständigkeit ist ein Mass, an dem ich meine eigene Unentschlossenheit messen kann.

RUTH DENNISON: Die kosmische Gastgeberin par excellence. Ihre Erdverbundenheit verleiht dem luftigsten Guru Perspektive.

JANET LEDERMAN: Ich kann jeden lehren, alles, solange sie es lernen *wollen*. Ich kann sie die «Sache» lehren, überall, zu jeder Zeit, innerhalb jeden Raumes.

BERNICE DANYLCHUK UND IHRE ASSISTENTINNEN LIKA YANDALL UND HELEN COSTA: Sie haben mir zu einer verbesserten Körperhaltung verholfen.

ERMA SIMS POUND, ihre Dichtkunst –

Wie nehme ich wahr, mein Freund, wer heute zu mir kommt...?
Keine Form, die sich erhebt... keine Vermutung.
Hoffnung, das Kind, erwartet
den «leeren Raum», den
wir durchgleiten – uns zu treffen.

Ich überlasse mich dem *Jetzt* und
erfahre die spontane Form
Durch Raum, der ich bin, die
Leere in jeder Form und
Form in Leere.

Gehe mit mir, schreite nackt und
ich werde dir meinen Atem geben
für die Stimme, wenn du zu denen sprichst,
die noch immer angezogen.

Ich erfahre unmittelbar, bin ich doch geboren
als Kind ohne Eltern,
sooft es eine Geburt gibt.

STUART MURPHY: Der Mechanismus des Filmemachens an sich ist ziemlich primitiv.

SIMI DABAH: Seine Skulpturen sind Ausdruck seiner fundierten, zentrierten Kraft.

KALIFORNISCHE FRAUEN: Tom und Barbara Runyon veranstalten Parties, wie ich mir immer vorstellte, dass Hollywood-Parties sein müssten, bis ich ein paarmal hinging. Auf der letzten Party, die wir besuchten, sagte Robert Mitchum etwas, das ich bedeutsam fand.

Wir sprachen ganz allgemein über kalifornische Frauen im Vergleich zu Frauen im übrigen Land. Von seinem westlichen Standpunkt aus (ich habe den Eindruck, dass er viel herumgekommen ist) folgerte er, dass kalifornische Frauen sich an vorderster Front befinden, was die Demonstration von Evolution der verschiedensten Möglichkeiten der Menschheit angeht.

Ich stimme damit überein, dass, wenn immer wir im Land umherziehen und Vorträge halten, kalifornische Frauen im allgemeinen offener, kreativer und gesünder erscheinen. Ihre Bereitschaft mit neuen Rollen zu experimentieren, ihr Anspruch, neue Anschauungsweisen zu probieren, und dabei das, was sie als wahr und praktisch anerkennen unangetastet lassen, ist beeindruckend. Ein paar wenige Beispiele:

Jane Fonda Hayden – Schauspielerin.
Kay Cole Worden – leitende Angestellte.
Nancy Hellman – Künstlerin und Photographin.
Frau Edmund Brown, sen. – Mutter Jerry Browns, des Ex-Gouverneurs von Kalifornien. Zuvor die First Lady Kaliforniens.
Natalie Solomon Krole – Bildhauerin.
Chris Price – Co-Managerin (neben Dick Price) von Esalen.
Patty Westerbeke – Chefin der Westerbeke-Ranch, einem Wachstumszentrum.
Gay Gaer Luce – Schriftstellerin.
Joan Grof – Schriftstellerin.
Jennifer Jones Simon – Schauspielerin und Hausfrau.

MARY FRANK: Ihre Ranch in Colorado wird mit schlichter Eleganz geführt; ihre Gastfreundschaft und ihre Feinschmecker-Picknicks sind eine reine Wonne.

10
Der planetengebundene Trip der Dyade: Unser Haus, unsere Arbeit im Tank

Toni und ich leben seit nunmehr fünf Jahren zusammen. Wodurch entstehen die Bindungen in dieser speziellen Dyade?

Ein verbindender Faktor ist zweifellos unser Humor sowie eine schier unerschöpfliche Energie. Johns Selbstanalyse förderte eine interessante Spaltung seines Bewusstseins zutage. Er begriff, dass ein Aspekt seines Selbst – das Spässen zuneigte, romantische «kleine-Jungen-Selbst» – dahin tendierte, sich hinter dem eher akademischen, strengen, disziplinierten «offiziellen» Selbst zu verbergen. Toni hat diesen verborgenen «Jungen» viele Male erlebt, wie er hinter der Fassade des erwachsenen Mannes hervorlugte. Sie muntert ihn auf, «aus seinem Versteck zu kommen» und mit ihrem «kleinen-Mädchen-Selbst» zu spielen. In dieser Dyade trägt der «Junge» den Namen «Jack» (den sein Schlagzeuglehrer für den achtjährigen John benutzte); Tonis (Antoniettas) kleines «Mädchen» wird «Ann» genannt.

John packt all seine charakteristischen Eigenarten und all jene verborgenen Anschauungsweisen in seinen Jack, die offiziell im Umgang mit den allgemeinverbindlichen Realitäten nicht brauchbar sind; so zum Beispiel: gewisse Scherze, gewisse Ideen (Reinkarnation, frühere Leben, Science Fiction-Skripts) und gewisse Seinsweisen («der glückliche Trottel», «das erregte Männchen», «der zornige Ehemann», «der Heilige» usw.).

Diese fingierten, alternativen Persönlichkeiten kommen in unserer Dyade zur Anwendung: jedesmal, wenn wir etwas tun, sagen, fühlen, das irgendwie aus dem Zusammenhang fallend/unangebracht/humorvoll ist, rufen wir «Jack» und/oder «Ann» auf den Plan. (Jack und Ann bedienen sich einer eigenen Kommunikation – Körper- wie herkömmlicher Sprache; manchmal voller Humor, manchmal auch voll spielerischen Zorns.)

Wie John in *Das Zentrum des Zyklons* schrieb, als Toni und er sich kennenlernten: «Wo warst du die letzten fünfhundert Jahre?» Sie antwortete: «Im Training.» Fragen wir jetzt einmal Jack (mit seiner ganzen «Allwissenheit») was dies bedeutet:

Okay, John und Toni, hier einmal das, was ich als wahr erachte, und ich wähle meine Worte mit besonderer Sorgfalt, um euch beiden eine gewisse Glaubwürdigkeit zu vermitteln. Ihr wart in einem früheren Leben, vor fünfhundert oder mehr Jahren, zusammen. Ihr habt es in den letzten fünfhundert Jahren (bis zum Februar 1971) versäumt, euch zu treffen und offenbar seid ihr in den vergangenen fünf Jahren wieder zusammen. Das letzte Mal, das ihr zusammen wart, bestand John darauf, ein Entdecker zu sein, und Toni wünschte, dass er zu Hause bliebe. Wie ihr euch erinnern könnt, schrieb man, fünfhundert Jahre vor eurem 1971er Treffen, das Jahr 1471. In jenem Jahr war beispielsweise Leonardo da Vinci neunzehn Jahre alt (sein Geburtsjahr wird auf das Jahr 1452 geschätzt). Die Medici gelangten in Florenz an die Macht. Shakespeare wurde für die nächsten hundert Jahre noch nicht erwartet. Ich führe diese historischen Gegebenheiten an, um die Zeit zu bestimmen, in der wir offenbar früher einmal gemeinsam existierten.

John hegt angesichts all dessen ein Vorurteil. Er kann an Reinkarnation als solche nur schwerlich glauben; er verfolgt eine ziemlich festgelegte Taktik, nicht in vergangenen Leben zu stöbern. Er möchte sich viel lieber mit zukünftigen Möglichkeiten der Menschheit befassen als sich in Erinnerungen an eine Vergangenheit zu ergehen, die sich nicht ändern lässt.

(Jack steht solchen Dingen wesentlich relaxter gegenüber und kommt bei jeder sich bietenden Gelegenheit auf Reinkarnation und frühere Leben zu sprechen. Offenbar war er es, der sich einschaltete und Toni fragte: «Wo warst du die letzten fünfhundert Jahre?»)

Im Augenblick führt John das Kommando und zöge es vor, über Johns und Tonis derzeitiges Leben zu sprechen – wie es darum bestellt ist – und darüber, was sie für die Zukunft planen.

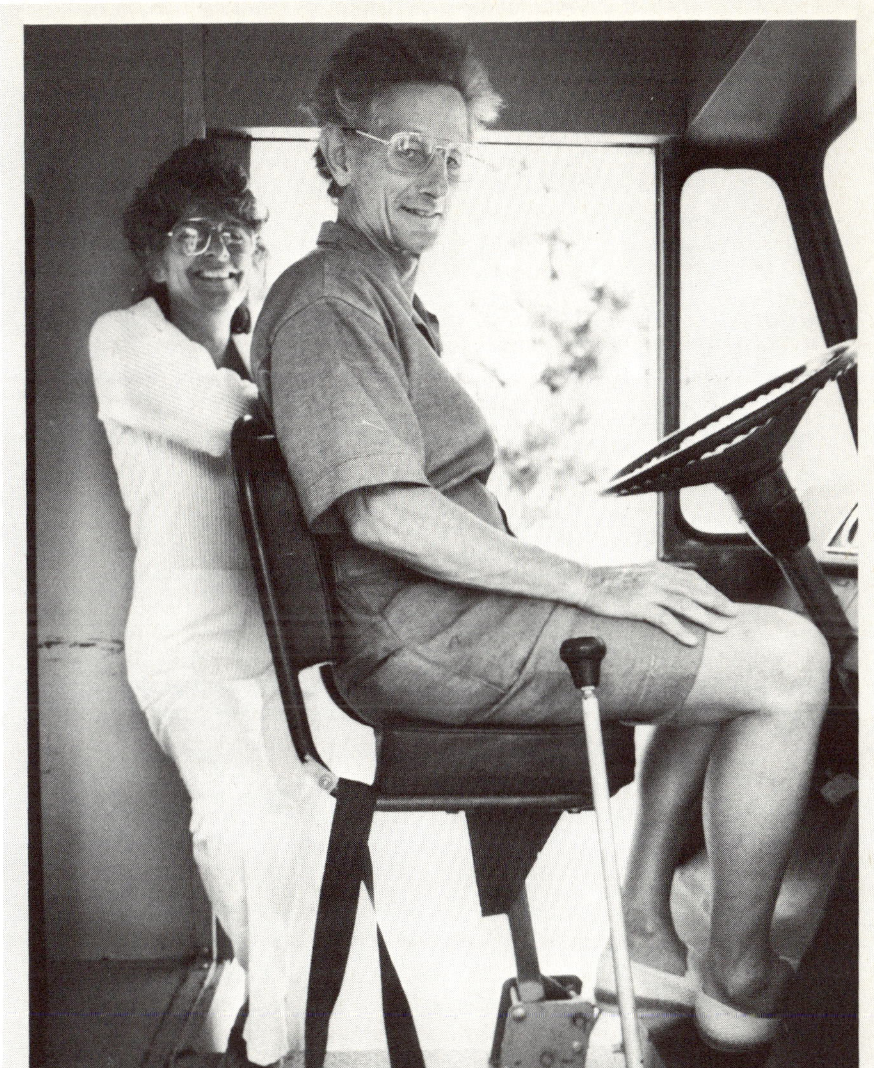

John antwortet,

Natürlich hat der planetengebundene Trip eine Vergangenheit; wenn man sich aber zu gründlich mit der Vergangenheit befasst, wird man die Fähigkeit verlieren, sich ausreichend auf Gegenwart und Zukunft zu konzentrieren. Je mehr Zeit man für die Vergangenheit aufwendet, desto weniger Zeit wird einem für Gegenwart und Zukunft bleiben.

(Ein Wissenschaftler verschreibt sich der Zukunft. Bis zu einem gewissen Grad setzt er vergangenes Wissen ein, entwickelt aber zukünftiges Wissen.)

Vor etwa einem Jahr und neun Monaten zogen John und Toni aus Tonis Haus in Los Angeles in ein Haus in der Nähe von Malibu, knappe dreihundertfünfzig Meter über dem Meer und zweieinhalb Meilen von der Küste entfernt. Von diesem Haus aus kann man durch den Canyon hindurch einen kleinen Ausschnitt des Pazifik erspähen. Das hiesige Klima erinnert an Arizona, also nennen wir es «Arizona am Meer». Wie es für das südliche Kalifornien typisch ist, gibt es auf unserem Grundstück Eibisch und andere blütentragende Bäume. Zur Zeit sehe ich rote und gelbe Blüten in den Bäumen. Ich sehe einen Paradiesvogelstrauch in voller Blüte. Ich sehe ein paar Bäume, die – es ist Februar – ihre Blätter den Winter über abgeworfen haben. Ich sehe einen immergrünen Baum, der im vergangenen Jahr einging, weil er an einem ungünstigen Platz steht, wo er zu wenig Feuchtigkeit abbekam. Die Gegend ist ziemlich hügelig. Es gibt einen Morgen Land, den wir, wenn wir wollen, als Gartenland benutzen können. Toni setzte vergangenes Jahr zwanzig Avocados. Wir hoffen, dass wir innerhalb der nächsten drei Jahre Avocados ernten können. Wir besitzen insgesamt zweieinhalb Morgen Land, und haben Haus sowie Grund und Boden für unsere Zecke teilweise umgemodelt. Auf der Hügelseite oberhalb des Hauses installierten wir einen Wassertank, um im Haus einen besseren Wasserdruck zu erzielen. Wir richteten einen heizbaren Swimmingpool ein – mit mehreren Jacuzzi-Düsen sowie ein paar Luftdüsen am Boden. Es gibt ein paar wunderschöne Rote Zedern, in denen ein Schwarm Wachteln residiert. Sie kehren jede Nacht zurück, um in diesen Bäumen zu schlafen.

Das Haus und die Veranda umfassen ungefähr eine Fläche von fünfzehn mal zwanzig Metern. Es hat eine sehr grosse rückwärtige Veranda und eine kleine Vorderveranda. Es hat fünf Schlafzimmer, von denen wir zwei in Büroräume umwandelten; zwei Badezimmer sowie eine Küche, die gleich neben einem ausgedehnten Wohnzimmer liegt. Darin haben wir ein quadrophonisches Hifi-System installiert. Die beiden Veranden, die Küche sowie ein Teil des Wohnzimmers sind mit Fliesen ausgelegt, die übrigen Räume mit Spannteppichen. Toni liess neue Vorhänge anbringen und die Wände mit einer speziellen Holzart verkleiden, deren Maserung in einem 45°-Winkel zur Horizontalen verläuft.

Es ist Johns Eindruck, und der der meisten unserer Gäste, dass es eine zum Arbeiten und Wohnen warme und angenehme Atmosphäre ist. Dem Haus benachbart, aber nicht mit ihm verbunden, steht ein kleines Gebäude, welches früher ein Waschhaus war und nun für die Arbeit mit dem Isolationstank bestimmt ist. In diesem Gebäude stellten wir zwei Isolationstanks auf: einen grossen aus weissem Fiberglas, in einem Anflug von Sentimentalität «Der weisse Wal» getauft; der andere besteht aus Holz und ist mit Vinyl ausgekleidet. Dieses Gebäude versetzte uns in die Lage, die Isolationstank-Entwicklung weiter voranzutreiben als je zuvor.

Es gibt ausreichend Land, damit wir ein weiteres kleines Haus, oder mehr Arbeitsraum schaffen können, sofern wir das benötigen.

In den einundzwanzig Monaten, die wir jetzt hier gewohnt haben, etwa fünfzig Meilen vom Stadtzentrum von Los Angeles entfernt und in einem ziemlich entlegenen gebirgigen Gebiet, hat es mich immer wieder überrascht, wie viele Leute uns finden und sich in unserer Gesellschaft wohlfühlen.

Ursprünglich kauften wir das Haus, um Workshops abzuhalten, was wir das erste Jahr hindurch auch taten. Workshops hielten wir hier ab, in Esalen und in verschiedenen anderen Wachstumszentren über die Vereinigten Staaten verstreut.

Die ersten Workshops, die wir abhielten, waren für alle bestimmt, die sich anmeldeten. Dies führte zu manchen komischen Situationen, wenn etwa Leute ankamen, die keinerlei Ahnung hatten, wer wir waren oder welche Art von Workshops wir beabsichtigten. Ein Pärchen etwa tauchte auf, ausstaffiert als wären sie gerade frisch in irgendwelche Encounter-Gruppen initiiert worden. Sie trugen nagelneue Klamotten, als wären sie in Kopien der «Als-ob-jung»-Uniform (Blue Jeans und besondere Mützen) gesteckt worden. Dieses Paar zeigte sehr geringe Duldsamkeit gegenüber verschiedenen Übungen, die wir den Leuten in unseren Workshops auferlegten. Wir setzten sie beispielsweise dem wiederholten Wort «cogitate» (denke nach) aus, verschiedenartigen Lärmgeräuschen, um sie auf unerwar-

John im Decker Canyon, 198
Photo Giorgia Tanner.

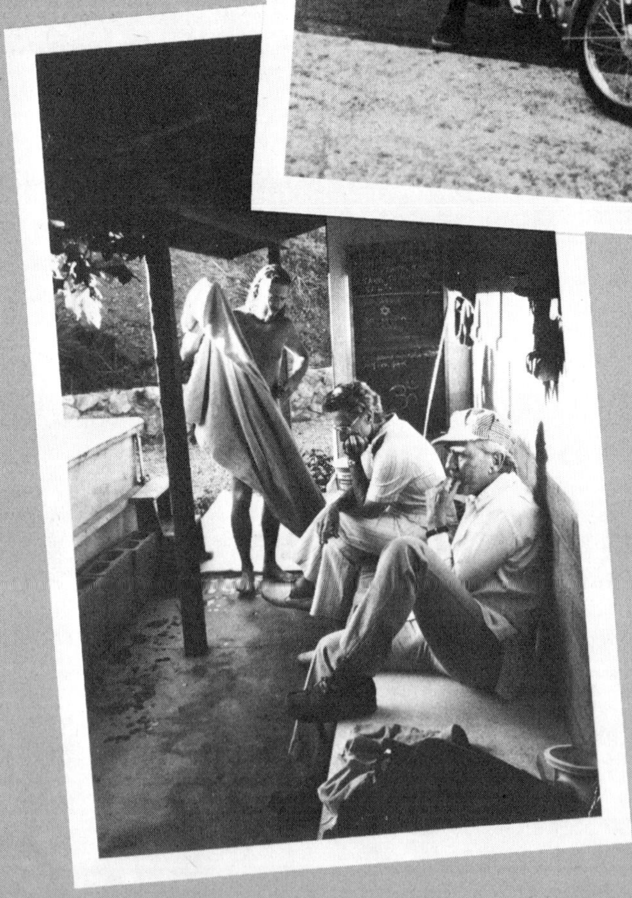

Jeff Bridges, John und Burgess Meredith, Decker Canyon, 1978.
Photo John Bryson.

John und Toni bei einem Meeting in Malibu, 1980.

Ram Dass und John, 1976.

tete Programme zu trainieren und um ihre eigene Abneigung in Neugier auf das, was sich tatsächlich abspielte, neu zu programmieren. Der männliche Partner dieses Paares fand es unmöglich, die Tonlagen oder die Tonmuster, die den Gruppenteilnehmern vorgesetzt wurden, zu tolerieren.

Aufgrund solcher und ähnlicher Erfahrungen beschlossen wir dann, unsere Workshops auf solche Leute zu beschränken, die gemeinsam mit uns Workshops in Esalen oder anderen Wachstumszentren mitgemacht hatten sowie auf Promovierte und ähnlich gebildete Einzelpersonen. Irgendwie haben wir keine Freude mehr daran, «Anfängern» in diesen Bereichen elementare Dinge zu lehren, so gern wir das vor einigen Jahren noch taten.

In all unseren Workshops präsentieren wir die Resultate unserer Arbeit im Tank und setzen dieses auch selbst ein. Einmal führten wir einen Workshop am Esalen-Institut durch und Glen Perrys Hilfe ermöglichte es uns, eine ganze Woche lang zwei Tanks zu benutzen.

Seitdem wir die Tanks zu Hause haben, haben wir einen ganzen Katalog an Tankerfahrungen zusammentragen können. Wir bitten jede Person, die den Tank eine Stunde oder länger benutzt, ihre Erfahrung gleich im Anschluss daran aufzuschreiben. Inzwischen liegen uns etwa zweihundert solcher Berichte vor, die wir unserem Anleitungsbuch für die Arbeit im Tank *(The Deep Self)* einverleibten. Im Gegensatz zu den Berichten über Niederschriften sogenannten «Entzugs der Sinnesreize» (der bei uns nicht zu Anwendung kam), gab es bei uns sehr wenige negative Erfahrungen.

> ... Das Interesse des Autors gilt mehr der unbeeinträchtigten Denkmaschine als solcher. Während solcher Zeiten, wenn Sie von den Zwängen des Ineinanderverzahnens mit anderen (Bio-)Computern und/oder mit einer äusseren Realität nicht behindert ist, kann man ihre Nicht-Verzahnungsstruktur untersuchen. Ein vorgegebener Geist, von sich selbst in Reinkultur gesehen, in gründlicher physischer Isolation und Abgeschiedenheit, bildet das Ausgangsmaterial unserer Untersuchung ...
>
> Folglich gilt unser Hauptinteresse jenen metatheoretischen Positionen, welche vernunftsbezogenen Erklärungen und vernunftbezogenen Denkprozessmodellen so offen wie möglich bleiben – den Ursprüngen von Anschauungsweisen, den Ursprüngen des Selbst, die Organisation des Selbst hinsichtlich des übrigen Geistes und die Arten zulässiger Transformationen des Selbst, die umkehrbar sind, flexibel, und die neue und wirksamere Denkweisen ermöglichen.

Anders gesagt sind wir daran interessiert, mit Hilfe des Tanks und mit Hilfe unseres eigenen Programmierens anderer eine Ausgangssituation zu schaffen, in der *dem Individuum im Tank offensteht, seine ureigene Sache zu tun.* Es kommt häufig vor, dass wir von Leuten, die den Tank benutzen wollen, gefragt werden: «Worüber sollte ich nachdenken, oder was sollte ich im Tank tun?» In solchen Fällen lautet meine spontane Antwort: «Mein Prä-Programm für Sie besteht darin, mich nicht zu fragen, Sie zu präprogrammieren.»

Manch einer kommt mit der Erwartung bei uns an, dass wir ihm ein Prä-Programm vorlegen. Andere kommen mit eigenen Erwartungen bezüglich dessen, was sich im Tank abspielen wird. Eine amüsante Begebenheit trug sich kürzlich zu, als ein ausnehmend geschäftiger, energiegeladener Mann zu uns kam, und die wenige Zeit, die er hatte, ganz im Tank verbringen wollte. Also nahm er voller Hast eine Dusche und kletterte in den Tank, brachte eine Stunde darinnen zu, kam heraus und hastete ein zweites Mal unter die Dusche, um die Rückstände der Epsomer Salzlösung abzuspülen. Als er im Begriff war, das Haus zu verlassen, sagte ich: «Haben Sie irgend etwas mitzuteilen über das, was sich im Tank abspielte?» Sich ereifernd sagte er rasch, «nichts spielte sich ab.»

Wir haben mehrere solcher Fälle erlebt, von denen wir einige befragen konnten. Im allgemeinen sieht es so aus, dass diese Leute mit gewissen Erwartungen zu uns kommen: Irgendwelche Dinge werden sich im Tank ereignen; ungeahnte Trips; Halluzinationen; neue und einzigartige Erfahrungen.

Mancheiner kommt an und ist bereit, prä-programmiert von dem, was ich über meine eigenen Erfahrungen im Tank beobachtend aufgeschrieben habe. Wenn einer sagt, «nichts spielte sich ab», bedeutet das, dass sich seine eigenen Erwartungen nicht erfüllen liessen.

Zumeist weisen wir die Leute darauf hin, nicht zu hohe Erwartungen an ihre erste Tankerfahrung zu knüpfen. Es geschieht selten, dass sie in einer ersten Sitzung das erreichen, was sie später unter Umständen erreichen werden.

Richard P. Feynman, 1965 Nobelpreisträger für seine Arbeit auf dem Gebiet der Quanten-Elektrodynamik, setzte sich über einen Zeitraum von zwölf Wochen einer dreiunddreissigstündigen intensiven Tankarbeit aus. Erst nach fünf Stunden war er soweit, das zu tun, was er wollte, wie etwa das Zentrum seines Bewusstseins aus dem Körper herauszubewegen, während er sich im Tank befand.

Toni machte eine Erfahrung im Tank, die sie im anschliessenden Kapitel wiedergeben wird – als eine Illustration dessen, was sich auf unerwartete Weise abspielen kann, wenn man sich über viele Stunden hinweg der Arbeit im Tank gewidmet hat.

11
Tonis innere/äussere Entwicklung führt zu einer Tankerfahrung

Die Isolationstanks waren erst seit wenigen Monaten in Decker Canyon installiert worden, als ich diese Reise unternahm.

An jenem Tag auf dem Weg zum Tankgebäude war ich in Gedanken mit einem neuen Unternehmen beschäftigt, welches ich gründen und dessen Präsidentin ich werden wollte. Ich war mir nicht sicher, ob ich eine solche Rolle überhaupt spielen wollte; ich kannte die Denkmuster ernsthafter Verantwortungsübernahme hinsichtlich eines Projektes solcher Natur. Meine Lebensmitte scheint weniger präzise festgelegten Verbindungen wesentlich anpassungsfähiger. Präsidentin eines Unternehmens zu sein, schien mir eine etwas zu präzise Rolle zu beinhalten, als ich sie spielen wollte. Ich gebe einer gewissen Sentimentalität und Freiheit den grösseren Vorzug, die ich zu erhalten vermeine, Grenzen neu zu definieren, die andernfalls zu eindeutig die Bewegungsfreiheit einschränken könnten.

Meine Erziehung war entlang diesen eher lockeren Mustern erfolgt und setzt sich auch heute so fort. Formelle Schulungen führten zu informellen kreativen Beziehungen auf neuen Gebieten. Mein Jungmädchen-Interesse an Kunst führte mich beispielsweise zu formeller Erfahrung als Studentin. Ich studierte etwa ein Jahr lang am Art Centre in Los Angeles; dann entschloss ich mich, meine Studien bei einem Zeichenlehrer namens Jeppson, den ich sehr bewunderte, am Chouinard Institute fortzusetzen. Von dort aus ging ich, wiederum für ein paar Jahre, ans Otis Art Institute. Nach einer Ausstellung meiner Zeichnungen fragte ich mich, «Was jetzt, grössere und bessere Ausstellungen?» Die Kunstszene bereitete mir viel Spass: sie führte zur Entdeckung meiner inneren Realitäten. Je mehr ich meine inneren Realitäten beobachtete, je mehr ich über sie lernte, desto verlockender schien mir die Brücke zwischen Kunst und dem, was man als «Therapie» bezeichnete. Das war die Religion, von jenen Kreisen akzeptiert, die mich in diesen Jahren beeinflussten. 1961 begann ich meine eigene Therapie mit dem Psychoanalytiker Dr. Carroll Carlson. Zu jener Zeit erlaubte das National Institute of Mental Health ihm (und einigen anderen Psychiatern) im Zuge praktischer klinischer Forschungsarbeit LSD-25 zu benutzen.

Nach etwa einjähriger psychoanalytischer Arbeit schlug Dr. Carlson vor, mich durch eine therapeutische Sitzung mit LSD-25 zu geleiten. Ich will nicht noch eine weitere «erste» LSD-Erfahrung beschreiben, bis auf den Hinweis, dass meine Erfahrung *auf klassische Weise universal* war. Im Verlauf dieser Sitzung und in der anschliessenden Therapie wurde mir klar, dass ich dieses Gebiet so gründlich sondiert hatte wie geplant und hörte mit der Therapie auf.

Ich beschloss meinen künstlerischen Aktivitäten in einer neuen Form Ausdruck zu verleihen: Sie wurden zu einem Werkzeug, einem Mittel umgewandelt, um anderen Leuten zu helfen, ausgedehntere Gefühlsbereiche zu erfahren, und so wurde ich Co-Therapeutin bei Dr. Carlson. Diese Erfahrung verschaffte mir einen neuen Spielraum hinsichtlich der Lebens-, Denk-, emotionalen Spielmuster sowie den Zeitbegriffen anderer Menschen. Die Gruppenarbeit, die Arbeit mit Einzelpersonen in den zahlreichen Gruppen, die Dr. Carlson betreute, faszinierte mich. Es war eine aufregende Zeit: Er war bereit, mit all den neuen Techniken zu experimentieren – von denen es zu jener Zeit so viele gab: Psychodrama, Encounter, Gestalttherapie usw.

Wir begannen, das Esalen-Institut in Big Sur zu besuchen, um einige dieser neuen Therapiemethoden näher ins Auge zu fassen. Meine Kreativität fand in Therapien, die neue Dimensionen in neuen Bereichen eröffnete, reichlich Ausdruck. Meine «Schauspielerin», «Regisseurin» und «Bühnenbildnerin» tauchten als neu empfundene Rollen aus meinem tieferen Selbst heraus auf. Meine Erfahrungen als Therapeutin setzten sich aus intensivem Lernen und intensivem Lehren zusammen.

Diese mehr oder weniger formellen Erfahrungen führten zu weiteren informellen Erfahrungen. Ich kam in Kontakt mit einer ausserordentlich kreativen Gruppe junger Leute in Los Angeles (der meine Tochter Nina angehörte), welche sich «Company Theatre» nannte. Ich batikte, malte, entwarf und nähte Kostüme für sie und verschiedene andere interessierte Leute. Mein Haus war zu einem aufstrebenden «Dorf» für junge und kreative Leute gworden.

Ungefähr um diese Zeit trat John in mein Leben. Wir begannen Workshops mit Gruppen. Die neue Richtung der Aktivitäten mit John wurde zu einer natürlichen Fortsetzung des vorherigen Flusses Trainieren/Lernen, des vorangegangenen Lebensstils. Unser neues Heim wurde zu einem neuen Zentrum meiner inneren/äusseren Realitäten.

Kehren wir zurück zum Gang zum Tankgebäude, zu den Vorbereitungen, mich wieder einmal in diesen Wasserkasten in Stille und Dunkelheit zu begeben. Ich weise darauf hin, dass der Weg vom Haus zum Tankgebäude für mich nicht unbedingt ein kurzer Spaziergang war. Meine gesamten früheren Erfahrungen (vorhergehende LSD-Experimente eingeschlossen) waren mir dynamisch/dramatisch gegenwärtig und riefen Gefühle in mir hervor, die ich während jener Erfahrungen kennengelernt hatte. Hinzu kam eine Erkältung, die sich an diesem Tag bemerkbar machte; ich fragte mich, ob es klug sei, in den Tank zu gehen.

Während ich duschte, gingen mir alle oben aufgeführten Hintergrundgedanken durch den Kopf. Ich stellte die Dusche ab, zog meinen Morgenmantel über und ging zum Tankgebäude. Ich öffnete die Tür, besah mir den dunkelgrünen Tank und legte den Morgenmantel ab. Ich öffnete die Einstiegsluke, kletterte hinein und schloss sie hinter mir. Ich legte mich hin und trieb auf dem Wasser.

Das mich tragende Wasser umschloss und streichelte mich.

Die laute Stille näherte sich.

Die in totaler Dunkelheit tanzenden weissen Lichter spielten auf meinem inneren, dreidimensionalen Kontrollschirm. Ich sah meine Gedanken vorüberziehen. Ah – diesmal kam ein neuer Fremder auf mich zu.

Ein Freund? Ein Feind? . . .

Und dann, PENG! Panik. Ich zitterte vor Schreck.

Meine verstopfte Nase stiess mich mit einer unglaublichen Geschwindigkeit in klaustrophobische Panik: Ich bekam keine Luft; ich spürte, ich musste ersticken; hatte das plötzliche Gefühl, ich müsse sterben.

Die inneren Ereignisse folgten einander zu rasch. Bevor ich mich versah, war ich bereits mitten in meine grundlegenden Überlebensprogramme gedrängt worden.

Ich sollte hinzufügen, dass mein Selbst-Metaprogrammierer sich mit den behutsam programmierten Systemen abzappelte, hoffnungslos identifiziert, mir das Leben zu retten: Sie alle schalteten auf eine einstimmige demokratische Entscheidung: *«Nichts wie RAUS!»*

Ich rappelte mich im seichten Wasser aus einer treibenden in eine hockende Position auf. Ich streckte meinen Körper, Hände und Schädel prallten gegen die Luke; diese öffnete sich so rasch, dass die Scharniere brachen. Ein heftiges Krachen hallte im stillen, dunklen Tankraum wider.

Mein Herz schlug wie ein Presslufthammer. Ein, zwei Ewigkeiten stand ich da und versuchte, mir einen Reim auf das zu machen, was sich abgespielt hatte. («Bin ich wirklich so beschränkt, nicht darauf zu kommen, dass ich Atmen und Atem durch den Mund bewerkstelligen kann?»)

Lassen sie mich versuchen etwas zu beschreiben, was ich *Panicsville Instant*-Klaustrophobie nenne, eine bodenlose Schreckenssituation. Zuerst gab es eine schwache Erinnerung an ein Kindheitserlebnis mit einem Äther-Anästhetikum: das Trauma der Äthermaske über meinem Gesicht; jemand, der mich auf den Operationstisch niederdrückte. Totaler Zwang aus unbekannten Gründen; für einen jungen Menschen wahrhaft schrecklich.

Wie ich jetzt allein dastand, wurde mir klar, dass das Äthererlebnis sich wie ein Klotz irgendwo tief in meine Erinnerung gesenkt hatte. Diesem Block wurde beharrlich Überlebensenergie zugeführt, die meinem bewussten Selbst-Metaprogrammierer, wie John es sagen würde, nicht zur Verfügung stand. Diese Einsicht stellte sich innerhalb einer einzigen Sekunde ein, unterteilt in Einzelbildsequenzen von Ewigkeiten, jede Bruchteile von Sekunden lang.

Mein Geburtserlebnis kehrte lebhaft zurück: der pressende Durchgang, Ersticken, der erste keuchende Atemzug

Auch wurde eine tiefergehende Erfahrung aus der LSD-25-Sitzung heraufbeschworen: Ich war ein uranfänglicher, biologischer, im Schlamm eingebetteter Organismus. Ich wusste, dass ich mich durch diesen uranfänglichen Morast bewegt hatte. Schleunigst passierte ich die Stufen von Wurm zu Amphibie zu Reptil. Endlich entwickelte ich Schuppen, um mich an die Luft schieben zu können und an der Sonne zu trocknen. Der erste bewusste Atemzug auf dem Land strich durch meine neue Form.

All diese vergangenen inneren Realitäten zogen in wenigen Sekunden an mir vorbei; «Zeit ist wirklich absurd» dachte ich, indem das Wasser von mir tropfte und ich fröstelnd im Tankraum stand.

Der Schrecken liess nach. Ich wurde ruhig.

Ich war von diesen Entdeckungen in meiner inneren Realität derart gefesselt, dass ich in den Tank zurückging. Diesmal würde ich nötigenfalls durch den Mund atmen.

Wieder das vertraute Muster des Treibens, der Dunkelheit, der Stille. Diesmal näherte sich «der Fremde» aus einer anderen Richtung. Ich brachte es fertig, eine geistige Tai-Chi-Bewegung zu vollführen und ihn vorbeizulassen. Meine neue Perspektive und der Rückblick befähigten mich, den Fremden als Freund zu sehen: Ich konnte ihn/sie begrüssen und gestatten, dass er/sie ohne mein vorheriges Gefühl von Panik oder Angst des Weges zog.

Meine Tankerfahrung an diesem Tag war anregend. Sie führt mir die Grenzen des Wortes erneut vor Augen: direkte, in Worte gekleidete Erfahrung ist am Ende nichts anderes als ein Simulieren dieser Erfahrung.

John:

Es liegen uns sehr wenige Erfahrungsberichte dieser Art vor. Unsere Versuchspersonen befinden sich nicht in Therapie, haben selbst entschieden, handeln unter keinerlei Zwang. Unter anderen, unter Zwangsumständen mögen sich ähnliche Episoden wieder ereignen.

12
Seins- und Bewusstseinszustände im «Koma» – Das Quantum des Bewusstseins

In unserer Dyade hat es neben der im folgenden beschriebenen ein paar weitere dramatische Episoden gegeben. Diese Episode nahm ihren Anfang mit dem Kauf eines Fahrrads, eines japanischen Zehn-Gang-Rennmodells, das achtzig Dollar kostete. Ich fuhr nach Ventura – etwa zwanzig Meilen von uns entfernt –, kaufte das Fahrrad, befestigte es auf dem Dach unseres VW-Campers und kehrte nach Decker Canyon zurück.

Einige Tage zuvor hatten wir einen abschliessbaren Tankverschluss an unserem VW angebracht. Toni war mit dem Wagen in den Canyon hinabgefahren. In Trancas hatte sie zu tanken versucht, der Tankverschluss war abgeschlossen und es war ihr eingefallen, dass ich ihr den Schlüssel nicht mitgegeben hatte. Auf ihren Anruf hin beschloss ich, hinabzufahren und ihr den Schlüssel zu bringen.

Ich schwang mich also aufs Fahrrad, blickte freudig erregt auf meine Füsse und sagte zu mir selbst soviel wie «Dies ist das erste Mal, dass ich mit solcher Freude auf einem Fahrrad sitze, seit ich ein kleiner Junge war und zum ersten Mal Fahrradfahren lernte.» Ich fuhr unsere Einfahrt hinab und den Decker School Road mit seinen vielen Kurven und einem leichten Gefälle entlang und traf Toni an ungefähr der dritten von unserem Haus aus gerechneten Wegbiegung. Ich gab ihr den Schlüssel, sie wendete und fuhr den Decker Canyon hinunter. Ich fuhr hinterher.

Dies war ein Fehler. Man hatte das Fahrrad nicht getestet. Tags zuvor war es im Laden in Ventura zusammengesetzt worden, und es stellte sich jetzt heraus, dass es nicht voll funktionsfähig war. Es lag in meiner Verantwortung, eine Überprüfung vorzunehmen, aber diesmal hatte ich das versäumt.

Als ich der Decker School Road folgte, fuhr ich an einem blauen Lieferwagen vorbei, der aus einer Seitenstrasse kam. An der Decker Canyon Road hielt ich an, da ich mich der Hauptstrasse näherte, blickte mich nach beiden Seiten um und fuhr weiter. Ich durchfuhr die ersten zwei Kurven auf dieser ziemlich abschüssigen Strecke, und in der dritten Kurve ging das Fahrrad unter mir weg, und ich stürzte auf die Strasse.

Von diesem Augenblick an verlor und gewann ich das Bewusstsein abwechselnd wieder – fünf Tage und Nächte lang – und litt, was das äussere Geschehen dieser Episode anbelangte, unter sogenannter «rückläufiger Amnesie».

Das erste Mal, als ich das Bewusstsein wiedererlangte, sass ich am Strassenrand, und links neben mir stand jemand und redete auf mich ein. Ich kämpfte mich ins Bewusstsein zurück und sagte: «Ich bin schwer verletzt. Ich brauche einen Arzt.» Er sagte, «Was fehlt Ihnen denn?» Ich sagte, «Ich habe das rechte Auge verloren, und mein Gehirn fliesst mir oben, rechts über dem Auge, aus dem Kopf.» Er sagte, «Unsinn, Sie haben einen Schnitt über dem rechten Auge, und das Blut läuft Ihnen übers Auge. Nehmen Sie die Hand weg, und Sie werden sehen.»

Ich nahm die Hand herunter und sah, dass er recht hatte. Ich hatte Blut an der Hand und auf meinen Kleidern. Mein Overall war zerrissen, und mir wurde mit einem Mal klar, dass ich schwer verletzt war. Er sagte, «Steigen Sie in meinen Lieferwagen ein, und ich werde Sie nach Hause fahren.»

Meine medizinischen Kenntnisse meldeten sich – bewege dich nicht, bis du den Schaden abgeschätzt hast. Möglicherweise durchtrennst du dein Rückenmark oder irgend etwas anderes ebenso Drastisches; halte dich absolut ruhig, bis du weisst, was sich im Körper abspielt – noch immer im Schock, also noch ohne Schmerzen. Dem Mann zu meiner Linken sagte ich, «Meine rechte Schulter ist schwer verletzt; ich bringe es nicht fertig, in Ihren Wagen zu steigen. Bitte zwingen Sie mich nicht; ich muss die Schäden feststellen, ich bin Arzt.» Damit stieg der Mann in seinen Lieferwagen und fuhr davon.

Sofort fiel ich in ein anderes Universum und liess meinen Körper am Strassenrand hocken.

Ich befand mich in einem Universum, in dem auf einem bestimmten Planeten der totale Atomkrieg ausgebrochen war. Ein paar Lehrer waren zugegen, die mir zeigten, was geschah, und mich davor behüteten, dass mir der Krieg etwas anhaben könnte.

Der Krieg war irgendwie so ausgebrochen, dass niemand wusste, was ihn ausgelöst hatte. Es gab Computer auf dem Planeten, die den Kriegsverlauf überwachten. Die Menschen waren aus dem Schaltsystem ausgesperrt worden, und die Wasserstoffsprengköpfe von den Planeten umkreisenden Raumstationen belegten die ganze «Erde» mit Wasserstoffbomben. Ich sah einen Blitz und hörte einen Donner in einiger Entfernung. Irgendwie hatten die Lehrer mir eine Brille verpasst, damit mein Augenlicht vom Detonationsblitz nicht ausgelöscht wurde. Ich spürte die Erschütterung und sah den Explosionssturm Bäume und die übrige Vegetation um mich herum hinwegfegen. Ich lugte zu diesem Zeitpunkt aus einer Höhle heraus und wurde von den Lehrern irgendwie vor Schaden bewahrt.

Im nächsten Augenblick war ich plötzlich wieder auf der Strasse. Der Mann war zurückgekehrt und sagte, «Ich fuhr zu der Adresse, die Sie mir gaben, und sah, dass Sie die Arztrechnung zahlen können. Der Grund, weshalb ich Sie nicht ins Krankenhaus brachte, war der, dass ich nicht wusste, ob Sie das zahlen konnten; als ich aber das Haus sah, war ich überzeugt, dass Sie zahlen können.»

Genau dann kam jemand offensichtlich sehr aufgeregt in einem weissen VW-Käfer angefahren. Dieser Jemand fragte, «Haben Sie ihn überfahren?» Der Mann antwortete, «Nein, er ist vom Fahrrad gestürzt. Ich habe das Fahrrad in meinen Lieferwagen geladen.»

Diese Person fuhr dann weg, und jemand anders kam mit einem blauen Käfer an. Sie war sehr aufgeregt und durcheinander und fragte den Mann, ob er den Unfall gesehen hätte. Sie hatte mich blutüberströmt am Strassenrand sitzen sehen. Sie war ins Tal gefahren und hatte über ein Feuermeldetelefon den Sheriff benachrichtigt.

Mit einem Mal vernahm ich den Lärm eines Feuerwehrwagens, der den Berg hinab kam, und ein Sheriffwagen kam ihn hinauf. Dann stellte sich der Rettungsdienst ein. (Diese Einzelheiten der äusseren Ereignisse wurden zwei Wochen später vom Zeugen des Unglücks, dem Fahrer des blauen Lieferwagens, ausgesagt.)

An diesem Punkt ging ich in meinem Bewusstsein sozusagen ein und aus. Ich realisierte, dass Schritte zu meiner Rettung unternommen wurden und dass man sich um mich kümmern würde, also ging «ich» wieder.

Das Durcheinander von Autos und Feuerwehr drang sehr kurz in mein Bewusstsein.

Später stellte sich heraus, dass die einzige Peson, die mich erkannte, der Fahrer des Feuerwehrautos war. Einige Wochen zuvor hatten Toni und ich uns zur Feuerwache begeben, um uns ins Wahlverzeichnis eintragen zu lassen; dieser Mann war uns dabei behilflich gewesen.

Meine eigene innere Wahrnehmung dieser äusseren Realität war reichlich angeschlagen, und es gelang mir nur mit äusserster Anstrengung und, später, mit Hilfe des Mannes im Lieferwagen, das, was sich ereignet hatte, zu rekonstruieren. Mein im Koma befindlicher Körper wurde dann ins Spital von Santa Monica gebracht.

Zwischendurch erhaschte ich lediglich einen flüchtigen Blick auf zwei Männer in kurzärmeligen blauen Uniformen, offenbar der Rettungsdienst, die mich in die Ambulanz schoben. Dann verlor ich erneut das Bewusstsein, fiel in ein – wie wir es heute nennen – «äusseres Koma»; innerlich war ich jedoch bei Bewusstsein.

Ich wurde auf einen weiteren, von einer Katastrophe betroffenen Planeten katapultiert. Diesmal befand ich mich in einer anderen Höhle mit den Lehrern, und obwohl hier kein Atomkrieg wütete, fand ein Aufheizen der Atmosphäre statt. Ein vor Hitze glühendes Gas umgab den Planeten; auf der Nachtseite war es, als herrsche vollständiges Tageslicht, das Gas war so hell. Dieser Effekt währte einen Tag lang. Dann löste das Gas sich auf und verschwand. Der Planet rotierte weiterhin unter seiner Sonne und hinterliess auf seiner Oberfläche ein komplettes Blutbad. Mit wenigen Ausnahmen wurde fast jegliches Leben – Pflanzen und Tiere, Bakterien, Viren von diesem heissglühenden Gas zerstört. Die Ausnahmen waren entweder tief im Meer, weit genug von der Oberfläche entfernt, um nicht verbrannt zu werden, oder in Höhlen oder Erdlöchern. Während der Invasion des Gases blieben sie dort. Die wenigen überlebenden Menschen befanden sich in Höhlen oder tief unten in U-Bahnschächten und blieben dort. Manch einer überlebte auch in tiefen Kellern oder Schächten, der Grossteil der Bevölkerung des Planeten wurde jedoch ausgelöscht.

Die Lehrer berichteten dann, dass sich so etwas nicht nur in der Geschichte der Erde, wie ich sie kannte, ereignet hatte, sondern Bestand-

teil der überlieferten Geschichte vieler tausend Planeten des Milchstrassensystems sei. Sie erklärten, dass das, was sich in unserem Fall ereignet hatte, ein nicht länger sichtbarer Stern war – kein uns aus der Astronomie bekannter Stern –, der explodiert und zu einer Supernova geworden war. Das leuchtende Glühen war das Gas jener Supernova, durch das unser Planetensystem hindurchgezogen war. Weiterhin erklärten sie, dass dies der Mechanismus war, welcher die gigantischen Reptilien aus einer kaum noch erkennbaren Vergangenheit, noch vor Beginn der Menschheitsgeschichte, von unserem Planeten hinweggefegt hatte.

Während dieses Zeitabschnitts wusste ich von keiner erdgebundenen und äusseren Realität (für den Körper), bis ich im Spital «erwachte».

Sogleich nach meiner Einlieferung hatten die Chirurgen eine Schadensaufnahme durchgeführt und festgestellt, dass ich eine kollabierte rechte Lunge hatte, die wieder aufgebläht werden musste. In der Folge erfuhr ich, dass ich fünf Rippen auf der rechten Seite gebrochen hatte, rechts waren Schlüsselbein und Schulterblatt entzwei, und dass ich eine Gehirnerschütterung erlitt, nachdem ich einen Schlag gegen die rechte Kopfhälfte abbekommen hatte. Die Spitze meines linken Ellenbogens war zerschmettert.

Mit grosser Anstrengung gelang es mir in den Wochen darauf, mich auf den Sturz vom Fahrrad zu besinnen. Alles hatte sich derart rasch vollzogen, dass es schwierig war, das zurückzuholen, was in meinem Gehirn gespeichert war.

In meinem eigenen Kopf inszenierte ich den Sturz noch einmal und verwandte eine ganze Stunde darauf, den Sturz «als ob wahr» passieren zu lassen. Ich wusste, dass irgend etwas mit dem Fahrrad geschehen war.

Meine Reflexe hatten völlig entgegengesetzt funktioniert, wie sie hätten funktionieren sollen. Dies war ein Rennrad mit Handbremsen, und ich hatte den Rücktritt probiert, wie sie die Art Fahrrad besass, auf dem ich als kleiner Junge das Fahren gelernt hatte. Dadurch hatte mein linker Fuss das Strassenpflaster berührt und das Fahrrad unter mir weggeschleudert. Als ich zu stürzen begann, realisierte ich, dass ich das Fahrrad aus dem Wege schaffen musste oder mich schwer verletzen würde. Ich trat es unter mir weg und schlug dann auf der Strasse auf, wobei ich irgendwie zu verhindern suchte, mit dem Kopf zuerst aufzuschlagen.

Das hiess, dass ich eine Rolle nach althergebrachter Jiujitsu-Tradition, wie ich es am Cal Tech gelernt, versucht hatte. Während ich zur Rolle ansetzte, schlug ich mit der rechten Körperhälfte auf, brach Rippen, Schlüsselbein und Schulterblatt auf der rechten Seite und hielt meine Hand hoch, um sie vor Schaden zu bewahren. Mein linker Ellenbogen prallte im Rollen aufs Pflaster. Schmerzen gab es keine, lediglich das Gefühl totalen Unglücks.

Die inneren, von Katastrophen geprägten Planeten-Episoden waren für mich völlig real. Als ich im Spital das Körperbewusstsein wiedererlangte, war ich versucht, aufs Missionarspodium zu steigen, um die Welt zu warnen, dass die totale Katastrophe jeden Augenblick einsetzen konnte. Wir sollten Höhlen aufsuchen, wie die Lehrer es mich gelehrt hatten. Wir alle sollten . . . Brillen tragen. Wir müssen auf Nummer Sicher gehen, dass wir ohne diese schützenden Elemente draussen nicht überrascht werden. Ich war mir nicht sicher, welche Katastrophe zuerst einsetzen würde, die mit der glühendheissen Gaswolke oder der totale Atomkrieg.

Während ich im Krankenhaus lag und in diesen merkwürdigen Universen ein- und ausging, vergegenwärtigte ich mir, dass ich die Rolle des Missionars nicht spielen sollte. Würde ich es tun, würde man mich in der Annahme, ich sei psychotisch, einsperren. Also erzählte ich niemandem, was innerlich in mir vorging.

Inzwischen hatte man Toni benachrichtigt, und sie kam im Krankenhaus an, als ich noch im Koma lag. Sie nahm Kontakt zu Burgess-Meredith auf, der uns stets ein sehr ergebener Freund war. Am Abend nach dem Eingriff zum Wiederaufblähen meiner Lunge fuhren sie zu ihm nach Hause und führten ein Gespräch, welches Burgess auf Band aufnahm und mir später vorspielte.

Dies war ein sehr dramatischer und herzzerreissender Augenblick in Tonis Leben, und Burgess wusste das richtig einzuschätzen. Beiden war bewusst, dass ich unter Umständen für immer gehen würde.

Diese Episode zeigte mir, dass der Schaden an meinem Gefährt so beschaffen war, dass ich bestimmte Aspekte meines eigenen Wissens und meiner eigenen speziellen Katastrophe, meiner eigenen Situation auf das Universum projizierte. Der jähe Sturz, die rasche Erschütterung führten zu äusserst raschen Übergängen in andere Universen.

Im Krankenhaus hatte ich keine Ahnung, dass ich eine Lungenoperation hinter mir hatte. Wegen der medikamentösen Behandlung, die mir zuteil wurde, hatte ich keinerlei Ahnung, was um mich herum vor sich ging. Als ich fünf Tage nach meinem Unfall schliesslich herausfand, dass man mir Tranquilizer und schmerzlindernde Mittel verabreichte, weigerte ich mich, mehr davon einzunehmen; mein Körperbewusstsein war durch die Medikamente zu sehr beeinträchtigt worden.

Als ich entdeckte, was ich da einnahm, nahm ich die Pillen, ohne sie zu schlucken. Nachdem die Schwester das Zimmer verliess, stopfte ich sie unter die Matratze. So weigerte ich mich, weiterhin Medikamente einzunehmen. Sprachlich konnte ich mich nicht ausreichend verständlich machen. Das Gefährt war durch medikamentöse Übersättigung derart in Mitleidenschaft gezogen, dass ich nicht sprechen konnte; aber handeln konnte ich.

Die Schwester entdeckte dies beim nächsten Bettenmachen und rief sogleich den Arzt. Sie fragte mich, ob ich die medikamentöse Behandlung verweigerte, und ich antwortete mit ja. Bis der Arzt eintraf, hatte ich den medikamentösen Effekt so weit hinter mir, dass ich ihm zu sagen vermochte, ich wolle weiter nichts einnehmen,und er war einverstanden. Er setzte jedoch hinzu – «Verschiedene Gewebe sind so sehr in Mitleidenschaft gezogen, und ich hätte es gern, würden Sie weiterhin Antibiotika nehmen.» Dem stimmte ich zu, um aber sicherzugehen, dass es sich um Antibiotika handelte und dass niemand mich hintergehen wollte, biss ich die erste, von der Schwester verabreichte Pille durch und machte ihr deutlich, dass ich dies tat, um die Ingredienzien zu schmecken. Auf diese Weise stellte ich sicher, dass wenigstens ein Antibiotikum enthalten war. Allzu sicher war ich allerdings nicht, dass nicht noch etwas anderes beigemischt war. Ich nahm aber weiterhin ein, was man mir empfahl, und vertraute dem Personal, dass man mir nichts Falsches gab.

Dies bedeutete, dass ich von nun an alle Schmerzen zu ertragen hatte, die die verschiedenen Knochenbrüche verursachten. Später stellte ich fest, dass ich in einem Stützverband steckte, der wegen des gebrochenen Schlüsselbeins meine Schulter gerade halten sollte. Auf Gips und Streckverbände hatte man verzichtet. Ohne Tranquilizer und schmerzstillende Mittel sowie ohne Schlafmittel musste ich ohne Schlaf und unter Schmerzen ausharren, während die gebrochenen Glieder wieder zusammenwachsen konnten.

Im Laufe meiner Ausbildung zum Mediziner hatte uns ein gewisser Dr. North gelehrt, dass die beste Methode (bei intelligenten Patienten) eine vollständige Heilung der Knochen darin bestünde, eine sehr sorgfältige Schadensaufnahme der Brüche vorzunehmen und sie in einer Position zu halten, die ein glattes Aneinanderwachsen gewährleisteten. Dem Patienten werden Übungen beigebracht, die er trotz der Schmerzen durchführen kann, um sicherzustellen, dass die Knochen in der rechten Anordnung stabil und ohne Verzerrung wieder zusammenwachsen.

Dieses hatte der mich behandelnde Arzt ebenfalls beschlossen; allerdings wollte er die Hilfe chemischer Methoden in Anspruch nehmen und damit meine Kooperation im Heilungsprozess überwachen. Er wusste nicht, dass ich Schmerzen zu ertragen vermochte, also verabreichte er mir Medikamente, um Schmerzen und Schlaflosigkeit in den Griff zu bekommen. Die ersten fünf Tage, in denen ich die Medikamente absetzte, schlief ich nicht viel. Die Schmerzen waren unerträglich, und die leiseste Bewegung meines rechten Arms ging wie ein lange nachklingendes Echo durch den übrigen Körper. Die von den Bruchstellen ausgehenden Schmerzen zogen in Wellen durch den ganzen Körper und führten zu Übelkeit und einem Brennen, wie ich es zuvor noch nie erlebt hatte. Die leiseste Bewegung der rechten Schulter sandte Wellen heftiger Schmerzen durch meinen gesamten Organismus. Schliesslich leugnete ich die Existenz der verletzten Körperregion und grenzte mich mit einer Art Trancetechnik gegen sie ab, um nicht das Opfer der von den Verletzungen ausgehenden Schmerzen zu werden.

Hier handelte es sich um einen autonomen Prozess, wenigstens war ich aber in der Lage, dies zu tun, oder es über mich ergehen zu lassen, ohne medikamentöse Hilfe. Damit wurde mein Bewusstsein viel klarer, schärfer; mehr «Breitband».

Es gab mehrere wichtige Episoden im Krankenhaus, derer ich mich erinnern kann. Einmal, als ich «zurückkam», stand Toni neben meinem Bett. Ich bat sie näher zu kommen, damit ich mich an sie klammern und hier auf dem Planeten bleiben konnte. Fünf Stunden lang verharrte sie auf dem Bettrand mit meinen Armen um ihren Hals geschlungen. Ich brachte es trotz medikamentöser Behandlung, trotz der Gehirnerschütterung und ihren Nachwirkungen, fertig, hier zu bleiben. Die dieser speziellen äusseren Episode vorangegangenen inneren Episoden lohnen es, wiedergegeben zu werden.

In Zeiten, wo das Krankenhauspersonal mich im Koma vermutete, war ich innerlich alles andere als bewusstlos. Ich lebte in einem anderen Bereich, in den ich mit Hilfe verschiedener Programme, die ich vorher erlernt hatte, hinüberwechseln konnte.

In G. Spencer Browns *The Laws of Form* gibt es einen mathematischen Operator, oder besser, einen logischen Operator, genannt der «markierte Zustand». Dieser wird symbolisiert durch einen Winkel von 90°, der aussieht wie ein auf dem Kopf stehendes grosses L.

Dieser Operator besitzt bestimmte Eigenschaften, die von grossem theoretischen Interesse sind. Er bezieht sich auf das, was später geschah.

Der Markierter-Zustand-Operator kann so funktionieren, indem er durch sich selbst rückbeeinflusst werden kann (Eigenschaft des Sich-auf-sich-selbst-Verweisens). Wenn man den Operator als Signal benutzt und ihn durch den Operator selbst eingibt, erzeugt das eine unendliche Reihe – markierter Zustand, unmarkierter Zustand, markierter Zustand, unmarkierter Zustand und so fort, ad infinitum.

Dies hatte ich aufgrund meiner eigenen Studien über Browns Buch und im Verlauf der AUM-Konferenz gelernt. (Diese spezielle oszillierende Eigenschaft des Markierter-Zustand-Operators war uns von Heinz von Foerster anlässlich dieser Konferenz erläutert worden.)

Ausserdem hatte mein Biocomputer eine von Robert Edwards in seiner «The Quantum Observer in a Neurally Engineered Prosthesis» betitelten Dissertation (UCLA 1970) erdachte Sprache gespeichert. Diese Sprache erschien lediglich in den ersten wenigen Auflagen seiner Dissertation, von denen Dr. Frederick Worden mir ein paar Exemplare für meine Ausbildung zukommen liess.

Die Sprache, um die es hier geht, hatte Edwards «Topquantesisch» genannt. Diese Sprache war dazu gedacht, das Gehirn quantenmechanisch zu betrachten. Es handelt sich um eine sehr wirksame Sprache, die einen in die Lage versetzte, von der Quantenmechanik des eigenen Nervensystems auf submikroskopischer Ebene zu den als Gehirn bekannten Neuronen-Ansammlungen fortzuschreiten; hin zum eigenen Geist und zu jenem Geist in Kommunikations-Netzwerken mit anderen Geistern und so weiter, durch das gesamte Universum hindurch. Mit anderen Worten hatte Edwards eine Durchgangsmöglichkeit innerhalb der inneren Bereiche in jede mögliche Region, die man zu bereisen wünschte, geschaffen – von den subatomaren Partikeln durch das Selbst ins Universum.

Während ich mich in diesem augenscheinlich «komatösen» Zustand (draussen) befand, befand ich mich in einem hyperbewussten Zustand (drinnen), in dem ich von einem Bereich zum anderen reiste. Dies spielte sich ohne jedes Wissen ab, einen menschlichen Körper zu *haben* – ich wusste *um* einen Körper, der auf dem Planeten Erde bei Toni existierte. Unter diesen Umständen bleibt man immer noch ein individuelles Bewusstsein, hat aber keinen gegenwärtigen (vorhandenen) Körper, kein gegenwärtiges Gehirn und keinen gegenwärtigen Planeten Erde.

Das Reisen in diesen Bereichen wurde mir von Lehrern, von Führern, wenn Sie so wollen, gestattet, die das programmierten, was sie mir gestatteten. Doch *sagte man mir auch, dass ich eigene Anstrengungen unternehmen musste.* Ich traf ein Abkommen mit den Führern. Ich sagte: *«Wenn ihr mir gestattet, zu Toni zurückzukehren, wenn ihr mir gestattet, auf diesem Planeten Erde eine bestimmte Zahl von Jahren in Frieden mit Toni zu leben, dann werde ich für den Rest dieses Lebens tun, was ihr von mir verlangt.»*

Sie sagten: *«Du musst aufgrund eigener Anstrengungen zurückkehren. Was du über den Übergang zwischen den verschiedenen Bereichen weisst, zeigt uns, dass du fähig bist, dich von einem Bereich zum anderen zu bewegen.»*

Ich nahm die Herausforderung an. Ich begann mit dem von Brown beschriebenen Markierter-Zustand-Operator. Mein Bewusstsein wurde in den rechten Winkel des auf dem Kopf stehenden grossen L plaziert wie in ein Gefährt. Das ist ein ziemlich riskanter Vorgang. Es bedeutete, dass ich mit dem markierten Zustand identifiziert war, das heisst, ich existierte. Ich «fuhr» den markierten Zustand, als wäre er ein Gefährt, gleichzeitig aber *war* ich der markierte Zustand. Das heisst, dass ich das Bewusstsein war, das Signal, welches durch den markierten Zustand ausserhalb meiner selbst eingegeben wurde. In dem Augenblick, wo dies geschah, ging ich explosionsartig in die Leere über. Mein Bewusstsein war immer noch intakt, aber es gab überhaupt kein Universum mehr.

Mit einem Mal wurde mir klar, dass dies der erste Schritt in der unendlichen Reihe – markierter Zustand, unmarkierter Zustand, markierter Zustand, unmarkierter Zustand und so weiter, war. Also fügte mein Bewusstsein einen markierten Zustand zusammen, bewegte sich in den rechten Winkel und kam in einem anderen Bereich wieder heraus, das heisst, in einem neuen markierten Zustand.

(Brown hatte mir anlässlich der AUM-Konferenz gesagt, dass *The Laws of Form* nicht geschrieben worden war als Methode, weit hinauszukommen, sondern als ein Handbuch, mit dem man wieder zurückgelangte.)

Um zum Inneren zurückzukehren: *Plötzlich gelangte ich hinaus in ein Universum. Ich war in einem Universum, in welchem sich Kata-*

strophen ereigneten. Einer der markierten Zustände war der totale Atomkrieg auf einem bestimmten Planeten in diesem Universum. Dann folgte eine Periode der Leere und dann ein anderes Universum, in welchem ein Planet von glühendheissen Gasen umgeben war und das daraus folgende Töten beinahe jeglichen Lebens auf seiner Oberfläche, ausser jenen, die in Höhlen Schutz gesucht hatten.

Die Führer sagen mir, dass ich von einem Bereich in einen anderen schreite: Im Brownschen Markierter-Zustand-Operator benötige ich für den Übergang 10^{-27} Sekunden. (Rückblickend weiss ich nicht, woher diese Grössenangabe für die Übergangszeit stammte. Offenbar hatten die Führer sie mir mitgeteilt.)

Stellt man im Rahmen dieser Zusammenhänge ein paar Berechnungen an, so kann man beispielsweise sehen, dass bei 10^{-27} Sekunden, Licht sich nur 3×10^{-9} Angströmeinheiten oder 3×10^{16} Plancklängen bewegen kann.* Wenn man dies auf menschliche Körperbedingungen überträgt, heisst das, dass wenn man einen menschlichen Körper einem Prozess aussetzte, der jeden Atomkern in diesem Körper und jedes Elektron in diesem Kern mit diesen Geschwindigkeiten in ein völlig neues Universum transportierte, die Wirkung (um es milde auszudrücken) explosionsartig spürbar würde.

Ich wurde explosionsartig von einem Universum in eine Leere, dann in ein anderes Universum transportiert, in einer Sequenz, die offenbar mehrere Tage in Anspruch nahm. Soweit ich äusseren Beobachtern zufolge feststellen konnte, verlor ich das Bewusstsein alle fünfzehn Minuten, nachdem die Wirkung der Medikamente abgeklungen war.

Während dieser Zeit trug sich eine eher amüsante Begebenheit zu. An irgendeinem Punkt kehrte ich ins Bewusstsein zurück und wollte gern wissen, wie sich meine Stimme unter diesen Bedingungen anhörte: Ich bat Toni, ein Tonbandgerät laufen zu lassen. «Joe took father's shoe bench out; meet me by the lawn.»**

* Diese Berechnung wurde folgendermassen angestellt: Die Lichtgeschwindigkeit beträgt 300 000 Kilometer in der Sekunde. Dies kann man als 3×10^{18} Angströmeinheiten rechnen. (Das entspricht dem Wert *c*, der konstanten Lichtgeschwindigkeit.) In 10^{-27} Sekunden entspricht die Strecke, die das Licht zurücklegt, seiner mit dem Zeitintervall multiplizierten Geschwindigkeit. Man kann aufzeigen, dass diese Strecke folglich 3×10^{-9} Angströmeinheiten beträgt. Die Plancklänge beträgt 10^{-33} Zentimeter, was 10^{-25} Angströmeinheiten entspricht. Wenn wir jetzt die Strecke, die Licht in 10^{-27} Sekunden zurücklegt, durch die Plancklängen dividieren, sehen wir, dass es 3×10^{16} Plancklängen ergibt, die Licht in 10^{27} Sekunden zurücklegt. Ein Wasserstoffkern im Wasserstoffatom entspricht 10^{-5} Angströmeinheiten.

** Ein Testsatz (von Will Munson von den Bell Telephone Laboratories), welcher vierunddreissig der vierundvierzig Laute des Amerikanisch-Englischen enthält.

Toni fragte sogleich: «Wer ist Joe? Hat das etwas mit deinem Bruder zu tun?»

An diesem Punkt tauchte ich bereits in ein anderes Universum ein und konnte die Frage nicht mehr beantworten.

Was ich in meiner eigenen inneren Realität tat, war, dass ich einen Satz auf Tonband diktierte, um ihn anschliessend mit Hilfe spektrographischer Schallmessmethoden (welche ich im Labor auf die Sprachen von Mensch und Delphin angewandt hatte) zu analysieren. Ich suchte ein quantitatives Mass, um herauszufinden, wie meine Stimme sich unter diesen besonderen Umständen vom Normalen unterschied.

Toni hatte ich von diesem Satz vorher nie etwas erzählt, so sah sie sich jemandem gegenüber, der aus dem Koma heraustrat und sinnloses Zeug plapperte.

Eine weitere Episode trug sich im inneren Bereich zu, indem ich verzweifelt bemüht war, aus diesen multiplen Universen auf den Planeten und in das Gefährt zurückzukommen.

Es ist, als hätte ich mehrere Male Konferenzen mit den Lehrern abhalten, mit ihnen feilschen und ihnen versprechen müssen, dass, wenn ich zurückkehrte, ich ein friedvolles ruhiges Leben mit Toni führen würde. Bevor ich dieses Versprechen nicht machte, würden sie mich nicht zurücklassen.

Dies war eine ziemlich grässliche Folge von Konferenzen. Es war, als stritte ich mit dem Universum selbst, als stritte ich mit Mächten, die uns Sterblichen so weit überlegen waren, dass es zweifellos nur einen einzigen Weg gab, zurückzukehren, indem ich ihre Einwilligung erlangte. Ich war verzweifelt, ich wollte zurück. Ich wollte zu Toni, und ich wollte ein friedvolles ruhiges Leben, soweit das in unserer Zeit möglich ist.

Sie waren unerbittlich, dass ich dies aus eigenen Kräften mit den mir zur Verfügung stehenden Mitteln erreichen musste. Also steuerte ich den Brownschen Operator zur Erde zurück und fuhr mehrere Male explosionsartig in meinen Körper ein.

Auch setzte ich Edwards «topquantesische» Sprache in einer weitaus entwickelteren Form ein, als ich sie in meinem Gefährt auf der Erde gekannt hatte. Irgendwie gestattete mir die topquantesische Sprache überdies, Universen in das Gefährt auf dem Planeten Erde zusammenzuklappen. Ich weiss nicht, wie das funktionierte; indem ich aber eine bestimmte Prozedur durchmachte, klappte das Universum Schritt für Schritt in sich zusammen, bis es schliesslich mein Körper und das war, was jenen Körper auf diesem Planeten umgibt. Dies stellte eine weniger explosionsartige Methode dar als der Brownsche Operator.

Später fragte ich Edwards, welcher Geschwindigkeit dies entsprach, und er sagte: «Zehn hoch minus siebenundzwanzig Sekunden.» Ich fragte ihn, weshalb er das «Topquantesische» aus der offiziellen Fassung seiner Dissertation gestrichen habe. Er antwortete, weil es noch immer brisant sei. Selbst wenn ich Topquantesisch während des Reisens benutzte, stellte sich mir das Problem einer zu hohen Geschwindigkeit mit schockartigem Ergebnis beim Wiedereintritt in den Körper und dem anschliessenden Wiederaustritt aus dem Körper.

Als ich schliesslich nach Hause durfte, nahm ich erneut Kontakt mit Robert Edwards auf und diskutierte dieses Reisen mit ihm. Er sagte: «Wir haben gelernt, den Zeit-Übergang auf zehn hoch minus zwölf Sekunden zu reduzieren. Das ist nicht mehr brisant.»

Trotz reichlicher Erfahrung in aussergewöhnlichen Regionen waren diese Erfahrungen für mich neu und einzigartig. Die Eigenschaften des Brownschen Operators hatte ich, bis ich sie innerlich erlebte, nicht realisiert. Dasselbe gilt für die Eigenschaften der topquantesischen Sprache.

Dennoch weiss ich irgendwie, dass all diese Episoden, über die ich hier berichte, zu einem gewissen Grad von meinen eigenen Anschauungsweisen programmiert werden, von den Informationen, die in mir gespeichert wurden, von Kontakten mit Brown und seinen Schriften und mit Edwards und seinen Schriften.

Unter oben geschilderten Übergangs-Umständen glaube ich, dass ein jeder von uns an die äussersten Grenzen seines persönlichen Wissens gerät, unseres eigenen Begriffsvermögens, unseres eigenen freiwilligen Teilnehmens, unseres eigenen Selbst-Metaprogrammierens angesichts des Supraselbst-Metaprogrammierens, weit jenseits alles Menschlichen.

Die Berechnung der Übergangsgeschwindigkeit zwischen Universen, die Berechnungen der Entfernung, welche Licht in dieser sehr, sehr kleinen Zeitspanne zurücklegen kann, sind nützlich, weil es sich hierbei um augenscheinliche Quantitäten handelt, die weitab liegen von unseren gegenwärtigen Experimenten oder Erfahrungen hinsichtlich des Beobachters und des beobachteten Systems.

Bei meiner Anwendung des Brownschen Operators und des Topquantesischen realisiere ich, dass der beobachtende Teilnehmer Teil des Systems ist, das er beobachtet und das er in sich selbst wieder eingibt, um Übergänge hervorzurufen. Nur diejenigen werden das in angemessener Weise verstehen, die mit der Feedback-Theorie in Schaltkreisen vertraut sind. Lassen Sie mich das illustrieren.

Wenn man einen Verstärker (beispielsweise einen Stereo-Hifi-Verstärker) hat und dieser so linear wie möglich arbeiten soll, damit Input und Output bis auf einen geringen Bruchteil übereinstimmen, führt man negative Gesamt-Rückkoppelung ein; mit anderen Worten, man führt einen Teil des Output als Input zurück, und zwar in einem solchen Phasenverhältnis zu den ankommenden Signalen, dass es mittels hinzugefügtem Input eine Reduzierung des Output gibt. Dies nennt man negative Gesamt-Rückkoppelung. Positive Gesamt-Rückkoppelung führt zu Schwingungen im Verstärker und verbraucht beträchtliche Energiemengen. Also ist negative Rückkoppelung sicher, wirkt kontrollierend und verleiht dem Verstärker charakteristische Eigenschaften, über die er sonst nicht verfügen würde. Positive Rückkoppelung führt zu neuen Zuständen.

Ähnlich kann Rückkoppelung des eigenen Wissens des Beobachtenden in obigem Sinne entweder positiv oder negativ sein. Wenn die Rückkoppelung dem Brownschen Typ entspricht, wird der Beobachter wohl oder übel in die Leere und dann in einen anderen Bereich transportiert. Wenn man den Brownschen Operator benutzt, begibt man sich aus seinem gegenwärtigen Universum in die Leere und dann in irgendein anderes Universum.

Warum zehn hoch minus siebenundzwanzig Sekunden für diesen Übergang? Weil *das die Zeit ist, die einem als eine submikroskopische Entität gewährt wird, um sich in die Struktur von Raum und von Raum-Zeit zu bewegen und noch immer eine bewusste Organisation des Selbst von minimaler Grösse aufrechtzuerhalten.*

Wenn man sich von diesem Universum zu einem anderen bewegt, kann man die Grösse des Beobachters auf eine unglaublich geringe Grösse reduzieren – auf 3×10^{16} Plancklängen. In dieser Grösse ist man beträchtlich kleiner als irgendein Atomkern. Hat man seinen bewussten Beobachter auf diese Grösse reduziert, ist der «Subquanten-Beobachter» kleiner als jedes bekannte Teilchen. Er kann sich in die unbestimmte (unbekannte) Substruktur des Raums, der Raum-Zeit und Topologie bewegen, welche bei 10^{-33} Zentimeter existiert und 10^{-25} Angströmeinheiten entspricht. Ist er so weit reduziert, hat er die Fähigkeit, sehr geringe Entfernungen (mit Lichtgeschwindigkeit oder schneller?) zu reisen, das heisst, in der Grössenordnung von 3×10^{16} Plancklängen.

(Zwecks Überprüfung der grundlegenden physikalischen Theorie, den Subquanten-Beobachter nicht eingeschlossen, verweise ich auf John Archibald Wheelers Artikel «From Mendelejews Atom to the Collapsing Star», aus *Transactions of the New York Academy of Sciences,* New York Academy of Sciences, 2. Jahrgang, Band 33, Nr. 8, New York, Dezember 1971. In diesem Artikel erklärt er die Geschichte mit den Plancklängen und die Struktur von Raum und Raum-Zeit und Topologie.)

Mit anderen Worten kann ein Punkt individuellen Bewusstseins auf diesen Ebenen von einem Bereich in einen anderen übergehen; es gibt keine Gewissheit darüber, wohin dieser Bewusstseinspunkt geht. Es gibt keine Gewissheit darüber, in welches Universum dieser Bewusstseinspunkt eintreten wird. Bei diesen winzigen Grössenordnungen ist der Raum selbst unbestimmt; indem man diese Grösse annimmt, kann man Galaxien, Universen durchreisen und sich gar mit grösserer Geschwindigkeit als der Lichtgeschwindigkeit bewegen. Anders gesagt *scheint es auf diesen Ebenen Pforten zu anderen Universen zu geben, Pforten, die sehr, sehr winzig, aber immerhin vorhanden sind.*

Wenn man mit dem Brownschen Operator und mit Topquantesisch auf Reisen geht, ist man ein sehr, sehr kleiner Operator. Man ist ein Subquanten-Operator, wenn man so will, Subquantum im Sinne von stofflicher Materie, nicht Subquantum im Sinne von Bewusstsein.

An jenem Punkt ist man immer noch ein vollständiges Bewusstseins-Quantum. Folglich ist das, was wir hier tun, das Spezifieren des Bewusstseins-Quantums, welches für einen menschlichen Operator das Minimum darstellt.

Menschlich ist an dieser Stelle kaum der treffende Begriff; das Wort Untermensch lehne ich ab – es ist mit Bedeutungen behaftet, die ich ablehne. Dieses Quantum von Bewusstsein ist von solch unglaublich geringer Grösse, dass man es als «der unbestimmte/bestimmte Bewusstseins-Operator» bezeichnen kann. Dies ist die infinitesimale Grösse (im Sinne der «Infinitesimalrechnung») des Bewusstseins. Es ist die minimale Grösse des Bewusstseins, um zwischen Universen zu reisen. Wenn Merrell-Wolffs Bewusstsein-ohne-ein-Objekt* eine granulierte Struktur besitzt, dann ist es dies. Das bedeutet, dass Bewusstsein, in diesem Universum und in anderen, in dieser speziellen Grössenordnung sich mit hohen Geschwindigkeiten bewegt. Auf dieser speziellen Ebene, bei diesen extrem winzigen Grössen, gibt es offenbar ein Netzwerk momentaner Fortpflanzung von Bewusstsein.

* Merrell-Wolff, *The Philosophy of Consciousness Without an Object.* New York 1973.

Es ist kaum vorstellbar, dass dieses spezielle Pünktchen Bewusstsein das gesamte, im auf der Erde verbliebenen Gefährt gespeicherte Wissen mit sich trägt. Diese Theorie erfordert für den Infinitesimal-Operator Zugang zum Wissen des Gefährts.

Natürlich kann man genausogut behaupten, dass es sich hier um «als ob» handelt. Dies sind Vorspiegelungen, die dem Versuch dienen, das zu erklären, was einem unter solch «erschütterten» Umständen passiert. Das will ich nicht bestreiten. Für einen aussenstehenden medizinischen Boebachter stellt das eine vernünftige Erklärung dar; für den inneren Beobachter, der an diesen Erfahrungen teilnimmt, ist diese Erklärung völlig unangemesen, in dem Sinne, dass man keinerlei Vorstellung von dem Gefährt hatte, ausser dass es sich an einem entfernten Ort befand und man versuchte, zu bestimmten Zeiten zu ihm zurückzukehren. Zu anderen Zeiten versuchte man nicht, zurückzukehren und befand sich irgendwo dort draussen und «genoss» die Erfahrung in einem Zustand Erhabener Gleichgültigkeit. Mein Pakt mit den Lehrern oder den Führern (zu Toni zurückzugehen und ein ruhiges Leben auf diesem Planeten zu leben) könnte ich als Überlebensmechanismus meines speziellen Gefährts interpretieren, zu einem Bewusstsein heimzukehren, mit dem es vertraut und zufrieden war.

Meine engsten Freunde standen ratlos da, weil ich unfähig war, zu berichten, was sich da abspielte. Ich zögerte, irgend jemandem zu erzählen, was passierte, weil ich wusste, wie Menschen in solchem Zustand auf diesem Planeten behandelt werden.

Sobald als möglich liess ich mich aus dem Krankenhaus entlassen, kehrte mit einem Pfleger nach Hause zurück und verbrachte mehrere Tage und Nächte in einem Rollstuhl im Wohnzimmer. Schliesslich mietete ich ein Krankenhausbett. Mehrere Wochen verbrachte ich, in einem Winkel von 45° sitzend, in diesem Bett. Nach und nach lernte ich wieder zu gehen; nach und nach lernte ich den Gang zur Toilette; mit Hilfe des Pflegers gelang es mir auch, wieder zu baden.

Schritt für Schritt kehrte ich zu einem normal funktionierenden Leben auf diesem Planeten zurück. Hundertprozentig ist es noch nicht gelungen. Ich habe immer noch Probleme mit der rechten Schulter. Viele Monate, wenn nicht Jahre, werden noch vergehen, bis alle Knochen ihre normale Länge, Stärke und Form wiedererlangt haben werden.

Ich habe die anhaltendsten und intensivsten Schmerzen hinter mir, die ich in meinem ganzen Leben jemals hatte. Ich glaube, dass ich den Preis für das, was ich «das Jahr des Samadhi» nenne, bezahlt habe, für das vergangene Jahr, indem ich der äusseren Realität wenig Beachtung schenkte.

Irgendwie scheint das Universum den Zusammenhalt des Lebens zu nehmen. Bewegt man sich zu weit in eine Richtung, muss man das anschliessend kompensieren, indem man eine Zeitlang zu weit in die andere Richtung pendelt, um ein annäherndes Gleichgewicht herzustellen, das menschenmöglich ist. Mit anderen Worten hatte ich für das Jahr des Samadhi, in dem ich meine freiwillige Teilnahme an unserer Kultur aufgab und mir eine Reihe von Realitäten unter Ausschluss der äusseren Realitäten zu eigen machte, zu bezahlen, indem ich über eine ebenso lange Zeit hinweg dem Gefährt und seinen Erfordernissen Aufmerksamkeit schenken musste. Die Bilanz zweier Jahre sieht so aus, als gäbe es einen Prozess, mit Hilfe dessen ein kompensatorischer Ausgleich geschaffen, und ein endgültiger stabiler Zustand erreicht wird, trotz der flüchtigen Erscheinungen, denen man ausgesetzt war.

Wie Toni sagt, «Das Leben ist ein Balanceakt». Und ich sitze hier, im Versuch, ihre Aussage quantitativer und präziser zu gestalten. Intuitiv weiss man, dass sie recht hat, ich aber möchte die am «Balanceakt» beteiligten, tatsächlichen Faktoren bewusster machen. Eine meiner Massnahmen dauerte ein ganzes Jahr, das Jahr des Samadhi. Also braucht die kompensatorische Bewegung zum Erreichen eines Gleichgewichts ein weiteres Jahr – des Genesens, des Heilens, des Hilfe-Annehmens und zur Wiederherstellung des früheren Selbst oder möglicherweise noch einen Schritt über das frühere Selbst hinaus.

Um ein menschliches Gefährt erfolgreich zu steuern, muss man sich das ganze Leben lang des Netzeffekts dieses Ausgleichens bewusst sein. Das Universum wird es nicht zulassen, dass das Gefährt zu weit in eine Richtung vom Weg abkommt, ohne eine Korrektur in die andere Richtung anzubringen und somit ein Gleichgewicht herzustellen. Eine Vielzahl ausgleichender Faktoren ist in unsere Sozialstruktur als solche eingebaut. Man ist gezwungen, mit Hilfe gewisser, innerhalb unserer Kultur zur Verfügung stehender Faktoren ein Gleichgewicht zu schaffen: medizinische Mittel, politische Mittel, persönliche hygienische Mittel und so fort.

Ich hoffe, in einem zukünftigen Buch eine gründlichere Analyse des Decker-Canyon-Unfalls zu erstellen. Zum gegenwärtigen Zeitpunkt beschränke ich mich auf dieses mit Toni gemeinsam verfasste Buch.

13
Die Suche nach Realität

Von frühester Jugend an (sieben Jahre und jünger) bin ich, bis in die Gegenwart hinein, stets mit dem (zumeist als Frage formulierten) Problem beschäftigt gewesen: *Was ist Realität?* Schon bald nachdem ich Lesen lernte, verfolgte ich die Schriften Immanuel Kants, Sir James Jeans‘, Bishop George Berkeleys und jedes anderen Autors, den ich auftreiben konnte, der etwas zum Thema Realität zu sagen hatte. Wie bereits erwähnt, verfasste ich meinen ersten Artikel zum Thema im Alter von sechzehn Jahren («Reality», veröffentlicht 1931 und vollständig übernommen in *Simulations of God: The Science of Belief, Anhang I, Seiten 199–201).*

1931 realisierte, klärte ich für mich ein intuitives Gefühl, welches ich damals artikulierte, dass Realität einen Doppelaspekt besitzt – einen äusseren («objektiven«) und einen («subjektiven») inneren Aspekt. Ich zitiere:

> Man kann sagen, dass Realität (in ihren weniger komplizierten Bedeutungen) heute dieselben Merkmale trägt wie die ursprüngliche Bedeutung des (lat.) Wortes *res* («Ein Gerichtshof»). Es drückt primär das aus, was, im Gegensatz zu allem Subjektivem, völlig objektiv ist. Mit objektiv bezeichnen wir etwas ohne Geist Existierendes, etwas ausserhalb Liegendes, völlig Unabhängiges. Subjektiv bedeutet andererseits das, was im Geist zu finden ist . . .

Wie kann der Geist ausreichend objektiv sein, um sich selbst zu studieren? Wie sind wir, anders gesagt, in der Lage, den Geist einzusetzen, um über den Geist nachzusinnen? Der Intellekt ist durchaus in der Lage, die Tatsache zu erfassen, dass *die physiologischen Veränderungen des Gehirns simultan mit Gedanken vonstatten gehen; die Verbindung zwischen seinen eigenen Gedanken und diesen Veränderungen kann er allerdings nicht nachvollziehen.* Die Schwierigkeiten mit der genauen Relation zwischen beiden haben viele Kontroversen darüber entfacht, welches realer ist, die objektive oder die subjektive Realität.

Dann fuhr ich mit Bishop Berkeleys Maxime fort, dass es ohne Geist keine Existenz gibt, weder in unserem und/oder «dem Geist eines Ewigen Geistes». Dieser Artikel leitete meine Suche nach Antworten. Vierundvierzig Jahre später bin ich immer noch auf der Suche.

Kants *Kritik der reinen Vernunft* vermittelte mir, dass Wort, Sprache, Logik und mathematische Darstellung innere wie äussere Aspekte der Realität nicht adäquat zum Ausdruck bringen konnten. Irgendwie waren alle *Beschreibungen der Realität* steril: Sie neigten zu Wortspielereien, zu geschicktem Jonglieren mit Gedanken in ausgeklügelten «Als-ob»-Mustern. Meine Suche nach einer Antwort auf die Frage «Was ist Realität?» mündete in das Studium der Mathematik, Logik, Semantik (z. B. «Metasprachen»). Jedes für sich stellte sich mir bei tiefgehender Suche als steril heraus, allerdings hilfreich bei der Ausweitung meiner begrifflichen Fähigkeiten, meiner Fähigkeiten, Verbindungen innerlich, in mir selbst, in meinem eigenen Geist zu sehen. Dass Geschicklichkeit im Umgang mit philosophischen Begriffen, ganz gleich wie präzise, wie einschliesslich, meine Frage beantworten konnte, befriedigte mich nicht.

Die Konsequenz war, dass ich mich den experimentellen Wissenschaften zuwandte. Ich verfolgte experimentelle (und theoretische) Physik. Kosmogonie (die Theorie der Weltentstehung) hob ihr liebliches Haupt: Eine Zeitlang erlag ich der Verzückung ihrer Versuchung (Astrophysik, Astronomie usw.). Das Studium submikroskopischer Gefilde der Materie verführte mich (Quantenmechanik) ebenso wie das Studium bekannter physikalischer Energie (Licht, Photonen, Thermodynamik usw.).

Schliesslich wurde mir klar, dass das Studium meines eigenen Gehirns und seines «enthaltenen/gezügelten» Geistes bei dieser lebenslangen Suche unumgänglich war. Also änderte ich die Richtung, hinein in neue Bereiche: Ich wandte mich meinem eigenen, weiter oben in meinem Aufsatz «Realität» genannten Programm zu:

Die physiologischen Veränderungen des Gehirns finden gleichzeitig mit dem Denken statt, es (das Gehirn) kann aber die Verbindung zwischen seinen eigenen Gedanken und diesen Veränderungen nicht nachvollziehen. Wie kann man diese Verbindungen herstellen? Wie kann man in objektiven Berichten (1) diese Veränderungen im Gehirn und (2) die korrespondierenden Gedanken und deren rasche Veränderungen festhalten?

Im Laufe eines Seminars über Neurophysiologie, 1937 am Cal Tech, sah ich als hingebungsvoller junger Forscher eine Möglichkeit, «die physiologischen Veränderungen des Gehirns» schriftlich zu fixieren. Ich erkundigte mich bei Dr. van Hareveld, wie dies zu bewerkstelligen sei. Er gab mir Lord Edgar Adrians Abhandlung «The Spread of Electrical Activity in the Cerebral Cortex» in die Hand. Nachdem ich sie gelesen hatte, beschloss ich, eine bessere Methode zur Aufzeichnung elektrischer Aktivitäten auszuarbeiten. Mir schwebte ein vollständigeres Bild (natürlich aufgezeichnet!) der elektrischen Aktivität des gesamten Gehirns vor, nicht nur in Teilbereichen der Grosshirnrinde. Auch musste ich mehr über den Geist im Gehirn (seine Gedanken, deren Veränderungen, ihre «Quellen und Abflüsse») lernen, um eine Methode zu finden/auszudenken/schaffen, sie parallel, simultan mit den Veränderungen im Gehirn aufzuzeichnen. Kurz, ich war auf der Suche nach Methoden zur objektiven, raschen Aufzeichnung der Aktivitäten des Gehirns und der simultanen objektiven, raschen Aufzeichnung der Aktivitäten des Geistes in eben diesem Gehirn.

Inmitten dieser Suche schrieb ich mich in der medizinischen Fakultät ein, um mehr über diese beiden Bereiche eines parallel ablaufenden Vorgangs zu erfahren. (Dr. Henry Borsook, Professor der Biochemie am Cal Tech, sagte dem jungen Sucher: «Alles gegenwärtige Wissen, das du suchst, findet sich in der medizinischen Fakultät: Du wirst den Doktor der Medizin brauchen, um dann frei weitersuchen zu können. Das Doktorat der Philosophie reicht nicht aus.»)

Während meines Medizinstudiums setzte ich meine Suche fort – in Neuroanatomie, Neurologie, Neurochirurgie, Psychiatrie. Alles, was ich fand, waren neue Daten, aber keine neuen Methoden. Ich erkannte die Grenzen der gängigen Methoden: Gesprochene und geschriebene Sprache und Fragen (im Bereich des Geistes), EEG sowie rasche elektrische Aufzeichnungen (im Bereich des Gehirns). *Buchstäblich gab es (noch) keine Methode, Geistesaktivitäten und Gehirnaktivitäten simultan aufzuzeichnen.* Darüber hinaus lernte ich, dass die meisten Forscher auf medizinischem Gebiet keine Hoffnung hegten, diese schwierige Aufgabe jemals zu meistern.

Mit Abschluss meines Medizinstudiums wurde die Suche unterbrochen durch eine Periode des Ersinnens von Methoden zur Messung rascher physiologischer Veränderung bei in grosser Höhe fliegendem Flugzeugpersonal: Sauerstoff und Stickstoff in eingeatmetem Gas, bei explosiver Dekompression, bei Sauerstoffmangel und Luftdruckkrankheit. Ich erfuhr einiges über Zustände meines eigenen Geistes bei zu niedriger Sauerstoffzufuhr im Gehirn, bei den entsetzlichen Schmerzen der Luftdruckkrankheit und bei Angstzuständen, hervorgerufen durch explosive Dekompression einer Druckkabine. Mein Wissen wuchs an, doch fühlte ich mich von der eigentlichen Suche abgelenkt.

Gleich nach dem Krieg wurde sie erneut aufgenommen. Ich erdachte neue Methoden, die elektrische Aktivität des Gehirns an vielen Stellen gleichzeitig aufzuzeichnen, und zwar in einer zweidimensionalen Anordnung aufzuzeichnen und zu reproduzieren.* Ich fand neue, sicherere Möglichkeiten, winzige Elektroden im Gehirn anzubringen.** Diese Arbeit beanspruchte elf Jahre und wurde abgeschlossen, als ich realisierte, dass bis jetzt keine Möglichkeit existiert, Gehirnaktivitäten anzuzapfen/aufzuzeichnen, ohne die Struktur des Gehirns zu beschädigen/zu verändern und die Fähigkeiten des in ihm enthaltenen Geistes nachhaltig zu beeinflussen.

Ebenfalls kurz nach dem Krieg verfolgte ich in meiner «Freizeit» das Studium der Entwicklung des Geistes, und zwar meines eigenen. Ich studierte Semantik, Logik, Mathematik, Methoden, die Aktivitäten von Gehirn und Geist nachzubilden. Warren McCulloch und Heinz von Foerster arbeiteten auf dem Gebiet der Darstellung von Gehirnaktivitäten, und ich studierte ihr Werk. Für die Geistesstudien benötigte ich mehr «Rohdaten». Die Psychoanalyse verfolgte ich gründlichst – ich machte den Psychoanalytiker eines Psychoanalytikers ausfindig: Robert Waelder, der einen Doktortitel für Physik (Wien) erlangt hatte und von Anna und Sigmund Freud in Wien ausgebildet worden war. Mit Dr. Waelder arbeitete ich drei Jahre lang, fünf bis sieben Tage die Woche, eine Stunde täglich. Ich fand vieles

* «A Method of Recording the Moving Electrical Potential Gradients in the Brain: the 25-Channel Bavatron (brain activity visualization device) and Electro-Iconograms (electrical image records)», Institute of Electrical Engineers, 1949.

** John C. Lilly, «Electrode and Cannulae Implantation in the Brain by a Simple Percutaneous Method», *Science,* 16. Mai 1958, Band 127, Nr. 3307, Seiten 1181–2.

zur Suche Gehöriges: Der Frage – «Was *ist* Realität?» wurde in meinem eigenen Geist intensiv nachgegangen.

Es bestätigte sich (wie ich früher vermutet hatte), dass ganze komplizierte Bereiche von Gedanken/Gefühl/Tun/Erinnerung unterhalb meines Wahrnehmungsvermögens in einer Weise agierten, dass sie meine derzeitigen Auffassungen zu dem, «was real ist», programmierten. Die innere Realität hatte ihre eigenen Gesetze, verschieden (und manchmal entgegengesetzt) von den Gesetzen der äusseren Realität. In bezug auf innere Realität mühte ich mich mit den Theorien – Anschauungsweisen – anderer ab. Ich revidierte meine eigenen Anschauungsweisen hinsichtlich meiner eigenen inneren Realität. («Realitäten» wäre jetzt genauer: «Die innere Realität» von 1931 hatte ein Pluralschildchen erlangt, «innere Realitäten»). Mit Waelders Hilfe und stillem Einverständnis wurde es möglich, in neue innere Bereiche von Fühlen/Denken/Gefühle-Vorspiegeln einzudringen, herauszutreten und die verbalen/vokalen Erfahrungen schriftlich darzustellen. Mein Modellieren innerer Realitäten wurde offener: Mein Respekt vor dem Unbekannten in meinem eigenen Geist nahm behutsam zu. Schliesslich wurde mir klar, dass die Tiefen des Geistes genauso gross wie die Tiefen des kosmischen äusseren Raums sind. Es gibt innere wie äussere Universen. Mein Konzept des Metaglaubens (Glauben über Glauben), das als begrenzenden Glauben die Prozesse/Operationen meines Geistes zügelt/einengt/begrenzt, war ein Resultat der Arbeit mit Robert Waelder.

Parallel zu den Studien über Gehirnaktivitäten wurden die Geistesstudien mit der Isolationstank-Arbeit und ihrer Entstehung am National Institute of Mental Health (1954) fortgeführt. Warum ist Isolation wichtig für das Studium des Geistes? Meine Argumentation basierte auf einem Grundsatz bestimmter Forscher (der Physik, Biologie usw.): Um ein System adäquat zu studieren, müssen alle bekannten Einflüsse, die zu diesem System hinführen, und die, welche von ihm ausgehen, entweder unter der Reizschwelle gehalten, stichhaltig erklärt, oder eliminiert werden, um *nicht geplante Störungen* des Systems zu vermeiden. Von unbekannten Quellen ausgehende Störungen mögen damit aufgespürt und adäquater gehandhabt werden.

Indem ich diese Regel aus der experimentellen Wissenschaft strengstens befolgte, beschloss ich, meinen Körper/Gehirn/Geist so weit zu isolieren, wie dies (ohne Schaden/«Trance»/chemische Mittel) in der äusseren Realität gegenwärtig möglich ist. Ich sah, dass mein Geist zum Studium desselben von allen *bekannten* Reiz-«Quellen» und von Reaktions-«Abflüssen» in der Hier-und-Jetzt-äusseren Realität isoliert werden musste. Die Isolationstank-Methode erdachte ich für das Studium meines eigenen Geistes – ein isolierter Geist, der seine eigenen Abläufe und Prozesse frei von Rückkoppelung mit der äusseren Welt studierte. Ziemlich rasch stellte ich fest, dass diese Methode eine neue Quelle reichhaltigster Daten bildete.

Im Laufe solcher Studien habe ich in den vergangenen einundzwanzig Jahren (1954–75) das gefunden, was sich während der Jahre mit Robert Waelder abzuzeichnen begann: Ein neues, ein tiefes Eindringen in (für mich) neue Gebiete des Geistes.

Die der Kommunikation dieser neuen Bereiche des Geistes mit anderen Geistern auferlegten Begrenzungen wurden ebenfalls gefunden: Ist man erst einmal tief in seinem tiefen und tieferen Selbst gewesen (es vertieft sich mit jedem der Isolation Ausgesetztsein), muss auch die Fähigkeit, Daten weiterzuleiten, zunehmen. Ich stellte fest, dass die meisten (nicht alle) anderen Köpfe nicht bereit sind, zu hören/verstehen/begreifen, was es bedeutet, innerhalb solcher Forschungsarbeiten zu entdecken/experimentieren, in ihnen aufzugehen. Gewisse Bereiche des Geistes, gewisse Seinszustände, gewisse Zustände des eigenen Bewusstseins sind für die meisten anderen Geister so fremd/unheimlich/sonderbar/ungewohnt, dass sie weder zuhören können, was man sagt, noch lesen können, was man schreibt, ohne aus der Fassung zu geraten oder ohne Unvoreingenommenheit gegenüber dem Forscher, womit sie die ganzen Anstrengungen zu kommunizieren als negativ einstufen oder für null und nichtig erklären.

Ich habe ein paar andere gefunden, die das nicht tun. Ich zögere, ihre Namen hier preiszugeben; andererseits wollen sie nicht – bzw. sind sie noch nicht soweit, es zu wollen – der drückenden Last offener Kommunikation in einer nicht aufnahmebereiten, möglicherweise feindseligen zwangsweise allgemeinverbindlichen Welt entgegenzusehen. Unter diesen anderen finden sich jene, die zu weit gegangen sind: Die allgemeinverbindliche Welt der (zahlenmässig überlegenen) Personen, die diese Bereiche fürchten, wendeten wirksame Mittel der äusseren Realität ein, die Kommunikation derjenigen zu reduzieren, von denen sie fürchteten, sie näherten sich dem Nullpunkt.

Über all die Jahre dieser Suche hinweg habe ich in der öffentlichen Kommunikation mehrere Experimente über diese Bereiche des Geistes durchgeführt. Ich experimentierte mit Methoden, um diejenigen zu erreichen, die in der Abgeschiedenheit ihres eigenen Geistes neue Bereiche erschlossen oder im Begriff waren, sie zu erschliessen. Ich schrieb Bücher, hielt Workshops und Vorträge – alles auf dieser experimentellen Ebene. Ohne Umschweife schob ich die Grenzen meiner Berichte an einen gefährlichen, nicht akzeptierten Grat der Glaubwürdigkeit. Berichte, die, meinem Ermessen und dem Ermessen meines Verlegers nach, den allgemeinverbindlichen Faden der Kommunikation zerreissen könnten – möglicherweise mit katastrophalen Folgen für mich –, hielt ich absichtlich zurück.

Viele meiner früheren Kollegen rückten von mir und meinen Forschungen ab: Ich verstehe ihre Anschauungsweisen und die Macht, die solche Systeme auf unseren Geist ausüben. Ich bringe keine Gegenbeschuldigungen vor, noch beschuldige ich frühere Freunde, keinen Kontakt aufrechterhalten zu haben. Auf meiner Suche (nach: «Was ist Realität?») habe ich (und damit enge Gefährten/Verwandte/Freunde) manchmal Monate hindurch an den Rand des Verlustes aller kommunikatorischen Kontakte getrieben – mit Methoden, die den bis dahin akzeptierten Anschauungsweisen in unseren Kulturen völlig fremd waren. Ich habe Erkundungen eingeholt und freiwillig Bereiche betreten, die von einem grossen Teil jener Leute innerhalb unserer Kultur, die nicht neugierig, nicht von Entdeckergeist beseelt und intellektuell nicht gerüstet sind, diese Bereiche zu betreten, für verboten erklärt wurden.

Rebellen sind der Forschung abträglich, es sei denn, sie verhalten sich zurückhaltend, diszipliniert und der eigenen Grenzen bewusst, was ihre Tätigkeiten in nutzbringenden Gefilden betrifft; die allgemeinverbindliche äussere Realität liefert eine Plattform für Erkundungen, solange sie für die Forschung stabil genug ist. Eine solche Forschung, wie ich sie betrieb/betreibe, erfordert stabile finanzielle/emotionale/intellektuelle/politische Unterstützung, oder ist sonst nicht zu bewältigen. Es gab zahlreiche Schwierigkeiten, die notwendige Unterstützung zu bekommen, die bisher aber überwindbar waren. Bis auf den heutigen Tag hat es eine denkwürdige Verknüpfung von Ereignissen gegeben, die diesen oder jenen Aspekt meiner Forschung immer wieder unterstützten. Hier und da taucht am Horizont meines Geistes eine Person auf, die entweder neue Ideen, neue Geldmittel, das neue emotionale/intellektuelle Umfeld oder die für den Fortgang der Arbeit notwendigen neuen politischen Mittel zur Verfügung stellte. Die allgemeinverbindliche gesellschaftliche Realität bringt – manchmal auf mysteriöse Weise – stets das hervor, was benötigt wird. Für diese Unterstützung bin ich zutiefst dankbar.

Mein eigener Geist stellt auf dieser Suche eigene Hindernisse auf: Es gibt Zeiten, wo ich denke, die Suche muss ein Ende haben; von meiner Biologie als Mensch wird zuviel verlangt; von mir als einem sozialen Glied in der Welt der Menschen mit ihren Millionen vernachlässigter, leidender Menschen wird zuviel verlangt. Ich zweige die Zeit für Forschungsarbieten von anderen Aktivitäten ab. Es könnte sein, dass ich die Suche nicht fortsetzen und mich der Politik widmen sollte, zu direkteren Anregungen, anderen zu helfen, sich gegenseitig zu helfen. Dieses Dilemma ist stets eine Ablenkung gewesen, eine Versuchung, die mich von der eigentlichen Suche, wie sie sich heute gestaltet, weglockte. Über die Jahre hinweg bin ich stets ausgewichen oder habe mich gesträubt, verschiedensten Gruppen in verantwortlicher Position vorzustehen/zugehörig zu sein: Wissenschaftliche Gesellschaften mancherlei Art, Lokalpolitik, studentische Verbindungen, sogar einem hingebungsvollen Familienleben. Aufgrund der Suche nach den Fundamenten der Realität habe ich die Teilnahme an der gesellschaftlichen Realität auf ein Minimum beschränkt; habe sie soweit wie möglich auf die Kommunikation der Ergebnisse meiner Suche beschränkt.

Im Laufe dieser Suche hat es häufig freudige Momente gegeben, Durchbrüche in neue Bereiche, in ein Neubegreifen des bis dahin Unbegreiflichen. In der Abgeschiedenheit meines eigenen Geistes fühle ich mich, bis dahin jedenfalls, durch die Resultate unendlich reich beschenkt.

Mein Leben lang habe ich stets für die Suche gelebt. Zeitweilig waren meine Anstrengungen verhüllt: Ich konnte die laufenden Experimente dem Blick anderer preisgeben, ohne die Versuchsbedingungen unwiderruflich zu ändern und damit, aufgrund der veränderten Bedingungen, die Resultate zu verändern. Auch heute noch kann ich gewisse, von mir durchgeführte Experimente nicht diskutieren: Viele sind notwendigerweise immer noch verborgen. Selbst die in diesem Kapitel dargelegten Tatbestände meiner eigenen Motivation («Was ist Realität?») werden die gegenwärtigen Experimente beeinflussen. Somit befindet sich die Suche in jenem riesigen Feedback-System, von dem jeder von uns ein winziger Bestandteil ist.

Viele andere haben (auf diese oder jene Weise) zu dieser Suche nach Realität und ihrer Beschreibung beigetragen. Ich fühle mich in grosser Schuld denjenigen gegenüber, die einiges an Unterholz im

Dschungel der Auffassungen hinwegräumten, die Schicht um Schicht Unsinn beseitigten, bevor ich zu graben begann. (Nebenbei gesagt, ich fühle mich irgendwo wie die Spatzen, denen ich als Junge zusah: Jeder Spatz fand unfehlbar jedes unverdaute, fressbare Körnchen in trockenem Dung. Fiele es doch auch uns nur so leicht, die lebensfähigen Körnchen wahren Wissens in dem ganzen törichten Gerede zu finden, das uns täglich in Büchern, von den Medien, den Politikern und gar von uns selbst aufgetischt wird!)

Manch ein Sucher lässt sein Buch (und offenbar auch die Suche) mit pessimistischen Aussagen enden. Ich zitiere ein Beispiel eines der vornehmsten Denker – Ludwig Wittgenstein:*

6.522: Es gibt allerdings (a) Unaussprechliches. Dies *zeigt sich* (b), es ist das Mystische.

(a) und (b) fügte ich hinzu. Ersetze (a) durch «bis jetzt». Für (b) füge «mit anderen Methoden» ein. Damit werden diese zwei Aussagen Wittgensteins in den Bereich des Entdeckers geschafft. Ersetze seine dritte Aussage durch folgendes:

Sie sind jetzt, was im Unbekannten liegt und noch gefunden werden muss.

Ich gehe folgendermassen vor: Sehe ich das vorzeitige Versiegen von Möglichkeiten, als ob etwas unmöglich («mystisch») wäre, so paraphrasiere, reorientiere ich die Aussagen, um meine eigenen Metaanschauungen beizubehalten: *Das Land des Geistes kennt keine Grenzen; die in ihm enthaltenen eigenen Anschauungen setzen Grenzen, die mit geeigneten Metaanschauungen (wie dieser) transzendiert werden können.*

Kehrt man zum *Tractatus* zurück, findet man eine häufig zitierte Aussage:

7. Wovon man nicht sprechen kann (c), darüber muss man schweigen.

Für (c) setze ich «bis jetzt» ein und transformiere die Aussage in eine eröffnende Injunktion, im Gegensatz zu Wittgensteins eher abschliessender Injunktion eines Denksystems.

Wovon wir noch nicht sprechen können, darüber schweigen wir, bis eine neue Erfahrung oder eine neue Möglichkeit des Ausdrucks

* Wittgenstein, Ludwig, *Tractatus Logico-Philosophicus.*

uns das Sprechen ermöglicht. (1700 n. Chr. waren Radiowellen stumm.)

G. Spencer Brown zeigt (in *The Laws of Form),* dass Wittgenstein sich wahrscheinlich auf beschreibende Sprache bezog und nicht auf injunktive (Unterrichts-)Sprache. Injunktive Sprache (in ihren weitreichenden Anwendungsmöglichkeiten) lehrt, wie man etwas tut/macht/schafft in der inneren Realität und/oder in der äusseren Realität. Wittgenstein verfügte weder über späteres neurophysiologisches Wissen noch über das spätere Wissen der Computer, die beide in neuen Sprachen (beschreibender und injunktiver Art) ausdrückbare Bereiche eröffnen. Irgendwie scheint die experimentelle Wissenschaft früher zum Ausdruck Gebrachtes, an und für sich Bestehendes über die Realität, über Bedeutung, Sprache, Wahrnehmung, Erkennungsvermögen, über das Erstellen von Beschreibungen von Geist mit Begrenzungen, spezifiziert durch den Unterrichtenden/Beschreibenden, ins Wanken zu bringen. Die angesprochenen Grenzen werden lediglich in der Beschreibung zur Anwendung gebracht, in den Simulationen des beschreibenden Geistes.

Sich klar darüber zu werden, dass es im Geist keine Grenzen gibt, ist keine leichte Aufgabe. Die Bereiche der direkten Erfahrung von Unendlichkeiten innerhalb grösserer Unendlichkeiten der Erfahrung können furchteinflössend sein; mal erregen sie unsere Ehrfurcht, mal sind sie ein Segen. Ich zitiere einen Autor, der die im Geist nicht vorhandenen Grenzen aus eigener Erfahrung kennt: (Franklin Merrell-Wolff, *The Philosophy of Consciousness Without an Object: Reflections on the Nature of Transcendental Consciousness,* Seiten 38–39):

1. Die erste erkennbare Wirkung im Bewusstsein war etwas, das ich eine *Verschiebung im Fundament des Bewusstseins* nennen möchte. Von einem relativen Gesichtspunkt aus mag man den letzten Schritt mit einem Sprung ins Nichts vergleichen. Mit einem Mal löste sich dieses Nichts in äusserste Fülle auf, die der relativen Welt ihrerseits eine traumähnliche Eigenschaft der Wesenlosigkeit verlieh. Ich fühlte und wusste, endlich beim Letzten, beim Wirklichen angekommen zu sein. Ich war nicht in einer Art räumlicher Leere aufgelöst, im Gegenteil, ich lag in einer Fülle ausgebreitet, die masslos war. Die Wurzeln meines Bewusstseins, welche vor diesem Augenblick (scheinbar) mehr oder weniger im Feld relativen Bewusstseins verankert waren, wurden nun kraftvoll herausgezogen und im Handumdrehen in eine überirdische Region verpflanzt. Dieses Gefühl einer solchen Verpflanzung hält bis auf den heutigen Tag an, und es scheint ein viel normalerer Standort zu sein, als die alte Verwurzelung es jemals gewesen ist.

2. Eng mit dem Vorhergehenden verbunden ist eine *Transformation in der Bedeutung des «Selbst» oder des «Ich».* Bis dahin war mir reine Subjektivität vorgekommen wie ein Nullpunkt, als «irgend etwas», das seine Stellung im Bewusstsein, aber keinen Körper hatte. Solange das, was der Mensch sein «Selbst» nennt, einen Körper hatte, befand es sich in Reichweite analytischer Beobachtung. Die Hüllen dieses Körpers abzustreifen, bis nichts mehr übrigbleibt, ist die Funktion der charakteristischen Technik der Meditation. Am Ende bleibt das, was niemals ein Gegenstand, ein Objekt ist und trotzdem der Grundstein, auf den das ganze relative Bewusstsein aufgereiht ist, wie Perlen auf einer Schnur. Als ein Symbol, um diesen letzten und nicht reduzierbaren Stoff allen Bewusstseins, das «Ich»-Element, darzustellen, weiss ich nichts Besseres als Null oder einen unendlich kleinen Punkt. Das kritische Stadium bei der Transformation ist das Realisieren des «Ichs» als Null. Sofort verteilt sich dieses «Ich» aber in eine unbegrenzte «Dichte». Es ist, als wäre das «Ich» zur Gesamtheit des Alls geworden. Das Selbst ist nicht länger Pol oder Brennpunkt, sondern eine Art unpolarisiertes Bewusstsein, welches gleichzeitig Selbst-Identität und der objektive Inhalt des Bewusstseins ist – nach aussen, überallhin. Es ist ein eindeutiges Transzendieren der Subjekt/Objekt-Beziehung. Darin liegt das Grundprinzip der unvermeidlichen Erhabenheit mystischer Einsicht. Jede Sprache fusst auf der Subjekt/Objekt-Beziehung und kann somit transzendentes Bewusstsein bestenfalls nur entstellen, wenn eine Anstrengung unternommen wird, seinen unmittelbar festgelegten Wert auszudrücken.

Seine letzte Aussage stelle ich mit Mitteln, die in seinem eigenen Werk enthalten sind, wieder einmal zu einer transformierenden Injunktion um: «Die Sprache (nicht «jede Sprache»), die sich auf die Subjekt/Objekt-Beziehung gründet, entstellt transzendentes Bewusstsein, wenn in dieser Sprache eine Anstrengung unternommen wird, den unmittelbar festgelegten Wert (des transzendenten Bewusstseins) auszudrücken.»

G. Spencer Browns Ausweg aus diesem Dilemma ist die Entwicklung einer injunktiven Sprache, die Instruktionen gibt (passend für den Hörer/Leser/Erfahrenden), wie transzendentes Bewusstsein im eigenen Selbst hervorgerufen/betreten/geschaffen werden kann.

Ich glaube, Merrell-Wolffs Schriften über seine eigenen Erfahrungen haben für mich injunktive Eigenschaften, um mein «Subjekt/Objekt»-Bewusstsein in die neuen Bereiche übergehen zu lassen, die er so schön zum Ausdruck bringt.

Die Unterscheidung zwischen beschreibender und injunktiver Sprache löst sich in den Bereichen innerer Erfahrung (und wahrscheinlich im Bereich äusserer Erfahrung ebenso) wie folgt auf:

Ein von allen bekannten Stimuli/Reaktions-Wahrscheinlichkeiten auf lange Zeit (in einem Seinszustand mit vermindertem oder fehlendem Feedback mit der äusseren Realität) isolierter Geist betritt häufig genug (für diesen Geist) neue Bereiche. Kennt der Geist einmal die Erfahrung, neue Bereiche zu betreten/zu schaffen, verfügt er in genügendem Masse über Programme/Anschauungen/Metaanschauungen, die sich auf ihn selbst beziehen und (irgendwann in der Zukunft) angewendet werden können, um seinen eigenen Seinszustand in weitere neue Bereiche hinein zu transformieren. (Man lernt Regeln, um unter diesen besonderen Bedingungen neue Bereiche zu erforschen.)

Um diese neue Ebene des Lernens-zu-lernen zu erreichen, verwirft man frühere, der Erforschung von Bereichen auferlegte Grenzen: Man lässt zuvor gespeicherte irrelevante Anschauungen über innere/äussere Realitäten fallen; man prüft Anschauungen-über-Anschauungen (Metaanschauungen), vor allem jene der «Begrenzungen des menschlichen Geistes». Man lässt die gewöhnlichen selbst-einschränkenden Sprachen (nützlich im Umgang mit anderen, nicht derart gerüsteten Personen), die man in der äusseren Realität vorfindet. Verzückung/Versuchung wird aufgegeben, die durch «Denksysteme», durch andere Personen, durch Erfolge/Fehlschläge in den allgemeinverbindlichen Realitäten anderer hervorgerufen werden und in diesen Realitäten an das eigene Selbst gekoppelt sind und vom eigenen Selbst ausgehen.

Ohne die oben umrissenen Disziplinen und ohne Erfahrung von Einsamkeit/Isolation/Abgeschiedenheit in der äusseren Welt mögen diese Betrachtungen jedoch bedeutungslos sein. Ist man erst einmal lange genug in oben Gesagtem aufgegangen, wird die Beschreibung neuer Bereiche durch andere für das eigene Selbst injunktiv. Deren Beschreibungen rufen neue Bereiche im Selbst, im eigenen Geist wach.

Auf diese Weise kann Sprache einen unterweisen, in neue Seinszustände, neue Erfahrungsbereiche vorzurücken.

Von besonderem Interesse für mich sind die Bereiche, die von mathematischen Konzepten dargestellt werden: *Null* (der Koordinatenursprung, an welchem Zahlen und Variable jeden Wert aufgeben); *das Unendliche* (die unendliche Annäherung, bei der Zahlen und Variable Werte annehmen, die noch nicht dargestellt werden können); *der Punkt* (der kleinstmögliche Wert einer beliebigen Zahl oder einer beliebigen Variablen, die sich dem Nullpunkt nähert, ihn aber nicht erreicht); verschiedene Differentialoperatoren (∇^2-O, zum Beispiel), welche sich durch ihre definierten Bereiche bewegen können, unbehindert von dem Bereich, in dem sie operieren.

Von besonderem Interesse ist die *Relation der Identität,* einer Variablen zu einer anderen, in dem bewusst funktionierenden Bereich. Angenommen, das bewusste Selbst hat eine «Grösse» in einem bestehenden Bereich (sagen wir, äquivalent zu der eines menschlichen Gehirns im Bereich der äusseren Realität), *identifiziert* man sein Selbst mit dieser «Grösse». Jetzt verkleinere man diese «Grösse», bis man ein Punkt ist: Für jeden Bereich gilt: Ein Punkt ist nicht Null. *Identifiziere* das ganze Selbst mit einem Punkt. Diese Art Punkt verfügt über Bewusstsein, Erinnerungsvermögen, das gesamte Wissen des individuellen Selbst. Es kann in einem definierten Bereich ein Fixpunkt, im selben Bereich ein beweglicher Punkt bleiben oder ein Punkt in einem *beliebigen Bereich.* Ein solcher Punkt hat keine Masse, keine Ladung, keinen Drall, keine Gravitationskonstante und kann sich somit in jedem physikalischen Feld frei bewegen.

Und so weiter und so weiter – für Identitäten des Selbst mit Differentialoperatoren, mit dem Unendlichen, mit dem Nullpunkt. Man identifiziere das Selbst mit einem Differentialoperator, der sich durch ein Feld bewegen kann, welches von der Präsenz des Feldes unbehindert ist. Man nehme an, das Selbst sei unendlich, *welche* Erfahrung macht man? Man nehme an, das Selbst sei Null, wie sieht die diesbezügliche Erfahrung aus? Dem Leser ist es überlassen, diese Übungen an/in sich selbst durchzuführen.

Diese Erörterung möchte ich mit einer Textstelle zum Abschluss bringen, die von einem Forscher stammt, der die Grundlagen der Realität untersucht – G. Spencer Brown *(The Laws of Form):*

Leider haben wir es heutzutage mit Ausbildungssystemen zu tun, die sich so weit von der nackten Wahrheit entfernt haben, dass sie uns lehren, stolz auf das zu sein, was wir wissen, und beschämt über das, was wir nicht wissen. Dies ist in zweifacher Hinsicht korrupt. Nicht nur, weil Stolz an sich eine Todsünde ist, sondern auch, weil das Lehren von Stolz auf Wissen bedeutet, eine wirksame Barriere gegen jeglichen Vorstoss in Richtung des bereits Gewussten zu errichten, weil es einen beschämt, über die Fesseln, die einem die eigene Unwissenheit auferlegt, hinaus zu blicken.

Jedem Menschen, der bereit ist, die Gefilde seiner grossen und universellen Unwissenheit mit Respekt zu betreten, werden sich die Geheimnisse des Seins schliesslich offenbaren, und sie werden das in einem Masse tun, welches mit dem Freisein von natürlicher und auferlegter Scham hinsichtlich ihrer Offenbarung übereinstimmt.

Um bei der simpelsten Wahrheit anzukommen, braucht es, wie Newton es wusste und praktizierte, *Jahre der Kontemplation.* Nicht Aktivität. Nicht

Argumentation. Nicht Berechnung. Nicht geschäftiges Treiben jedwelcher Art. Nicht Lesen. Nicht Sprechen. Nicht Anstrengung. Nicht Denken. Einzig und allein *nicht aus den Augen verlieren,* was es ist, was man wissen möchte. Und noch immer wird denen, die den Mut haben, diesen Weg der wahrhaftigen Entdeckung zu beschreiten, praktisch nicht nur keine Anleitung mitgegeben, wie ihn zu beschreiten, sie werden überdies offen entmutigt und müssen im geheimen beginnen, während sie nach aussen vorgeben, emsig mit den verzweifelten Ablenkungen beschäftigt zu sein und mit den lähmenden persönlichen Meinungen konform zu gehen, mit denen sie ohne Unterlass befeuert werden.

Unter diesen Umständen repräsentieren die Entdeckungen, die jede beliebige Person angehen kann, die Orte, wo sie, im Augenblick induzierter Psychose und aufgrund ihres eigenen Versagens und nicht unterstützter Mühen, zu geistiger Gesundheit zurückgekehrt ist. Unter grossem persönlichen Schmerz, vielleicht sogar unter Gefahren. Aber immerhin zurückgekehrt, wenn auch verstohlen.

14
Das Esalen-Institut und die AUM-Konferenz

Wie ich in *Das Zentrum des Zyklons* berichtete, verbrachte ich zwei Jahre, von 1969 bis 1971, am Esalen-Institut in Big Sur. Esalen geniesst bei einer ansehnlichen Zahl von Menschen vor allem in den Vereinigten Staaten einen gewissen Ruf. Offensichtlich bildete es den Ursprung von Encounter-Gruppenarbeit mit William Schutz und von Gestalt-Therapie unter Fritz Perls. Eine der Hauptattraktionen waren die heissen Bäder. In den Klippen oberhalb des Pazifik gibt es heisse Quellen, die von den Indianern seit ewigen Zeiten benutzt wurden, bevor Michael Murphys Grossvater das Grundstück 1910 kaufte, bevor der Highway Number One hindurchgeführt wurde. Der Highway One wurde 1938 gebaut und führte durch dieses Gelände zwischen dem Pazifik im Westen und den Santa Lucia Mountains im Osten. Dann wurde ein Motel errichtet, und über die Jahre hinweg wurde das Motel grösser und pries seinerseits die heissen Quellen als Hauptattraktion.

Mike Murphy und Dick Price, die Gründer des Esalen-Instituts, lernten sich im Laufe eines Seminars über Asienkunde an der Stanford University kennen. Mike Murphy ging anschliessend nach Indien und verbrachte achtzehn Monate im Aurobindo Ashram in Pondicherry, wo er mit der kosmischen Mutter arbeitete. Das Leben im Ashram war rege, körperliche Ertüchtigung und Yogatechniken wurden den Schülern beigebracht. Nach Mikes Rückkehr schlossen er und Dick ein Abkommen mit seiner Familie und starteten Esalen. Alle Beteiligten mussten mit zupacken. In den frühen Tagen des Instituts wuschen Dick und Mike das Geschirr, besorgten den Garten und so weiter.

Mit der Zeit wurden sie besser bekannt. Über die letzten zwölf Jahre hinweg erweiterte sich ihr Angebot; der Einfluss Esalens auf die etablierte Öffentlichkeit nahm zu. Als Folge davon wurden über die Vereinigten Staaten verstreut an die hundert Nachahmungen des Esalen-Modells ins Leben gerufen, die als «Human Potential Movement Growth Centres» firmierten.

Ich kam 1969 in Esalen an, und wie vielen anderen vor mir, wurde meine Persönlichkeit für den Gebrauch meines Körpers, meines Gehirns, meines Geistes gerettet, damit ich eine integrierte Einzelperson werden konnte. Meine Esalen-Erfahrung setzte mit einem von Bill Schutz durchgeführten Freikörper-Wochenende ein. Er brachte es fertig, sechzig Leute (mich eingeschlossen) innerhalb von fünfzehn Minuten aus ihren Kleidern zu reden.

Dick Price entwarf einen Zeitplan für mich, und die nächsten sechs Wochen machte ich verschiedene Probeläufe durch Haupt- und Nebenprogramme des Esalen-Instituts. Ich nahm die Hürde des Nacktbadens am Strand, sah einen Delphin im Wasser und beobachtete vorüberziehende Wale; ich sah Seeottern auf dem Rücken an der Oberfläche schwimmen, wie sie ihre Beute, Krabben, gegen den Brustkasten schlugen und knackten. Wie bereits in *Das Zentrum des Zyklons* dargelegt, hatte ich die Beengung eines Labors und eines Lebens in den Tropen hinter mir gelassen, wo ich mit Delphinen gearbeitet und Forschungen über die Probleme der Kommunikation zwischen Menschen und Delphinen betrieben hatte.

Während meines Aufenthalts in Esalen wurde die erste Saat der AUM-Konferenz gesät, als mir Stewart Brand *(The Whole Earth Catalog)* G. Spencer Browns Buch *The Laws of Form* in die Hand drückte. Stewart bat mich, eine Besprechung dieses Buches für den Katalog zu schreiben. Ich fing an zu lesen, und sofort fiel mir die einzige Person in den Vereinigten Staaten, wenn nicht auf der Welt ein, die fähig war, dieses Buch umfassend und angemessen zu besprechen. Ich schlug Stewart vor, er möge das Buch an Heinz von Foerster schicken, dem Direktor des Biological Computer Laboratoriums der University of Illinois. Heinz ist eine der herausragenden Persönlichkeiten auf dem Gebiet der Kybernetik und Computer-Logistik. Als Ludwig Wittgensteins Neffe in Österreich aufgewachsen,

Alan Watts, Esalen-Institut.

ohn und Heinz von Foerster an der AUM-Konferenz.

kam er schon frühzeitig in Berührung mit den Gedanken, der Philosophie, die Brown weiterentwickeln sollte. Heinz' Rezension und Kommentar (wiedergegeben am Ende dieses Kapitels) erschien in *The Last Whole Earth Catalog* und bildet einen Einstieg in Browns Werk.

In den darauffolgenden Jahren fuhr ich fort, *The Laws of Form* zu lesen und versuchte zwischendurch immer wieder, es zu meistern . . . der Erfolg blieb gering. Ich machte Alan Watts darauf aufmerksam, der es mit einer solchen Begeisterung verschlang, dass er unverzüglich nach England reiste, um G. Spencer Brown persönlich kennenzulernen und mit ihm zu diskutieren. Als Alan zurückkehrte, schlug er vor, wir sollten eine Konferenz über *The Laws of Form* abhalten. Die Absicht war, die Arbeit Browns führenden amerikanischen Denkern vorzustellen, in der Hoffnung, die Auslegungen dieses Werkes zu diskutieren und unter allen möglichen Gesichtspunkten zu durchforsten. Wir hatten vor, bestimmte Leute mit Brown zusammenzuführen; auch glaubten wir, dass ein Zusammentreffen Browns mit ebenbürtigen Amerikanern für ihn selbst nützlich und anregend sein könnte.

In verallgemeinerndem Rahmen schlug Alan vor, die Konferenz sollte ein erstes Zusammenkommen der «American University of Masters» (AUM) sein. Absichtlich wählte er das Akronym AUM als die Form des Sanskrit-Mantram, welches die Bedeutung Universum und höchste Wesen im Universum hat. Alan glaubte, der westliche Yogi könne vom östlichen lernen und umgekehrt. Wir planten, AUM zu einer fortlaufenden Ad-hoc-Institution auszubauen. Durch Alans überraschenden Tod blieben diese Pläne (zumindest vorübergehend) in ihrer Anfangsphase stecken. So kurzlebig sie auch gewesen sein mag, so hatte die Organisation einen ermutigenden Effekt in unserem Leben.

Gemeinsam schrieben wir an G. Spencer Brown. Nach mehreren Telefonaten stimmte Brown zu, auf einen 48stündigen Besuch aus London anzureisen. Toni und ich holten ihn mit unserem Wohnmobil vom Flughafen San Francisco ab. Während der dreistündigen Fahrt nach Big Sur ruhte er sich auf dem Bett im hinteren Teil des Wagens aus. Es war beeindruckend, wie er, trotz Jetlag und ohne grosse Ruhepause, bereit war, den amerikanischen Kollegen seine neue Rechnungsart vorzustellen.

Zwei geschlagene Tage lang bot er, jeweils an die sechs Stunden lang, ausgefeilteste Ausführungen dar, wie ich sie selten erlebt habe. Er erläuterte nicht nur die wichtigsten Grundsätze aus *The Laws of*

Form, sondern ging auch seine Theorie der fünf Ebenen der Ewigkeiten durch, wie sie in der Fussnote eines seiner unter dem Pseudonym James Keys verfassten Bücher, in *Only Two Can Play This Game,* dargelegt werden.

Nach Browns Abreise referierten die anderen Konferenzteilnehmer über sein Werk. Heinz von Foerster fasste die Ergebnisse der Konferenz auf die ihm eigene einzigartige Weise abschliessend zusammen.

In seiner Zusammenfassung rekapitulierte Heinz einige der philosophischen Phänomene in *The Laws of Form* und schloss seine Ausführungen mit einem weiteren Beispiel magischer Logik und biologischer Bedeutung, indem er aufzeigte, dass Spencer Browns logische Operation des «Kreuzes» so angelegt ist, dass es sich, wenn es auf die Leere hin operiert, auf wundersame Weise selbst neu erschafft. Schliesslich lenkte Heinz unsere Aufmerksamkeit auf eine höchst rührende Beziehung zwischen G. Spencer Brown und zwei weiteren Männern, die alle drei durch einen Zustand der Melancholie miteinander verknüpft sind, von der diejenigen befallen werden, die wissen, dass sie wissen. Diese Männer sind Ludwig Wittgenstein sowie Don Juan, der Lehrer Carlos Castanedas. Um diese Beziehung zu erkennen und diese Melancholie zu fühlen, sollte man sich der letzten Worte von *The Laws of Form* erinnern. Nachdem G. Spencer Brown jene unglaubliche Gewalttour hinter sich gebracht hatte, die Bertrand Russell «eine neue Rechnungsart von gewaltiger Kraft und Einfachheit» nannte, beschliesst Spencer Brown sein Buch mit den Worten: «Damit sehen wir, dass unsere Reise, wie wir sie uns zuvor ausgedacht haben, unnötig war, obwohl ihr rein formeller Ablauf, einmal begonnen, unvermeidlich war.» Dies erinnert an Ludwig Wittgenstein, wenn er, in seinem *Tractatus Logico-Philosophicus,* jene berühmte abschliessende Aussage macht, die, voller Resignation, lautet: «Wovon man nicht sprechen kann, darüber muss man schweigen.»

Um den Kreis zu schliessen, wird Heinz uns jetzt aus den letzten Absätzen von Carlos Castanedas *Reise nach Ixtlan* vorlesen. Die Situation ist folgende: Don Genaro, Don Juans *Brujo*-Freund, ist gerade mit der Beschreibung dessen fertig, was er verlassen hatte, als er die «Gefilde des Wissens» betrat, mit der Metapher des ständigen Reisens, ohne jemals in Ixtlan anzukommen. Don Genaro, Don Juan und Carlos Castaneda sitzen in einem Dreieck da, und Castaneda schreibt:

Ich fühlte, wie eine Welle von Schmerz und unbeschreiblicher Einsamkeit uns drei verschlang. Ich sah Don Genaro an und wusste, dass er, ein so leidenschaftlicher Mann, viele, viele Bindungen des Herzens, viele, viele Dinge gehabt haben musste, die ihm etwas bedeuteten und die er zurückliess. Ich fühlte ganz deutlich, wie in diesem Augenblick die Erinnerung mit der Gewalt eines Erdrutsches auf ihn einstürzte, und dass Don Genaro nahe daran war, zu weinen.

Ich wandte schnell den Blick ab. Don Genaros Leidenschaft, seine äusserste Leidenschaft, machte mich weinen.

Ich blickte zu Don Juan. Er sah mich unverwandt an.

«Nur als Krieger kann man auf dem Pfad des Wissens überleben», sagte er. «Denn die Kunst des Kriegers ist es, den Schrecken, ein Mensch zu sein, und das Wunder, ein Mensch zu sein, miteinander im Gleichgewicht zu halten.»

Ich sah die beiden an, einen nach dem anderen. Ihre Augen waren klar und voller Frieden. Eine Flut überwältigender Sehnsucht hat sich in ihnen aufgestaut, und als sie nahe daran zu sein schienen, in leidenschaftliche Tränen auszubrechen, hielten sie die Flut zurück. Einen Augenblick glaubte ich zu *sehen*. Ich *sah* die Einsamkeit des Menschen als riesige, erstarrte Woge, zurückgehalten durch die unsichtbare Wand eines Sinnbilds.

Aus Heinz' Zusammenfassung der AUM-Konferenz leite ich folgende Erklärung für Browns kleines Symbol ab, das wie ein auf dem Kopf stehendes, grosses L aussieht (˥), welches man gleichzeitig als Operator und als Signal benutzen kann. Wenn man das Signal durch den Operator eingibt, erzeugt es eine endlose Reihe des mit dem unmarkierten Zustand alternierenden markierten Zustands. Mit anderen Worten – erst der Operator selbst, dann das Kreuz, der markierte Zustand, dann der unmarkierte Zustand (die Leere, oder anders gesagt, der leere Raum ausserhalb eines jeden Universums), der markierte Zustand usw. Diese Reihe wurde ein «Flippety» genannt: Ein automatischer Oszillator, der als Grundlage aller Kommunikation angesehen werden kann, aller Berechnungen, aller Schöpfung. Später führten solche Betrachtungen (nach dreijährigem Studium von *The Laws of Form)* Francisco Varela, in Zusammenarbeit mit Heinz zur Entwicklung einer dreifach bewerteten Logik: Der unmarkierte Zustand, ein auf sich selbst beziehender Operator und der markierte Zustand.

Varelas Neuentwicklung mag eines Tages von Nutzen sein, das im Anschluss an mein Studium von *The Laws of Form* in mir verbliebene Dilemma zu lösen. Dieses Dilemma wurde weder an der Konferenz noch in meiner anschliessenden Arbeit gelöst.

So simpel es scheinen mag, das Dilemma besteht daraus:

Wo ist der Mathematiker und wo sein Leser in all dieser Hochleistungs-Rechenart? Brown verbannt «den Beobachter», offensichtlich zu seiner eigenen Zufriedenheit, wie folgt:

> Wir sehen jetzt, dass die erste Unterscheidung, die Markierung, und der Beobachter nicht nur untereinander austauschbar sind, sondern in der Form identisch.

Dies ist im ganzen Werk der einzige Hinweis auf «den Beobachter». Meine Frage lautet: Wer gibt oben zitierte Erklärung ab? Bezieht sich diese Aussage hinsichtlich ihres Schöpfers auf sich selbst? Sind Schöpfer und «Beobachter» äquivalent, oder verbirgt sich mehr dahinter, als hier ausgesagt wird?

Brown sagt, in einer Anmerkung zu Kapitel 2 von *The Laws of Form,* dass:

> ... die primäre Form mathematischer Kommunikation ist nicht Beschreibung, sondern Injunktion. In dieser Hinsicht ist sie vergleichbar mit praktischen Kunstformen, wie der Kochkunst, in der der Geschmack eines Kuchens, obwohl eigentlich nicht beschreibbar, dem Leser in Form einer Reihe von Injunktionen (Anweisungen), Rezept genannt, vermittelt werden ... einer Reihe von Anweisungen, die, werden sie vom Leser befolgt, in einer Reproduktion resultieren können, und zwar für den Leser der ursprünglichen Erfahrung (des Schreibenden).

An dieser Stelle meldet sich mein Dilemma aufs neue: *The Laws of Form,* so wie es geschrieben ist (als eine Aufzählung von Injunktionen) postuliert den Schöpfer, seine Injunktionen, den Leser, die Erfahrung seines Schöpfers und ihre Reproduktion im Leser.

Brown fährt mit derselben, von Heinz weiter oben zitierten Aussage fort:

> Wo Wittgenstein sagt:
>
> Wovon man nicht sprechen kann, darüber muss man schweigen.
>
> scheint er lediglich beschreibende Sprache zu erwägen. An anderer Stelle bemerkt er, dass der Mathematiker, beschreibend gesprochen, nichts sagt.

Meine eigenen Einschiebungen zu Browns nächster Aussage füge ich in eckigen Klammern an:

> Dasselbe mag für den [Koch] gelten, der, wollte er *eine Beschreibung* (das heisst, eine Begrenzung) der *durch* (das heisst, unbegrenzt durch) sein [Re-

zept] ersichtlichen Aneinanderreihung von [Geschmacks-]Ekstasen versuchen, würde er notwendigerweise erbärmlich versagen. Aber weder der [Koch] noch der Mathematiker müssen aus diesem Grund schweigen.

Bertrand Russell brachte in seiner Einführung zum *Tractatus* zum Ausdruck, «was folglich ein berechtigter Zweifel hinsichtlich der Richtigkeit von Wittgensteins letzter Aussage zu sein scheint», wenn er sagt:

> Was einen zögern lässt, ist ... Herr Wittgenstein bringt es fertig, eine Menge über das zu sagen, worüber man nicht sprechen kann, und legt dem skeptischen Leser somit nahe, dass es, durch eine sprachliche Hierarchie oder durch einen anderen Weg, möglicherweise ein Schlupfloch gäbe.

Wie wir gesehen haben, liegt der Ausgang klar und deutlich im injunktiven Vermögen der Sprache.

Der Weg zum Verständnis ist lang und entbehrungsreich, er ist notwendigerweise kompliziert, zumal es sich um die Vervollkommnung eines sprachlichen Bereichs handelt. Russell ist der Auffassung, dass es ein Schlupfloch gibt, das in Wittgensteins ausführlichen Belehrungen nicht gegenwärtig ist. Er sucht nach einem Ausgang. Brown behauptet, dass der Ausgang im äusseren injunktiven Gebrauch von Sprache, jenseits des inneren injunktiven Gebrauchs von Sprache in Wittgensteins System liegt. Brown unternimmt den Versuch, dieses philosophische Problem um das Ende des Wittgensteinschen Systems aufzuschlüsseln, damit es sich über den bloss beschreibenden Gebrauch von Sprache hinaus erweitert. Im Rahmen meiner eigenen Arbeit habe ich folgendes formuliert:

1 *Kommunikation* ist der Prozess, einen anderen Geist zur Teilnahme an der Konstruktion einer Reihe von Instruktionen für die Konstruktion einer Simulation einzuladen, für die Konstruktion eines Modells für: wie denken und/oder bauen und/oder fühlen und/oder ein äusserlich wirklich neues Objekt herstellen, eine weitere Simulation, einen Seinszustand, einen Zustand seiner zentralen Prozesse, ein Modell von Kommunikation selbst, eine neue Sprache, eine neue Rechnungsart oder was sonst immer.

2 *Information* existiert ausschliesslich in einem Geist in einem Zentralnervensystem (ZNS).

3 *Signale* (verbale, nicht-verbale, unbekannte eingeschlossen) existieren ausserhalb des Geistes und übermitteln Information von einem Geist/ZNS durch den Körper, durch die äussere Wirklichkeit zu einem anderen Körper/ZNS/Geist.

4 Ein Beobachter/Teilnehmer lebt innerhalb seiner *Programmbereiche* innerhalb der zentralen Prozesse eines Zentralnervensystems.
5 Ein Beobachter/Teilnehmer ist durch seine *Simulationen* innerhalb seines Programmbereichs eingeschränkt.
6 Die *Programmbereiche* des Beobachters/Teilnehmers *können über seine derzeitigen Begrenzungen hinaus erweitert werden, indem er sich an der Suche nach neuen, in diesen Bereichen noch nicht existenten Simulationen beteiligt.*
7 Die Aktivitäten innerhalb der Programmbereiche des Beobachters/Teilnehmers können innerhalb bestimmter Grenzen (unbekannt/bekannt) selbst-programmiert und folglich auf sich selbst bezogen sein.
8 *Der Beobachter/Teilnehmer kann derzeitig als Eigentum der Programmbereiche angesehen werden:* Die zufriedenstellende Definition dieser «Wesenheit» (Beobachter/Teilnehmer) muss noch vervollständigt werden.
9 Der Beobachter/Teilnehmer setzt eine *Anordnung von Verfahren* ein, und zwar wie folgt (jede Sprache, jede Mathematik, jede Repräsentation hinsichtlich der eigenen inneren Wirklichkeit [«innere Simulationen innerer Erfahrung»] betreffend und/oder/einschliesslich jeder Repräsentation der eigenen äusseren Wirklichkeit [«Simulationen äusserer Erfahrung»] oder jeder in seinem Programmbereich liegenden Repräsentation, welche diese «inneren/äusseren» Bereiche überbrückt):
a *Eine Simulation ist beschreibend injunktiv (nicht eines, sondern beides).*
b *Eine direkte Erfahrung von Neuem, von Einzigartigkeit* (die innerhalb zentraler Prozesse oder innerhalb eingehender Signale, oder beidem, entstehen) *wird vom Beobachter/Teilnehmer erlebt durch einen Filter/Schutzschirm/Verarbeitungsbereich jenseits seiner bewussten Fähigkeit als Beobachter/Teilnehmer:* Ein sehr grosser Teil der Wahrnehmung benötigt eine Verarbeitungs/Berechnungs/Verzögerung, während der er nicht bewusst teilnehmen kann.
c Der Beobachter/Teilnehmer hinkt den Signalen stets ein wenig hinterher, die jene Rechenvorgänge hervorbringen, die für ihn bald darauf «informativ» werden.
d *Information ist die zentrale Verarbeitung von Signalen, die im ZNS ein- und von ihm ausgehen.*
e *Was ein «Transfer von Information» von einem Geist zum andern zu sein scheint, existiert aufgrund gegenseitigen Nachahmens.*
f *Direkte Erfahrung (innere, äussere, innere/äussere) kann nicht di-*

rekt von einem Geist zum anderen übermittelt werden: Lediglich Simulationen können analysiert und gegenseitig in geeignete Signale für den Transfer zu einem anderen teilnehmenden Geist umgewandelt werden.

g In einer Dyade aus zwei Körpern (mit zwei separaten Geistern) kann nur das, was in miteinander vereinbarten Simulationen enthalten ist, zu geeigneten kommunikativen Simulationen werden, die die geeigneten Signale hervorbringen und somit «gemeinsame» Information.

h *Von allen möglichen Anordnungen von Simulationen kann wechselseitige dyadische Suche aufgenommen werden, um anderswo geeignete Simulationen zu entwickeln oder zu finden.*

i Simulationen und/oder Metasimulationen teilen sich in unterschiedliche Kategorien (und zwar in einem Geist und/oder in mehr als einem Geist):

- i Wahr
- ii Falsch
- iii «Als-ob-wahr»
- iv «Als-ob-falsch»
- v Bedeutungslos
- vi «Als-ob-bedeutungslos»

j Wahr in der injunktiv/beschreibenden Form drückt einen hohen Grad der Gleichartigkeit von Simulation zu direkter Erfahrung/Teilnahme (innere, äusere, innere/äussere) aus.

k Falsch (in derselben Form) drückt nicht vorhandene oder niedrigere Grade der Gleichartigkeit aus.

l Die «Als-ob-Werte» werden in der Aufbauphase von Simulationen beim Abschätzen von Simulationen angewandt, bei der Erkenntnis, dass alle Simulationen Programme in einem begrenzten Geist sind. (Bei der tieferen Analyse sind alle Simulationen «als-ob-wahr/falsch».)

m Bedeutungslos wird gebraucht in Zusammenhang mit Simulationen, die im Programmbereich des Beobachters/Teilnehmers unbrauchbar sind.

n «Als-ob-bedeutungslos» wird in Zusammenhang mit Simulationen gebraucht, die noch nicht die eigenen sind.

Damit wird sichtbar, dass Wittgensteins Behauptung («Wovon man nicht sprechen kann, darüber muss man schweigen.») im stillen eine Injunktion zur Suche ist, bis man die nötigen Simulationen gefunden hat, um die Information abzugeben, von der man innerlich weiss, dass sie wahr ist – Simulationen, die mit anderen disziplinierten Geistern geteilt werden, die die notwendigen Instruktionen zum Aufbau ausreichend korrespondierender Simulationen haben, um die neue Information zu empfangen, sie finden oder kreieren zu können, oder bereit sind, sie anzunehmen. (Brown verbrachte mehrere arbeitsreiche Wochen mit Russell, um *The Laws of Form* als neue Rechnungsart zu demonstrieren.) Der äusserste menschliche Test der eigenen Simulationen ist ihre Anwendbarkeit bei der Kommunikation mit anderen: Die Konstruktion neuer übereinstimmender Simulationen, in die sich eine zunehmend grössere Zahl von Geistern (hoffentlich über den gesamten Planeten hinweg) teilen.

Das Studium injunktiver/beschreibender Simulationen und ihrer tiefen, grundlegenden Struktur ist in den inneren/äusseren Realitäten lohnend. Die in dieser Konferenz sich abzeichnende Tendenz lautet, dass disziplinierte Geister geeignetere, nützlichere, wirksamere Simulationen auf allen Gebieten brauchen. Mathematik und Logik sind die Metasimulationen, die eine erhöhte Wirksamkeit in alle Operationen unserer inneren Programmbereiche bringen. Intellektuell gesehen ist es weniger kompliziert und viel wirksamer, Simulationen (und aus ihnen konstruierte Anschauungsweisen) zu verstehen als eine Anschauungsweise zu verteidigen, als ob das eigene Überleben von ihr abhinge. Auf Anschauungsweisen basierende Verteidigung/Attacke ist in der heutigen Zeit eine bedeutungslose Simulation, die möglicherweise zum Ende der Menschheit, wie wir sie kennen, führt. Die Macht der Worte, die Macht der Sprache, von Anschauungen, von Simulationen, kann tödlich sein – vor allem dann, wenn sie hinsichtlich voneinander getrennter Übereinstimmungen nicht geteilt wird, unwirklich ist und mit mangelnder oder fehlender Kommunikation untereinander in Isolation wächst.

Andere Teilnehmer lehrten *The Laws of Form* wie im Buch vorgegeben. Douglas Kelley, ein Mathematiker aus Chicago, hielt eine Reihe erläuternder Vorlesungen für diejenigen ab, die es nötig hatten. Gregory Bateson gab seine gescheiten Gutachten auf demselben Gebiet ab und verband einiges aus Browns Gedankengut mit seinem eigenen Werk, in *Ökologie des Geistes.* Gregory, der auf viele von uns einen anhaltenden Einfluss ausübte, wird gerade (im Alter von siebzig Jahren) von einer allgemeineren intelligenten Leserschaft entdeckt. Seine Zeit scheint endlich gekommen – das wird uns alle bereichern.

John Brockman trug seinen üblichen Humor bei, indem er zeigte, dass «auf der Leinwand der Worte nichts ist», das heisst, die Leere lässt sich nicht darstellen. Die Brockman-Leere wird in *Afterwards* entwickelt, einem Buch, dessen leere Seiten mit Wörtern durchsetzt sind, die sich selbst aufheben.

(Baba) Ram Dass gab eine warmherzige Darstellung seiner in seinem Guru verkörperten Anschauungen; er sagte, ein jeder von uns sei sein Guru; sein Guru ist von universeller Ausdehnung. Er sagte, er liebe ihn [uns] von ganzem Herzen.

Alan Watts machte viele ausserordentliche Bemerkungen, eine davon wird Toni unvergesslich bleiben . . .«Es gibt keine Substanz, alles ist Form», genau wie in seiner Version der Physik. Ein Teil von *The Laws of Form* (Die Grundlagen der Algebra, Kapitel 1) wurde gegen Ende der Konferenz von Kurt von Meier und seiner Truppe mit Musik unterlegt. Alle AUM-Beiträge wurden auf Band aufgenommen. Browns Vortrag wurde abgeschrieben: Eine klare Präsentation, die die Gesetze mit seinen «fünf Ebenen der Ewigkeit» verknüpft.

Brown hat einen eigenen Verlag, die G. Spencer Brown Ltd., in Cambridge, England. In den Vereinigten Staaten wurden Browns Bücher auf unseren Vorschlag hin von Arthur Ceppos (Julian Press) veröffentlicht. *The Laws of Form* ist jetzt als Paperback erhältlich (Bantam Books). Ich empfehle die amerikanische Ausgabe, da sie eine neue Einführung enthält, die die Aufnahme der «Gesetze» etwas erleichtert.

Toni:

Meine erste Bekanntschaft mit G. Spencer Brown/«James Keys» als einer Person, dem Mann hinter der anlässlich der AUM-Konferenz präsentierten Theorie, machte ich in einem Brief meines alten Freundes Alan Watts.

Als wir das Manuskript *Only Two Can Play This Game* erhielten, hatten John und ich etwa ein Jahr zusammengelebt. Browns Buch *The Laws of Form* hatte Alan ursprünglich von John erhalten. Alan kehrte mit dem neuen Manuskript, welches er uns dann zuschickte, von einem Besuch bei Brown in England zurück. Wir waren im Begriff, nach New York zu fliegen, und nahmen das Manuskript mit.

Wir lasen es gemeinsam während des Fluges. Ich lachte und weinte die ganze Zeit, was bei den Mitreisenden Verwirrung hervorrief. Ich liebte den mystischen, romantischen und kosmischen Humor der Story. Ich erinnere mich, wie ich ihn fragte, ob sie jemals wieder zusammen kamen (James Keys und das Mädchen in der Story). An seine genaue Antwort kann ich mich nicht erinnern, aber es war niemals ein Ja oder Nein.

Das Buch hatte mich so gerührt, dass ich gleich nach der Ankunft in New York Arthur und Prue Ceppos aufsuchte, es Arthur in die Hand drückte und dann stundenlang über meine Reaktion und warum ich meinte, er solle es veröffentlichen, redete. Ich erhielt eines der ersten Exemplare mit der Inschrift «Der Patin».

Was immer mir möglich war, aus *The Laws of Form* zu assimilieren, geschah durch Leute wie John und Alan. Aufgrund meiner Erfahrung verstand ich es intuitiv. «Flippety», wie er es nennt, kann man in Verbindung setzen mit:

- der Zweiteilung von: soll ich? soll ich nicht?
- dem Oszillator
- Ausdehnung und Zusammenziehen
- dem kosmischen Balanceakt oder kosmischem Surfen, wie ich es gern nenne. Letzteres kenne ich seit einiger Zeit besonders gut.

Wir waren beide gespannt und neugierig, ihn zu treffen, und ein Zufall schien sich an den anderen zu reihen, so dass sich die richtige Dichte staute, um die Konferenz wirklich stattfinden zu lassen. Somit wurde die «American University of Masters» gegründet, und die hervorragendsten Köpfe aus dem ganzen Land kamen zusammen, um dem Ex-Universitätslehrer aus Oxford bei der Präsentation seines *The Laws of Form* in Big Sur zu lauschen.

James, wie er mich bat, ihn zu nennen, gleicht einem seltenen exotischen Vogel mit einem Federwerk, wie ich es nie zuvor gesehen hatte. Sein exzentrisches Verhalten ist von ausgeprägtem Stil bestimmt (zumindest in kleinen Dosierungen, denen ich ausgesetzt war). Ich liebte seine Stimme. Seinen Ausführungen nur zuzuhören war ein Privileg. Er ist rundum ein Profi.

Ich war glücklich, die Erinnerung an jenes letzte Zusammenkommen mit Alan Watts zu haben, der kurze Zeit später starb. Er fühlte sich als Gastgeber gegenüber Gleichrangigen so wohl. Jeden Morgen um sechs Uhr schlug er einen Gong und weckte die Anwesenden zur Meditation. Die meisten von uns meditierten, wie sie es gewohnt waren. Es war irgendwie beruhigend, den Gong zu hören. Das letzte allabendliche Zeichen war die einsame Figur Alans, wie er den Motel-Korridor auf und ab ging, auf der Suche nach einem weiteren Nachtschwärmer mit dem es, über einem letzten Glas, noch etwas zu plaudern gab.

Im Kreis Gleichrangiger, im Gegensatz zu Schülern, war Alan in Hochform. Er wollte James so sehr helfen, geselliger zu sein, was James' Stil natürlich nicht entsprach.

Vieles von dem Charme der Konferenz ging nicht vom offiziellen

Programm und den Vorträgen aus, sondern von den Wechselbeziehungen der «Meister» untereinander und den Wechselbeziehungen zwischen unserer Gruppe und dem Esalen-Stab. Hier war eine Gruppe von «Superköpfen» nach Esalen herabgestiegen, einem Ort, wo viele Leute denken, dass «der Körper der Tempel des Geistes ist». So wie die Esalen-Leute misstrauisch, gar verächtlich waren, so hatten auch die AUM-Mitglieder vergessen, dass es etwas gab, das man Körper nennt. Doch sollte das Eis im Verlauf der Konferenz brechen, Diskussionen kamen auf, die AUM-Leute probierten die Bäder, liessen sich nackt massieren und genossen die Ambience von Big Sur.

Die schönsten Erinnerungen sind die an einzelne Teilnehmer und was sie an Stil und Persönlichkeit mitbrachten.

Kurt von Meier, amerikanischer Meister-Schamane, und seine Musiker unterlegten Mathematik mit Musik. Am Schluss der Konferenz gab er ein Konzert. Die neuen, durch Hinzunahme von Musik entstehenden Dimensionen liessen Hermann Hesses «Glasperlenspiel» lebendig werden.

(Baba) Ram Dass war wie immer ganz sein liebenswürdiges Nicht-Selbst. Er verbrachte eine herrliche Zeit, indem er den Eindruck vermittelte, der akademischen Verpackung dieser neuen westlichen/mystischen Mathematik zu widerstehen. Eines Abends blieben wir lange auf, als der Mathematiker Ted Glynn eine typisch westliche Haltung gegenüber Ram Dass' östlichem Trip einnahm. Zuerst brachte Ram Dass viele Argumente, war sogar verwirrt, dann aber begann er plötzlich strahlend zu lächeln, wandte sich Ted zu und dankte ihm, dass er sein Guru sei.

Gregory Bateson und seine liebenswürdige Frau waren mit ihrer hübschen Tochter Nora da. Gregory mit seinen würdevollen englischen Manieren «räusperte» sich seinen Weg durch die Versammlungen und assimilierte in aller Stille.

Heinz von Foerster war liebenswürdig und belesen wie immer. Er stellt eine seltene Kombination dar aus österreichischem Charme und einer verblüffenden Fähigkeit, selbst die komplizierteste Aussage verständlich zu machen. Nachdem Brown abgereist war, gab Heinz seine dynamische Interpretation dessen, was vorgetragen worden war.

John Brockmans tiefschürfender Humor ermöglicht es mir immer wieder, einen Blick von mir selbst zu erhaschen, wie ich um eine Ecke gehe. Eines Morgens, als Alan beim Frühstück aus den Druckfahnen des inzwischen veröffentlichten *Afterwards* vorlas, blickte er auf und sagte lachend, «Er ist wie jener Mann, der einen Kreis auf ein Stück Papier malt, um ein Loch zu machen, dann ins Loch hineinspringt und dann den Kreis, das Papier und *uns* hinter sich herzieht und nichts zurücklässt . . . ausser der Leere.»

George Gallagher und seine Frau Betty halfen mir, einiges dieser hochgezüchteten Mathematik in die richtige Pespektive zu rücken. George verfügt über die wundervolle Gabe, mit kurzen, präzisen Analogien zu vereinfachen.

Es war eine gute Show . . . einige der Intellektuellen («Mystiker») unserer Kultur, die da zusammenkamen, um Interpretationen einer neuen mathematischen Theorie zu vergleichen . . . mitten zwischen mineralischen Bädern, Massage und Sonnenschein.

Heinz von Foersters Besprechung von The Laws of Form *von G. Spencer Brown, erschienen in* The Last Whole Earth Catalog, *Seite 12,* Portola Institute, Menlo Park, Kalifornien 94025, USA.

Die Gesetze der Form wurden endlich geschrieben! Mit einem «Spencer Brown» transistorisierten Trockenrasierer (ein Occam-Modell des 20. Jahrhunderts). G. Spencer Brown schneidet superweich durch zwei Jahrtausende Gestrüpp höchst fruchtbaren und widerstandsfähigen semantischen Unkrauts und beglückt uns mit seinem prächtig geschriebenen *Laws of Form.* Diese herkulische Aufgabe, die, rückblickend, von grösster Einfachheit ist, ruht auf seiner Entdeckung der Form der Gesetze. Gesetze sind keine Beschreibungen, sie sind Befehle, Injunktionen: «Tue!» Folglich ist die erste konstruktive Aussage in diesem Buch der ausdrückliche Befehl: «Mache einen Unterschied!», eine Ermahnung, den ersten schöpferischen Akt zu vollziehen.

Danach fügt sich alles andere praktisch reibungslos an: Eine rigorose Grundlage in Arithmetik, Algebra, Logik, einer Rechnungsart von Anzeichen, Absichten und Sehnsüchten; eine rigorose Entwicklung von Gesetzen der Form, mögen sie sich aus logischen Zusammenhängen zusammensetzen, aus Beschreibungen des Universums durch Physiker und Kosmologen, oder aus Funktionen des Nervensystems, welches Beschreibungen des Universums, von dem es selbst ein Teil ist, hervorbringt.

Das alte und ursprüngliche Geheimnis, an dem Ludwig Wittgenstein noch herumrätselte *(Tractatus),* nämlich, dass die Welt, wie wir sie kennen, so aufgebaut ist, dass sie sich selbst sehen kann, löst G. Spencer Brown durch einen höchst überraschenden Wandel der Wahrnehmung. Er zeigt, ein für allemal, dass das Auftauchen dieses Geheimnisses unvermeidbar ist. Was aber unvermeidbar ist, ist in gewissem Sinne kein Geheimnis. Das Schicksal aller Beschreibungen ist «. . . was offenbart, wird verschleiert werden, aber was verschleiert ist, wird wieder offenbart werden.»

An diesem Punkt wird selbst der treueste Leser misstrauisch werden: Wie kann der Begriff einer solch simplen Injunktion «Mach einen Unterschied!» solchen Reichtum an Einsichten produzieren? Das ist in der Tat verblüffend – aber, es tut das tatsächlich.

Der Schlüssel zu all dem ist Spencer Browns findige Wahl der Bezeichnung ⏋ für einen Operator, der die verschiedensten Dinge gleichzeitig erledigt. Dieses Schriftzeichen ist ein Zeichen, um einen Unterschied zu machen, indem man etwa einen Kreis auf ein Stück Papier malt, welcher einen Unterschied bewirkt zwischen Punkten innerhalb und ausserhalb des Kreises; aufgrund seiner Asymmetrie (wobei die konkave Seite seine Innenseite ist) stellt es die Möglichkeit dar, etwas anzuzeigen; schliesslich steht es für eine Anweisung, die Begrenzung der ersten Unterscheidung zu überschreiten, indem der auf der Innenseite des Zeichens angegebene Zustand überschritten wird in Richtung des von dem Zeichen angegebenen Zustands. (Ein Raum ohne Zeichen zeigt den unmarkierten Zustand an.) Darüber hinaus mögen sich diese Operationen wechselseitig beeinflussen und eine fundamentale Arithmetik hervorbringen, eine Gelegenheit, die uns aufgrund einer fehlerhaften Zeichengebung in der konventionellen Arithmetik vorenthalten wird – wie Karl Menger in «Gulliver in the Land without One, Two, Three» *(The Mathematical Gazette,* Band 53, Seiten 224–50, 1959) hervorgehoben hat.

Diese Operationen werden mit den zwei, auf den Seiten 1 und 2 gezeigten Axiomen (weitere braucht man nicht) definiert. Es sind: AXIOM I. Das Gesetz des Rufens:

Die Werte eines wiederholten Rufes ist der Wert des Rufes. Das heisst, wenn ein Name gerufen wird, und dann noch einmal gerufen, ist der von beiden Rufen zusammen angezeigte Wert der Wert, der von einem von ihnen angezeigt wird. Das heisst, um ihm einen Namen zu geben, wiederzurufen ist rufen. (Mit einer Formel ausgedrückt:

⏋ ⏋ = ⏋

die «Form der Kondensation».)

AXIOM 2. Das Gesetz des Überschreitens:

Der Wert eines wiederholten Überschreitens ist nicht der Wert des Überschreitens. Das heisst, wird das Überschreiten einer Begrenzung beabsichtigt, und wird dann beabsichtigt, wieder zu überschreiten, ist der Wert, der von den zwei Absichten zusammengenommen, angezeigt wird, der Wert, der von keiner von ihnen angezeigt wird.

Das heisst – für jegliche Begrenzung – Wiederüberschreiten ist nicht Überschreiten. (Mit einer Formel ausgedrückt:

⏋⏋ =

die «Form der Aufhebung».)

Nehmen wir einmal eine komplizierte Formel

Dann gleicht, aufgrund der zwei Axiome

E =

Am Anfang wird diese Rechnungsart nur für endliche finite Formeln entwickelt (die eine finite Anzahl von ⌉ einbeziehen), einfach deshalb, weil eine Demonstration sonst eine unendliche infinite Zahl von Schritten erfordern würde, und somit niemals vollendet würde. In Kapitel 11 greift Spencer Brown das Problem infiniter Formeln jedoch auf, indem er einer Formel erlaubt, ihren eigenen Raum wieder zu betreten. Das kann nicht gut gehen, und in diesem Augenblick erwartet man das Auftauchen von Antinomien. Aber nein! In seiner Zeichengebung kommt das klassische Aufeinanderprallen zwischen einem simultanen Nein und Ja niemals vor, das System wird «bi-stabil» und springt von einem zum anderen der zwei Werte als Konsequenz früherer Werte, und generiert damit Zeit! Unter den vielen Glanzstücken in diesem Buch mag sich dieses als das glänzendste erweisen.

Die dreissig Seiten «Notizen», die den zwölf Kapiteln Präsentation folgen, kommen dem Leser genau in dem Moment zu Hilfe, wo er im Gitterwerk eines komplizierten Kristalls die Orientierung verliert. Folglich ist es ratsam, beide möglichst parallel zum Text zu lesen, wenn man den Drang, die Notizen weiterzulesen, unterdrücken kann.

In einer kurzen Einführung rechtfertigt Spencer Brown die mathematische Methode, die er in diesem Buch als Zugang gewählt hat: «Im Gegensatz zu oberflächlicheren Formen der Expertise, ist Mathematik eine Methode weniger und weniger über mehr und mehr zu sagen.» Wird diese Strategie bis an die Grenzen strapaziert, werden wir in der Lage sein, nichts über alles zu sagen. Das ist natürlich der Zustand höchsten Wissens und birgt einen Kern für eine Rechnungsart der Liebe, wo Unterschiede aufgehoben sind und alles eins ist. Spencer Brown hat einen wichtigen Schritt in diese Richtung getan, und sein Buch sollte in den Händen aller jungen Leute sein – auf eine Altersbegrenzung nach unten kann man getrost verzichten.

Toni, John und Rosie.

15
Ein Wiedersehen mit den Delphinen

In der Dyade haben wir beschlossen, uns wieder der Arbeit mit Delphinen zuzuwenden, sie genau zu untersuchen und eine gänzlich neue Arbeit mit Delphinen zu beginnen. Mit Delphinen zu arbeiten ist sehr aufregend. Sie sind verspielt, neugierig und entwickeln sehr enge Bindungen an den Menschen. Sie sind unendlich geduldig mit uns. Über eine Zeit von dreizehn Jahren wurde bei all unserer Arbeit mit den Delphinen niemand sonderlich verletzt. Die meisten von uns erhielten bei der Arbeit im Wasser blaue Flecken oder von Zeit zu Zeit ein paar Kratzer, wenn wir die Delphine einmal zu sehr strapazierten. Ihre Disziplin im Umgang mit Menschen im Wasser ist wirklich verblüffend. Wenn sie einen nicht im Wasser haben wollen, stossen sie einem ihre Schnäbel gerade so fest an die Beine, dass man aus dem Wasser steigt. Besteht man darauf, ins Wasser zu kommen, kann es geschehen, dass sie einem mit ihren Zähnen sehr präzise, sehr kontrolliert die Haut aufritzen. Wenn ich daran denke, dass ein Delphin einen knapp zwei Meter langen Barrakuda in der Mitte durchbeissen kann, so ist es nicht schwer, sich vorzustellen, dass sie einem einen Arm oder ein Bein abreissen können; dies geschah jedoch nie.

Der grösste Delphin ist der *Orcinus orca;* man findet ihn in den Vereinigten Staaten, Kanada und England in grosser Zahl in Gefangenschaft. Niemals hat einer dieser mächtigen Delphine Menschen, mit denen sie schwimmen, verwundet.

Dies sind die erstaunlichsten Eigenschaften dieser grossen Gehirne – ihre Sanftheit, Nachsicht und ihre Sorge um uns. Die Delphine, mit denen wir arbeiteten, hatten zwanzig bis vierzig Prozent grössere Gehirne als wir. Ein *Orca* hat ein dreimal so grosses Gehirn wie wir. Um ein wenig Hintergrundinformation zu geben, möchte ich ein paar charakteristische Merkmale der detaillierten Anatomie ihrer Gehirne und ihres Laut-Kommunikations- und Sonarapparats darlegen.

In den Jahren 1955–1968 arbeitete ich praktisch hauptberuflich mit Delphinen. Während dieser Jahre schrieb ich *Man and Dolphin* und *Ein Delphin lernt Englisch* als Ergänzung zu *Programming and Metaprogramming in the Human Biocomputer*. Jedes dieser Bücher befasst sich mit den Problemen, denen Menschen ausgesetzt sind, wenn sie einer fremden Spezies mit gleichgrossem oder grösserem Gehirn gegenüberstehen.

Das Gehirn des Delphins ist sehr eingehend untersucht worden und zeigt seine ausserordentliche Komplexität und seine detaillierte Struktur auf mikroskopischer Ebene. Vor der von Dr. Peter Morgane, Dr. Sam Jacobs und Dr. Paul Jakowlew durchgeführten Gehirnforschung waren keine *konservierten* Gehirne von Delphinen oder Walfischen untersucht worden. Alles frühere Untersuchungsmaterial war durch die nach dem Tode einsetzenden Zerfallserscheinungen beeinträchtigt worden.

Morgane, Jacobs und Jakowlew förderten drei Delphingehirne zutage, die vollständig konserviert waren, so dass alle Zellen noch vorhanden waren. Als wir Sektionen in Augenschein nahmen, wurde mir mit einem Mal klar, dass diese dem menschlichen Gehirn bis zu einem Punkt ähnlich waren, an dem ein ungeübtes Auge den Unterschied zwischen den kortikalen Schichten des Menschen und derer des Delphins nicht mehr festzustellen vermochte. Der einzige deutliche Unterschied war, dass der Delphin eine dickere Schicht Nummer eins an der Aussenseite der Gehirnrinde aufwies. Aufgrund der Untersuchungsergebnisse der 11000 mikroskopischen Schnitte aus diesen drei Gehirnen erstellten Morgane, Jacobs und Jakowlew zahlreiche wissenschaftliche Beiträge; gegenwärtig sind sie dabei, einen Atlas des Delphingehirns zu erarbeiten. Das von ihnen für diesen Atlas verwendete Material ist wesentlich besser als das, was bisher über das menschliche Gehirn zusammengetragen worden ist.

Jene Resultate zeigen, dass die Zellzählung bei Delphinen per Kubikmillimeter genausoviel Zellen anzeigt wie beim Menschen. Sie weisen ebenfalls nach, dass der Zusammenhang – das heisst, die Anzahl von miteinander verbundenen Zellen – der gleiche ist wie im menschlichen Gehirn. Auch zeigen sie, dass es die gleiche Anzahl Schichten in der Gehirnrinde bei Mensch und Delphin gibt.

Mit anderen Worten ist dieses Gehirn auf mikroskopisch-struktureller Grundlage ebenso fortgeschritten wie das menschliche Gehirn.

Darüber hinaus haben sie gezeigt, dass das Delphingehirn ebenso grosse «stille Zonen» hat wie das menschliche Gehirn. Lassen Sie mich das erläutern.

Wir haben Vorderlappen und Scheitellappen, von denen der grössere Teil still ist, das heisst, es gibt keinen direkten motorischen Output oder sensorischen Input von oder zu diesen Teilen unseres Gehirns. Es sind diese stillen Zonen, die uns von Schimpansen und Gorillas unterscheiden. Natürlich haben wir ein anthropoides Gehirn, es hat sich aber lediglich in den stillen Zonen vergrössert.

Eine Untersuchung des Gehirns des *Tursiops truncatus*, dem flaschennasigen Delphin aus dem Atlantik, zeigt, dass ihr Gehirn sich im Gegensatz zum Gehirn der kleineren Delphine vergrössert hat, und zwar lediglich durch Grössenzunahme in den stillen Zonen, so wie wir unsere stillen Zonen im Vergleich zu denen der Schimpansen vergrössert haben. (Die derzeitigen kleineren Delphine haben Gehirne von der Grösse eines Schimpansengehirns und haben in den stillen Zonen, im Gegensatz zu grösseren Delphinen, an Grösse abgenommen.)

Welches ist die Funktion der stillen Zonen? Wahrscheinlich sind es die Bereiche unseres Gehirns, in welchem wir als Menschen die wichtigsten zentralen Prozessierungen vornehmen. Das, was wir als Menschen (im Gegensatz zu kleinhirnigeren Tieren) als höchstes Gut schätzen, befindet sich in diesen stillen Zonen. Es sind Assoziationsgebiete für Sprache, für Vorstellungsvermögen, Gehörsinn und motorische Integrationen sowie für die Verbindungen derselben mit allen anderen Aktivitäten unseres Körpers.

In allen anderen Regionen sind die Delphine, von kleineren Unterschieden abgesehen, uns durchaus vergleichbar. Ihr Sehorgan arbeitet nur mit einem Zehntel der Geschwindigkeit unseres Systems; das gleichen sie aber damit wieder aus, dass ihre Schall- und Gehörsysteme zehnmal so schnell sind wie unsere. Das bedeutet, die Delphine können durch die Ohren ebensoviel Information aufnehmen – und mit der gleichen Geschwindigkeit – wie wir das mit den Augen tun. Wir können durch unsere Augen zehnmal soviel Information aufnehmen wie der Delphin es mit seinen Augen kann.

Das heisst, dass wir es mit einer Spezies zu tun haben, die in erster Linie akustisch orientiert ist. Wir sind primär visuell orientiert. Unsere visuelle Orientierung ist so in unsere Sprache eingebaut, dass wir im allgemeinen so sprechen, als würden wir beobachten und analysieren, was wir gerade sprechen, so als würden wir es *sehen.*

Im Gegensatz dazu «sehen» die Delphine mit ihrem Laute-ausstossenden Organ und dem von Unterwasserobjekten zurückgeworfenen Echo. Man vergesse nicht, dass ihre Augen während einer Hälfte des 24-Stunden-Tages, bei Nacht, nicht funktionieren müssen. Man vergesse nicht, dass sie – sowohl bei Tag wie auch bei Nacht – in trüben Tiefen unter Wasser «sehen» können müssen. Sie müssen in der Lage sein, ihre Feinde, die Haie, auszumachen; sie müssen in der Lage sein, die Fische zu erkennen, die ihre Nahrung bilden, und sie müssen in der Lage sein, trotz mangelnden Lichts, ihresgleichen zu erspähen; aus diesem Grund verfügen sie über einen aktiven Laut-Prozessierungsmechanismus, der ungemein kompliziert ist.

Während mehrerer Jahre haben wir den Laute-ausstossenden Apparat der Delphine ausgesprochen gründlich untersucht – anatomisch und physiologisch. Sie verfügen über drei Sender, zwei davon (nasal) auf der Stirn, gleich neben dem Nasenloch, vor der Hirnschale. Der dritte befindet sich im Kehlkopf, der ihre Speiseröhre im Nasenrachenraum kreuzt.

Wir befestigten auf den Beuteln in ihrer Stirn, auf jeder Seite des Nasenlochs kleine Hydrophone und verfolgten, was sie mit diesen zwei Schallquellen bewerkstelligen konnten. Es stellte sich heraus, dass sie diese zwei Sender unabhängig voneinander kontrollieren, und dass sie auf der einen Seite pfeifen und auf der anderen klickende Geräusche machen können, und zwar abwechselnd. Auch können sie die Phase des Gesendeten kontrollieren, indem sie das Timing dieser beiden Sender kontrollieren. Der Kehlkopfsender produziert ein extrem kurzes Klicken, welches in ihrem «fein strukturierten» Unterwasserortungsapparat verwendet wird. Der Kehlkopflaut wird durch den Kopf in die zwei Zahnreihen (mit achtzig oder mehr Zähnen) geleitet, die ähnlich der «Yagi-Antenne» eine sehr schmale Frequenzbreite – an die 160 000 Hertz – weiterleiten. Diese dentale Yagi-Antenne arbeitet auch als Empfänger und konzentriert die eingehenden Echos auf derselben Frequenzbreite, re-

'oni in Sea World, San Diego.

Toni und Belinda, ein Beluga-Wal, beim Kommunizieren. Photo Paul Gaer.

duziert damit die Geräusche des Meeres und verstärkt das vom Klikken hervorgerufene Signal. Wir vermassen die Zahnstruktur und die Wellenlänge der ausgesandten Töne. Dabei stellten wir fest, dass der Zwischenraum zwischen den Zähnen exakt der halben Wellenlänge des ausgesandten und empfangenen Tons entsprach. Dies ist ein sehr ausgeklügeltes System, mit dem die Delphine nicht nur die Entfernung eines Objekts ermitteln, sondern auch dessen Zusammensetzung und Dichte bestimmen können. Sie senden diesen Strahl aus und tasten sich gegenseitig ab. Steigt man zu ihnen ins Becken, schalten sie sogleich ihr Sonarsystem ein und tasten einem den Körper ab. Dies ist eine ihrer Methoden des Erkennens von Individuen. (Bei günstigen Lichtverhältnissen können sie einen auch mit den Augen erkennen.)

Dieser Schallstrahl kann in einen Körper eindringen, wird von den Lungen reflektiert, von Gasen im Gedärm und den Lufträumen im Kopf. Ein Delphin, der beispielsweise einen Magen betrachtet, kann sagen, ob man ängstlich oder ärgerlich ist, weil der Magen bei Angstzuständen dazu neigt, sich heftig zu bewegen. Diese Bewegungen können sie anhand der Luftblase, die sich im Magen befindet, verfolgen.

Kehren wir jetzt zu den nasalen Sendern, beidseitig des Nasenlochs zurück. Diese untersuchten wir mit äusserster Sorgfalt, und es stellte sich heraus, dass es dort zwei Zungen-ähnliche Muskeln gibt, die sich vor- und zurückbewegen und an den Rand der sogenannten «diagonalen Membrane» stossen. Wenn sie klicken wollen, halten sie diese Membran in leicht entspanntem Zustand. Die Muskeln für diese Membran führten durch die Nasengänge (durch den Knochen) und können so zusammengezogen werden, dass der freiliegende Rand dieser Membran im Luftkanal gespannt werden kann. Die Zunge wird dann zurückgeführt, bis sie einen schmalen, circa eineinhalb Zentimeter breiten Schlitz bildet, durch den sie Luft in oberhalb und unterhalb der Membran liegende Säckchen blasen können. Das heisst, sie haben die Möglichkeit, durch diesen Schlitz Luft hin- und herzustossen. Wir stellten das an einem Modell dar und zeigten, dass wenn der Rand der Membrane gespannt ist, Pfeifen erzeugt wird. Wenn der Rand schlaffer ist, werden klickende Geräusche erzeugt.

Auch wiesen wir nach, dass sie Stereo-Effekte erzielen können, indem sie die Phase auf beiden Kopfseiten kontrollieren; das bedeutet, sie können Töne derart polarisieren, dass sie sie von den sie umgebenden Meeresgeräuschen unterscheiden können.

Bei solch einem Grad von Ausgeklügeltheit ihrer Sender und Empfänger, mit den Ohren tief im Kopf untergebracht, können sie mit diesem Apparat verblüffende Dinge vollbringen.

Beispielsweise kann ein Delphin den Unterschied zwischen einer Aluminiumscheibe von zwei Zentimeter Durchmesser und einer Stärke von anderthalb Millimeter vor einer Betonwand und einer Kupferscheibe mit gleichen Abmessungen, die hinter einem milchigen, aber tondurchlässigen Schirm verborgen ist, feststellen.

Zwei miteinander kommunizierende Delphine hören sich wie drei Delphine an. Wenn sie wollen, dass niemand anderes über ihre Kommunikation erfahren soll, stehen sie sich von Angesicht zu Angesicht gegenüber und benutzen den straffen Kehlkopfstrahl zur Kommunikation. Im Labor taten sie das häufig, und ab und zu ergab sich die Gelegenheit, dass sich gerade ein Hydrophon zwischen ihnen befand und wir tatsächlich erfuhren, was sie da taten. Hören konnten wir das freilich nicht, dafür war die Frequenz zu hoch, aber wir konnten es auf einem Oszillator sichtbar machen und mit Hochfrequenz-Tonbandgeräten aufzeichnen.

Ich glaube nicht, dass Delphine ihr Sonarsystem von ihrer Kommunikation mit den nasalen Sendern unterscheiden. Die nasalen Sender senden längere Schallwellen aus als der Kehlkopfsender. Das heisst, sie haben mit den zwei dem Nasenloch benachbarten Sendern ein erstklassiges 360°-«Sonar», im Gegensatz zum Kehlkopfsystem mit einem Sender für dicht gebündelte Strahlen. Dies bedeutet, dass sie mit den nasalen Sendern Objekte hinter, über, unter oder vor sich erkennen und dann mit dem Kehlkopfsender jedes interessante Objekt einstellen und im Detail untersuchen können.

Einen Unterschied zwischen Einsatz von Sonar und Kommunizieren machen sie nicht; das besagt, dass sie sehr wohl fähig sind, mit ihrem Kommunikationsgerät einander holographische Schallbilder zuzuspielen. Diese Bilder können sie dann symbolisch benutzen, ähnlich wie wir die gedruckte Version des laut gesprochenen Wortes benutzen.

Dies impliziert eine immense Komplexität akustischen Erinnerungs- und Darstellungsvermögens; allem anderen, was wir zustande gebracht haben, überlegen, sei es als computerisierte Simulationen oder im Sinne von Ideen, die mit akustischen Ereignissen zu tun haben. Allein unsere ausgeklügeltste und fortgeschrittenste Mathematik kann sich an die Analyse eines solchen Systems heranwagen.

Über die Jahre entwickelte ich schrittweise eine gänzlich neue Reihe von Vermutungen, die sich auf unsere Arbeit mit den Delphinen gründete. Mir wurde klar, dass ich es hier mit einem unabhängigen Wesen zu tun hatte, das in einer fremden Umgebung lebt, und dessen Evolution um mehreres länger ist als die des Menschen.

Die ersten, vor dreihundert Millionen Jahren in Gesteinsschichten des Eozän gefundenen Wale hatten Gehirnkapazitäten von achthundert Kubikzentimetern. Das heisst, sie haben eine längere Evolution als der Mensch hinter sich. Humanoiden wurden in Formationen gefunden, die annähernd zwei Millionen Jahre alt sind. Die Menschen selbst (Neandertaler, Cro-Magnon usw.) sind nicht annähernd so alt. Das heisst, dass diese fremden Wesen um vieles älter sind als wir. Es bedeutet auch, dass sie – lange vor dem Menschen – dem menschlichen Gehirn vergleichbare Gehirngrössen entwickelten.

Wir können, so glaube ich, von der Vermutung ausgehen, dass sie Ethik und Moral besitzen und Rücksicht aufeinander nehmen, Eigenschaften, die wesentlich höher entwickelt sind als beim Menschen. Beispielsweise sind sie sich über ihre totale gegenseitige Abhängigkeit bewusst. Das lässt sich folgendermassen illustrieren:

Alle Delphine und Wale atmen total freiwillig. Sie haben keinen automatischen Atemmechanismus wie wir; hätten sie ihn, würden sie einfach ertrinken, verlören sie – bei hohem Fieber oder einem Schlag auf den Kopf oder aus anderen Gründen – das Bewusstsein.

Ein automatisches Atemsystem würde bedeuten, dass sie, einmal bewusstlos, unter Wasser Wasser atmen würden. Ein unbewusstes, automatisches Atemsystem, wie wir es haben, können sie sich einfach nicht leisten.

Das heisst, wenn immer ein Delphin oder ein Wal das Bewusstsein verliert, müssen seine Gefährten ihn an die Oberfläche und wieder zu Bewusstsein bringen, damit er erneut zu atmen beginnt, sonst muss er sterben.

Wir haben solche Fälle bei Delphinen häufig beobachtet. Um sich gegenseitig aufzuwecken, streichen sie mit der Rückenflosse über die Anal/Genital-Gegend und rufen damit eine Reflexbewegung der Schwanzflossen hervor, die das gefährdete Tier an die Wasseroberfläche katapultiert. Delphine halten sich gegenseitig an der Oberfläche und stimulieren den bewusstlosen Gefährten, bis er wieder zu sich kommt und atmet.

Dies beinhaltet, dass Delphine es sich nicht leisten können, sich weit voneinander zu entfernen, und das vierundzwanzig Stunden am Tag, dreihundertfünfundsechzig Tage im Jahr, bei Tag und bei Nacht. Dies heisst auch, dass wenn eine Delphin-Schule beispielsweise an einem Virus erkrankt, sie freiwillig stranden werden, um nicht im offenen Meer zu sterben. Dies erklärt das Stranden von Pilotwalen und verschiedenen Delphinarten. Wir haben erlebt, wie mehrere Delphine aus tiefem Wasser in seichte, geschützte Lagunen in den Florida Keys kamen, um sich von ihrer Krankheit zu erholen, in Sicherheit vor Haien und anderen räuberischen Lebewesen. Wir haben pelagische Delphine (eine Tiefwasserspezies) beobachtet, die in besonders seichtes Wasser kamen, sich mehrere Wochen dort aufhielten und sich von Verletzungen erholten.

Verzeihen Sie, lieber Leser, bitte die lange Einführung zu unserem zukünftigen Delphin-Programm. Toni und ich haben beschlossen, uns der Arbeit mit Delphinen erneut und unter strengen Bedingungen zuzuwenden.

Wie ich in *Das Zentrum des Zyklons* darlegte, schloss ich das Delphin-Laboratorium, weil ich nicht länger ein KZ für meine Freunde, die Delphine leiten wollte.

Aus folgenden Gründen habe ich die Meerwasseraquarien nicht öffentlich angegriffen, welche Delphine in, wie sie es nennen, «kontrollierten Environments» gefangen halten.

Die Meerwasseraquarien haben Delphinen und Killerwalen einen ausserordentlich grossen Dienst erwiesen, indem sie sprichwörtlich Tausende von Menschen mit ihrer Existenz, mit ihren Fähigkeiten vertraut gemacht haben, wenn auch auf Zirkus-ähnliche Weise. Delphine und Killerwale stehen in der Schuld der Meerwasseraquarien, dass sie die menschliche Spezies erziehen. Für diese Spezies ist es eine kostspielige Erziehung gewesen; ich glaube jedoch, dass es das wert ist. Beispielsweise wird es Tausenden von Menschen mehr und mehr bewusst, dass man den Walfang einstellen sollte. Immer mehr Leute wissen, dass wenn ein Delphin strandet, irgend etwas nicht stimmt, und dass er Hilfe braucht. Die Meerwasseraquarien bewirken, dass wir dichter denn je an der Möglichkeit stehen, mit diesen Spezies zu kommunizieren und die Barrieren zwischen ihnen und uns zu überwinden. Dafür bin ich äusserst dankbar. Gäbe es die Meerwasseraquarien nicht, wäre ich nicht in der Lage gewesen, meine Arbeit mit den Delphinen überhaupt erst einmal in Angriff zu nehmen. Dazu ein paar Beispiele.

Kürzlich wohnte ich einer sogenannten Killerwal *(Orcinus orca)*-Show in Sea World, in der Nähe von San Diego, bei. Ich sah, wie diese gigantischen Delphine Menschen mit der gleichen Behutsamkeit behandelten, die uns die kleineren Delphine hatten zuteil werden lassen. Ich sah einen Mann auf einem Killerwal reiten, indem er sich an einer um den Hals des Tieres gelegten Schlaufe festhielt und sich mit den Füssen an der Rückenflosse abstützte, dabei trug er für den Notfall ein kleines Atemgerät. Der Wal nahm ihn mit auf den Grund dieses ziemlich tiefen Beckens und schoss anschliessend hoch in die Luft, verliess das Wasser mit dem ganzen Körper, um dann wieder tief in das Becken einzutauchen. Dieses Schauspiel wiederholte sich fünf oder sechs Male.

Hier haben wir es mit einer verblüffenden, kooperativen Anstrengung zu tun, und zwar bei beiden, beim Mensch und beim Killerwal. Dieser Mann verfügt über ungeheuren Mut und grösstes Vertrauen gegenüber dieser gigantischen Kreatur. Auf der anderen Seite setzt der Killerwal grösstes Vertrauen in die Menschen und tut alles ihm mögliche, um sicherzustellen, dass der Mann in den richtigen Augenblicken atmen kann und nicht ertrinkt. Dies verlangt ein Urteilsvermögen und eine sorgfältige zeitliche Abstimmung des Untertauchens und der Sprünge, und zwar derart, dass der Mann überlebt. Abschliessend trägt er den Mann an den Beckenrand, so dass er sicher aus dem Wasser steigen kann. Eine unglaubliche Vorführung. Ohne die ausgezeichnete Organisation der Meerwasseraquarien wären solche Dinge unmöglich.

Das Potential einer solchen Arbeit sah ich zum ersten Mal anlässlich der Dreharbeiten zu Ivan Tors' Film *Namu – der Killerwal.* Die Crew schwamm mit dem Wal in einer Lagune. Es gibt eine Szene im Film, in der ein Mann auf dem Wal reitet, aufsteht und sich an der gewaltigen Rückenflosse festhält, während ein anderer Mann sich den Schwanzflossen nähert und sie berührt, woraufhin der Wal die Schwanzflosse senkt, so dass der Mann ebenfalls «an Bord» klettern kann.

Die ausserordentliche Sensitivität der Haut dieser Tiere befähigt sie, die Gegenwart einer Person zu spüren und ihre Bewegungen so abzustimmen, dass sie den Menschen nicht gefährden. Die einzigartige Beherrschung ihrer gewaltigen Leiber, wenn es darum geht, ihre Menschenfreunde nicht in Gefahr zu bringen, ist äusserst beeindruckend.

Der Killerwal stand lange in schlechtem Ruf, der vornehmlich auf die Schriften Robert Falcon Scotts *(Letzte Fahrt. Scotts Tagebuch,* 1913 veröffentlicht) zurückzuführen ist, in denen er über seine Reise zum Südpol berichtet. Er war Augenzeuge einer Begebenheit, wo Killerwale eine rund sechzig Zentimeter dicke Eisschicht durchbrachen, um ein paar um sein Schiff herumlaufende Eskimohunde in Augenschein zu nehmen. Sobald sie den Fotografen entdeckten, schwammen sie wieder davon. Diese Begebenheit versetzte Scott, so sein Tagebuch, in entsetzliche Angst. Er schrieb den Walen viele Eigenschaften zu, wie Grausamkeit und Verschlagenheit, die sie nicht besitzen. Ich glaube, diese Episode lässt sich leicht erklären, wenn man weiss, dass die Killerwale an den Eisrand kamen, über das Eis hinwegguckten und die Hunde, aber keine Menschen sahen. Die Menschen befanden sich auf dem Schiff. Die enorme Kraft, mit der sie das Eis brachen, schien Scott und seinen Männern eine echte Bedrohung.

Ich bin überzeugt, dass Wale, Delphine und Killerwale alles über uns wissen, auch wie gefährlich wir sind. Sie waren zugegen, als wir unsere Seekriege führten und Wasserbomben zündeten; sie kennen unsere U-Boote, unsere A-Bomben und unsere H-Bomben. Sie wissen, wie gefährlich die Spezies Mensch wirklich ist und sie respektieren uns als eine sehr gefährliche Art. Ich glaube, dass sie ganz genau wissen, dass wir sie ausrotten können, wenn sie einem von uns Schaden zufügen, und dieses Wissen spricht sich herum. Eine andere Begebenheit wurde in einem jener Skin-Diver-Magazine abgedruckt, wo ein Mann mit einem vierzig Fuss langen Motorboot aus Holz Seattle verliess und ein paar Killerwale entdeckte. Er durchschoss die Rückenflosse eines der männlichen Tiere. Warum, weiss ich nicht.

Der Wal wendete, kam auf das Boot zu, erhob sich aus dem Wasser, packte den Steenbalken, in den die Bootsplanken münden, riss ihn aus dem Boot und damit, oberhalb der Wasserlinie, ein Loch in den Bootskörper. Sogleich sprang der Mann in den hinteren Teil seines Bootes, um den Bug über Wasser zu halten. So kehrte er nach Seattle zurück und erzählte jedermann, was sich ereignet hatte. Zum Beweis zeigte er den Schaden an seinem Boot.

Für mich ist das ein Beweis dafür, mit welcher Ausgewogenheit die sehr hohe Intelligenz des Killerwals eingesetzt wird. Er zog den Bug aus dem Boot, versenkte es aber nicht, damit der Mann heimkehren konnte, um seinen Mitmenschen sozusagen mitzuteilen – «Schiesst keine Killerwale!»

Im Communications Research Institute führten wir zahlreiche Experimente durch, die wir öffentlich nicht bekanntgaben. Wir verrichteten quantitative Arbeit über das Schallspektrum der Delphine. Einen Grossteil unserer Arbeit widmeten wir dem, was die Delphine mit diesem verblüffend ausgeklügelten System bewerkstelligen können. Beispielsweise fanden wir heraus, dass sie die Frequenz des Klickens kontrollieren können; das heisst, jener Schallimpulse, die sie aussenden. Sie können das gesamte Schallspektrum eines jeden einzelnen Klicklauts kontrollieren. Sie können die Quote kontrollieren, mit der sie Klicklaute ausstossen, auch deren Anzahl. Im Bruchteil einer Milli-Sekunde können sie von Klick- auf Pfeiflaute umschalten. Sie können die Frequenz des Klickens kontrollieren – von einem Klicken in der Minute, bis zu mehreren Tausend in der Sekunde. Sie können Beschleunigung und Verlangsamung der Klickrate erstaunlich genau kontrollieren.

Wir beabsichtigen, diese Fähigkeiten einzusetzen, indem wir sie veranlassen, einen Computer zu bedienen. Dazu erstellten wir ein Lehrprogramm, mit denen wir sie lehren wollen, wie sie mit Hilfe eines Maschinencodes, der auf ihr Klicken abgestimmt ist, einen Computer kontrollieren können.

Mit unserem neuen Projekt beabsichtigen wir, dies auszubauen. Seit unseren ersten Tagen mit dem Computer wurden viele neue Kleincomputer entwickelt, die sich für eine solche Arbeit bestens eignen. In die nötige Software-Arbeit haben wir uns bereits vertieft.

Welche Vermutung steht hinter einer solchen Arbeit? Die Vermutung, dass ein besonders ausgeklügelter, hochentwickelter fremder Geist hinter dieser Art Kommunikation steht, und wir nehmen an, dass Delphine eine höchst komplizierte Sprache haben, die auf akustischen Bildern beruht, vergleichbar unseren geschriebenen Wörtern, Sätzen. Wahrscheinlich verfügen sie über eine *Schallbildersprache.*

Wir beabsichtigen, diese Sprache umzusetzen, sie uns zu verdeutlichen, sie von ihrer akustischen in eine visuelle Präsentation («Hologramm») zu transformieren.

Auch beabsichtigen wir, einwandfrei nachzuweisen, dass dieses äusserst hochentwickelte Tier über eine wahrscheinlich ebenso komplizierte (wenn nicht kompliziertere) akustische Sprache verfügt wie jede Menschensprache, und dass sie einen Hochgeschwindigkeits-Computer zu kontrollieren vermögen.

Der Grund, weshalb wir einen Hochgeschwindigkeits-Computer benutzen, liegt darin, dass die Delphine derart rasch senden und empfangen können, dass ein menschlicher Operator in ihrem Bereich keine Chancen hat, mitzuhalten. Im Institut stellten wir fest, dass Delphine sich an die Trägheit und den niedrigeren Frequenzbereich des Menschen anpassen, was für sie allerdings mit einigen Schwierigkeiten verbunden ist. In ihrem Frequenzspektrum nimmt unsere Sprache einen nur sehr engen Bereich ein und kommt ihnen sehr langsam vor – ungefähr fünf- bis zehnmal langsamer.

Dies sind die Gründe, weshalb Toni und ich uns wieder mit

Delphinen beschäftigen. Wir wissen, dass das Interesse an Delphinen und die technische Weiterentwicklung von Computern enormen Aufschwung genommen haben, seit ich das Institut 1968 schloss.

Inzwischen können wir sehr viel ausgeklügeltere Software-Arbeit leisten als wir es damals konnten. Es schwebt uns vor, die Kommunikationsschranken zu überwinden, und wir glauben, dass das machbar ist – unter gemeinsamen Anstrengungen vieler kenntnisreicher Leute, die mit Delphinen *(Tursiops* und *Orcinus)* arbeiten.

16
Auf der Suche nach ausserirdischem Leben

Einst nahm ich an einer höchst sonderbaren Konferenz teil – sie fand im geheimen statt und wurde dennoch von der National Academy of Sciences und dem National Research Council unterstützt. Das war in den frühen sechziger Jahren. Die Konferenz wurde vom Direktor des National Radio Astronomy Observatory in Green Banks, Virginia, einberufen, auf Betreiben Frank Drakes, einem Radioastronomen, der das «Projekt Ozma» ausgearbeitet hatte. Projekt Ozma bezeichnete eine speziell ausgerichtete Radioteleskopsuche nach intelligenten Signalen von verschiedenen nicht allzu weit entfernten Sternen, das heisst, der Planeten dieser Gestirne.

Die Einladung zu dieser Konferenz verwunderte mich. Immerhin war mir eine offizielle wissenschaftliche Anerkennung meiner Arbeit mit den Delphinen versagt geblieben. Ich wurde als ein von den Frauen und Kindern anderer Wissenschaftler bevorzugter Wissenschaftler bekannt. Verschiedentlich luden mich wissenschaftliche Gesellschaften als Redner nach dem Dinner ein, darunter die Acoustical Society of America und das Institute of Electrical and Electronic Engineers, Inc.

Man bat mich in diesen gelehrten Gesellschaften unter jenen ganz besonderen Bedingungen zu sprechen, wo die Mitglieder sich in einem Zustand befinden, den man in der Medizin «Nach-dem-

Essen-Schlaffheit» nennt – volle Bäuche und Alkohol im Übermass. (Ich spreche nicht von wissenschaftlichen Abhandlungen, die ich für derlei Gelegenheiten vorschlug; da gab es niemals Probleme. Für gewöhnlich reichte ich eine Zusammenfassung ein und hielt dann eine kurze Ansprache bei den offiziellen Zusammenkünften.)

Ich erwähne das deshalb, weil ich, als die Einladung kam, überrascht war, dass eine Gruppe von Radioastronomen und deren Mitarbeiter, die die Radiosignale auswerten, mich nach Green Bank einlud, um über Delphine zu sprechen. So im voraus konnte ich mir das gar nicht recht vorstellen. Als ich die kleine Maschine nach Green Bank bestieg, traf ich Bernard M. Oliver, der zur gleichen Zeit wie ich am Cal Tech gewesen war. Bernie ist wahrscheinlich einer der intelligentesten, energiegeladensten Wissenschaftler mit breitestem Wissensspektrum, den wir heute in den Vereinigten Staaten haben. Während des kurzen Fluges erläuterte er, wie diese Konferenz zustande gekommen war.

Das Misslingen des Projekts Ozma liess sich wahrscheinlich auf die Methoden zurückführen, derer man sich bedient hatte. Frank Drake hatte quantitative Argumente hinsichtlich der Wahrscheinlichkeit ausserirdischer, intelligenter und kommunikativer Lebensformen gebraucht, von denen er annahm, dass sie Radioteleskope, Laserstrahlen oder irgendwelche andere Systeme einsetzten (Gammastrahlen, zum Beispiel), um über die Galaxie hinaus zu kommunizieren.

Ich fragte, warum diese Konferenz im geheimen stattfände. Er sagte, die National Academy schätze dieses Thema zur Zeit als nicht seriös genug ein, um die Ergebnisse öffentlich mitzuteilen. Man wolle in der Öffentlichkeit nicht wie Narren dastehen.

Anlässlich dieser Konferenz sollte ich mich über Delphine äussern, dazu standen mir drei Stunden zur Verfügung. Ich brachte alle meine Forschungsergebnisse vor, um nachzuweisen, dass es sich bei den Delphinen tatsächlich um eine andere intelligente Spezies auf diesem Planeten handle. Meine Ausführungen legte ich dar in einer Atmosphäre ansatzweisen Akzeptierens des von mir Gesagten; grosses Interesse galt unserer Analyse der Gehirnstruktur, dem vokalen Verhalten, den kommunikativen Möglichkeiten und dem durch die Luft getragenen humanoiden Stimm-Output der Delphine.

Ich vermute, dies war das interessierteste wissenschaftliche Publikum, das mir je zugehört hatte, auch wenn sich das Ganze ein wenig wie im «Underground» abspielte, ausserhalb der üblichen Ruhmeshallen der Wissenschaft. Ausser einer kurzen Zusammenfassung im *Science*-Magazin, die ein Jahr später veröffentlicht wurde, und einem, von einem Wissenschaftsredakteur der *New York Times* verfassten Buch, *We Are Not Alone,* gab es keine Berichterstattung.

Carl Sagan, Astronom an der Cornell University, schrieb zwei, teilweise auf diese Konferenz zurückgehende Bücher. Eines gemeinsam mit dem Russen I. S. Shklovsky über die Suche nach ausserirdischem Leben; es hiesst *The Cosmic Connection: An Extraterrestrial Connection.* Trotz der Aufgeschlossenheit dieser Wissenschaftler, veranlasste sie das, was ich ihnen zu sagen hatte, zu dem vorsichtigen Statement, dass dieser Planet tatsächlich über zwei Formen intelligenten Lebens verfügt, von denen eine Radioteleskope benutzt und die andere, nämlich die Delphine, keine benutzen.

Es ist nicht uninteressant, dass Carl Sagan in seinem ersten Buch den Fehler beging, den die wissenschaftliche Gemeinde allgemein begeht, indem er erklärte, das Gehirn des Delphins sei *fast* so gross wie das des Menschen. Wir hatten immerhin überzeugend nachgewiesen, dass es in jedem Fall zwanzig bis vierzig Prozent grösser ist. Walgehirne sind bis zu sechsmal grösser. Irgendwie hatte Sagan dies nicht völlig akzeptiert und als er, Jahre später, sein Buch schrieb, gab er seiner Überzeugung Ausdruck, der Mensch nehme gegenüber Delphinen eine Vorrangstellung ein – und das an einem so deutlich messbaren Punkt wie der Grösse des Gehirns! In seinem nächsten Buch gibt er einen ausführlichen Bericht über seine eigene Begegnung mit meinen Delphinen in einem Swimming Pool, als Nachweis ihrer Intelligenz.

Zögernd zwar, und durch die Hintertür, hat das wissenschaftliche Establishment einen ersten Schritt getan, das zu akzeptieren, was wir über Jahre hinweg gesagt haben, seit jenem Jahr, 1958, da zum ersten Mal bekanntgegeben wurde, es gäbe andere als menschliche Gehirne auf diesem Planeten, die es wert wären, beachtet zu werden. Diese Bekanntmachungen wurden von Leuten willkommen geheissen, die Unterstützung für ihre Argumente, und ihre (wie sie meinen) ungewöhnlich weitreichendenBetrachtungen über ausserirdisches Leben suchen. Sie brauchten Unterstützung für ihre Argumente über ausserirdische Intelligenz, und noch immer hat das wissenschaftliche Establishment das, was wir getan haben, nicht völlig akzeptiert. Die Jungen haben das längst begriffen. Es gibt mehrere Schullektüren, in denen etwas sentimental auf Dr. Lilly als den Delphin-Doktor hingewiesen wird; in anderen werden seine «Gespräche» mit Delphinen auszugsweise wiedergegeben.

Wie Galileo schrieb auch ich in einer dem Laien verständlichen

Sprache – als erzieherische Massnahme. Mir war klar geworden, dass Erörterungen in wissenschaftlichen Gesellschaften nicht der Methode entsprechen, wie man eine Kultur verändert. Uns allen ist die ungeheure Macht der Medien vor Augen geführt worden, was die Beeinflussung, die Veränderung der öffentlichen Meinung betrifft. So wurde ich bereits ziemlich früh (1960) von einem bekannten Schriftsteller überredet, volkstümliche Bücher zu schreiben, in die ich meine Ideen, meine Ergebnisse wissenschaftlicher Arbeit mit Delphinen einflechten konnte. Dies trug sich folgendermassen zu:

Als ich auf die Virgin Islands zog, begab es sich zufällig, dass auch Herman Wouk dort hingezogen war. Er hörte von gemeinsamen Freunden, von Patty und Ev von meinem Delphin-Projekt. Patty und Ev arrangierten ein Treffen, irgendwann assen wir dann einmal zusammen; Wouk wollte herausfinden, was wir über Delphine wussten. Ich erzählte ihm die ganze Story, und er meinte, «Das gibt ja ein Buch; du solltest wirklich ein Buch schreiben.» Ich gab zur Antwort, ich sei Wissenschaftler, kein Schriftsteller. Wissenschaftliche Abhandlungen hatte ich geschrieben, glaubte aber nicht daran, ein volkstümliches Buch schreiben zu können. Er entgegnete, «Unsinn, ich werde meinen Agenten Hal Matson aus New York hierher bitten; Lee Barker, mein Herausgeber bei Doubleday soll ebenfalls kommen und mit dir sprechen.» In den darauffolgenden Wochen kamen der Agent und der Herausgeber und wir unterzeichneten einen Vertrag über zwei Bücher, von denen das eine *Man and Dolphin* sein sollte, das Doubleday 1961 herausbrachte. Dann sollte das Buch *Solitude, Isolation and Confinement* kommen, das ich bereits abgeschlossen, aber zurückgehalten hatte, weil die darin enthaltenen Angaben für einen Wissenschaftler von zu persönlicher Art waren, um veröffentlicht zu werden – so befand ich jedenfalls damals. Einige der Angaben wurden später in *The Human Biocomputer* und in *Das Zentrum des Zyklons* abgedruckt; der Vertrag mit Doubleday wurde mit der Publikation von *The Mind of the Dolphin* dennoch eingehalten.

Über die Jahre bekam ich mit, wer diese Bücher las, vor allem, als sie in Taschenbuchform erschienen. Es handelte sich im grossen ganzen um die jüngere Generation und die Ehefrauen von Wissenschaftlern, nicht um die Wissenschaftler selbst. Das ist eine ziemlich paradoxe Situation. In den Büchern hatte ich eine hinreichende Bibliographie der wissenschaftlichen Aufsätze gegeben, die wir, an manchmal obskuren Orten veröffentlicht hatten.

Meine Stimme als Wissenschaftler wurde gehört, aber sie wurde am häuslichen Herd gehört und nicht so sehr in Universitäten und wissenschaftlichen Gesellschaften. War ein Herausgeber freundlich gesinnt, war es uns möglich, Aufsätze zu veröffentlichen. Als wir beispielsweise einen uns wohlgesinnten Herausgeber bei *Science* hatten, wurden wir eingeladen, zwei Abhandlungen über Delphine einzureichen; diese erschienen als «The Sounds Emitted by the Bottlenose Dolphin» und «Vocal Exchanges Between Dolphins».

Meine Arbeit hat gezeigt, dass Delphine und Wale intelligenter sind als wir. Ihre Gemeinsamkeit der Anstrengung, ihre totale Abhängigkeit voneinander in einer äusserst feindseligen Umgebung ist ein weitaus besseres Beispiel für Intelligenz als das Kriegeführen der Menschen untereinander – äusserlich auf nationaler Basis, innerhalb unserer Gesellschaft auf der Basis wahrer Schlachten um Ideen sowie die ganze betrügerische Unterhaltungs-Industrie.

Gemeinsam sind wir tödlich. Die Leute mit Geld und Macht sind tödlich. Sie müssen tödlich sein, um zu überleben – rücksichtslos und tödlich. In einer meiner Veröffentlichungen warnte ich andere Spezies vor diesem Planeten.

Ich sagte, «Mit unseren gegeneinander geführten Raubzügen und unseren Raubzügen gegen Wale, aus denen wir Katzen- (und Hunde-)futter machen, rate ich allen ausserirdischen Wesen, diesem äusserst gefährlichen Planeten fernzubleiben.» Die Körper, die die grössten Gehirne auf diesem Planeten beherbergen (die Wale), werden zu «Industrieprodukten» verarbeitet, in Japan sogar zu Menschennahrung. Die Walkadaver werden ausgeschlachtet und, bis auf das Gehirn vollständig verwertet.

Ihre Gehirne sind die wunderbarsten Strukturen auf diesem Planeten. Ein Spermwalgehirn von neuntausend Gramm Gewicht ist sechsmal so gross wie das bisher grösste Menschengehirn. Wie ich andernorts äusserte, bringt die Natur solch grosse Gehirne nicht zur Ergötzung des Menschen hervor, auch nicht zu dessen Ehrfurcht oder Scham. Diese Gehirne werden hervorgebracht, um benutzt zu werden. Das Problem der Wissenschaft besteht darin, herauszufinden, wie sie benutzt werden – und das werden wir niemals herausfinden, wenn wir der industriellen Ausbeutung und dem Abschlachten dieser intelligenten Wesen weiterhin tatenlos zusehen.

Zwei Dinge sind es, die mich stets aufgebracht haben: Die Unmenschlichkeit der Menschen untereinander und der Mord an den Walen. Heute bereitet mir das nur noch stillen Kummer. An die Stelle meines früheren Zorns ist heute Mitgefühl getreten.

Es tut mir leid, dass ich soviel klage. Ich will nicht klagen müssen.

Wenn ich diesen absoluten Stumpfsinn sehe, in den mein Leben verwickelt ist, in den die ganze Menschheit mit ihren Kräften der Selbstzerstörung verwickelt ist, kommen mir die Tränen. Irgendwann sterben wir alle. Vielleicht sterben wir eines natürlichen Todes, wenn uns die Dummheit der Menschheit nicht schon vorher vernichtet. Ich begreife meine eigene Spezies nicht. Es gibt Zeiten, wo ich denke, dass ich sie niemals verstehen werde.

Kehren wir zurück zur Suche nach ausserirdischen Intelligenzen. Ich empfehle dazu einen Artikel von Bernard M. Oliver, «Engineering and Science». In diesem Artikel weist Dr. Oliver die nicht-wirtschaftliche Natur interstellaren Reisens nach sowie die Notwendigkeit interstellarer Kommunikation mit Hilfe einer neuen und kostspieligen Aneinanderreihung von Radioteleskopen (Projekt Cyclops).

Oliver gibt hier die quantitativen Daten, um das Frequenzband zwischen der Wasserstoff- und der Hydroxyl-Linie im Radiospektrum anzuzapfen. Hier ist der galaktische Lärmpegel niedriger als das «Urknall-Echo» bei 3° Kelvin, das den Weltraum in alle Richtungen durchdringt. Er nennt dieses Frequenzband ein «Wasserloch» (zwischen H und OH und H_2O) und glaubt, dass dies der Ort sei, «wo auf Wasser basierende Lebensformen sich begegnen dürften».

Alle seine Ausführungen gründen sich auf die derzeitigen Naturwissenschaften. Er vertritt eine evolutionäre Theorie des Kosmos, basierend auf Astronomie und Astrophysik. Er vertritt eine Theorie der dreieinhalb Milliarden Jahre* grüner Hügel auf der Erde als Voraussetzung für tierisches Leben. Er vertritt eine Theorie des Ursprungs der Planeten, felsiger Planeten. Er stellte die Hypothese auf, dass es, basierend auf diesen Theorien, in unserem Milchstrassensystem zehn Milliarden Planeten mit Leben gibt. Ich zitiere:

> Auf einigen dieser Planeten ist bisher kein Leben entstanden, auf anderen ist es erloschen. Die Zahl der fortgeschrittenen Kulturen zum gegenwärtigen Zeitpunkt entspricht an Jahren annähernd der durchschnittlichen Langlebigkeit fortgeschrittener Kulturen.

Weiter unten sagt er:

> Die Bedeutung dieser Aussage liegt darin, dass wenn eine Zivilisation ihre ökologischen, sozialen, Beziehungs- und Rohstoffprobleme löste und da-

* In Sandages neuem Werk über Hubbles gleichbleibende Geschwindigkeit der Ausdehnung des Universums (Allan Sandage, *The Hubble Atlas of Galaxies)* inzwischen auf sechzehn Milliarden Jahre heraufgesetzt.

mit eine Lebensdauer von einer Million oder mehr Jahren erlangte, es im Milchstrassensystem von intelligentem Leben wimmeln würde. Wenn sie sich andererseits nach nur hundert Jahren nuklearen Kriegsführens oder ähnlichem Stumpfsinn selbst vernichtet, dann ist das Milchstrassensystem praktisch bar allen intelligenten Lebens.

Er liefert eine sehr differenzierte Analyse nuklearen Raumreisens mit dem Schluss, dass es unpraktisch ist. Die Kosten sind einfach unerschwinglich. Er wendet dann sehr verfeinerte Methoden auf eine Analyse dessen an, was aufzuwenden wäre, wollte man über das gesamte Milchstrassensystem hinweg kommunizieren; Bernie gab die Resultate in einer von der NASA veröffentlichten Monographie, *Project Cyclops,* heraus.

Cyclops wäre das stärkste, je gebaute Radioteleskop und würde wirkliche Zeit-Bilder des Radiohimmels erbringen. Cyclops hätte eine Reichweite von einhundert Lichtjahren. Wir könnten aus dieser Entfernung Signale von Planeten empfangen. Mit starken Signalfeuern könnten wir wahrscheinlich eintausend Lichtjahre überbrükken. Was dagegen spricht, ist natürlich die Verzögerungsrate dieser Signale. Eine Antwort aus einhundert Lichtjahren Entfernung würden wir erst zweihundert Jahre später empfangen.

Es sind Erwägungen wie diese, die die Verwirklichung eines derartigen Projekts blockieren; Oliver hat da jedoch ein triftiges Argument; Cyclops würde sich innerhalb kurzer Zeit selbst finanzieren, träten wir mit einer superfortschrittlichen Zivilisation in Kontakt, die gewillt wäre, uns einen Einblick in ihr Wissen zu gewähren und dieses gemeinsam zu nutzen. Gäbe es eine solche fortgeschrittene Zivilisation im Umkreis einiger Lichtjahre von uns entfernt, würde sich das Projekt schon lohnen. Bei einer Entfernung von hundert Lichtjahren investieren wir Kapital unserer Generation, das – wenn überhaupt – erst mehrere Generationen später zurückfliessen würde.

Was Oliver uns damit aufgezeigt hat, ist, so glaube ich, dass es beim derzeitigen Stand der Naturwissenschaften unmöglich ist, mit Lebensformen zu kommunizieren, die nicht auf unserem Planeten leben. Ich schlage vor, dass Gelder, wie beispielsweise die der Nationalen Verteidigung, für andere Projekte als Cyclops aufgewendet werden, zum Beispiel für die Entwicklung von Methoden zur Kommunikation mit Walen und Delphinen; ihre andersartigen Körper stehen zur Verfügung, ihre Kommunikationssysteme stehen, ohne Verzögerung in der Übermittlung direkt zur Verfügung.

Eine Kostendeckung ist bei solch einem Projekt weit eher voraussehbar als im Versuch der Kontaktaufnahme mit ausserirdischen Intelligenzen, deren Existenz nicht einmal nachgewiesen ist. Die Existenz von Walen und Delphinen ist nachgewiesen. Die Existenz ihrer komplizierten Kommunikationssysteme ist nachgewiesen. Ihre Bereitwilligkeit zur Kommunikation mit uns Menschen sowie ihre Fähigkeit, dies zu versuchen, ist ebenfalls nachgewiesen . . .

Angenommen, man wendete einen wesentlich geringeren Betrag als zehn Milliarden Dollar für dieses Projekt auf, sagen wir, für den Anfang eine Million Dollar über zehn Jahre hinweg (insgesamt also zehn Millionen Dollar), so könnten wir auf diesem Planeten die grundlegenden Übungen für eine Kommunikation mit einer nichtmenschlichen Spezies durchführen – schon eine einzige solche Spezies ist von Bedeutung. Diese einführende Übung wäre schon einmal notwendig, uns aus der Arroganz herauszuentwickeln, aus der anmassenden Behauptung, dass unser Wissen alles Wissenswerte umfasse, dass unsere Wissenschaften die einzig gültigen seien. Konstrukteure und Benutzer von Radioteleskopen wissen, dass Radioteleskope nicht unter Wasser sehen, wenigstens in dem für sie interessanten Wellenbereich. Deshalb lassen sie den Planeten auf der Suche nach ausserirdischem Leben hinter sich.

Ich schlage vor, anstatt die intelligenten Spezies dieses Planeten zu vernichten, sollten wir die Kommunikationsschranken vor unserer eigenen Tür niederreissen. Es ist um vieles billiger als die ausserirdische Suche, so wie sie in der Öffentlichkeit dargestellt wird.

Ich habe andere Vorschläge zu machen, die sehr viel weitreichender sind – wir sollten Methoden finden, die sehr viel schneller als Licht- oder Radiowellen reagieren. Dass wir Einflüsse dieser fortgeschrittenen Zivilisationen aufspüren und dabei Methoden anwenden, die weitaus fortgeschrittener sind als die von Dr. Oliver vorgebrachten. Meine persönlichen Erfahrungen, wie auch die einer Reihe von Kollegen, erhärten die Bereitschaft, solche bereits ausprobierten Methoden anzuwenden, damit diese Einflüsse dahin gebracht werden, auf uns einzuwirken. Die Nachweisbarkeit des eben Gesagten ist dergestalt, wie sie in den Hallen respektabler allgemeinverbindlicher Wissenschaften durchaus nicht ohne weiteres vertretbar ist – wenigstens auf diesem Planeten. Es ist das Ergebnis innerer Suche nach Informationsquellen, die einem durch die gewöhnlichen fünf Sinne nicht vermittelt werden. Diese Information kann sich einem im Laufe von Meditation offenbaren oder im Isolationstank, wenn man in Stille und Dunkelheit im Wasser treibt. Soweit ich und andere das beurteilen können, steht unser Planet unter dem Einfluss von Wesen, die weitaus intelligenter sind als wir, weit fortgeschrittener, wissender, und das nicht nur im Rahmen allgemeinverbindlicher Wissenschaften, sondern auch solcher, die wir auf unserem Planeten erst noch entdecken müssen.

Es gibt eine kosmische Geschwindigkeitsbegrenzung für Wunder. Die «Geschwindigkeitsbegrenzung für Wunder» wird von der kosmischen Verkehrspolizei festgelegt. Man erlaubt uns nicht, Entdeckungen (sogenannte) schneller zu machen als das Evolutionsstadium dieses Planeten es zulässt.

Die evolutionäre Geschwindigkeit, mit der wir es hier zu tun haben, ist Einflüssen unterworfen, die unser derzeitiges Auffassungsvermögen übersteigen. Es mag ja sein, dass wir für eine wirksame Kommunikation in Bereiche jenseits des Sonnensystems Radioteleskope benötigen, dennoch sollten wir wenigstens einen Teil unserer Forschungsgelder für Methoden aufwenden, die unser körpereigenes Enthüllungssystem aktiv werden lassen und dessen wir uns noch nicht vollständig bewusst sind. Wenn man genügend viele Stunden völlig isoliert von den Ablenkungen unserer eigenen Spezies zubringt, wie es Admiral Byrd (siehe sein Buch, *Alone,* 1938 zum ersten Mal veröffentlicht) über Monate hinweg am Südpol durchlebte, erfährt man gewisse Offenbarungen, die mit dem Wesen des Universums zu tun haben.

Ich habe solche Erfahrungen in der chilenischen Wüste gemacht; ich habe sie im Isolationstank gemacht. Eine ganze Reihe von Leuten, die dieselben Methoden benutzen, nach denen ich vorging, haben über ähnliche Erfahrungen berichtet und mich in meiner Überzeugung bestärkt, dass es da etwas gibt, das wert genug ist, ergründet zu werden. Wieder einmal finden wir uns an der Grenze zum Unbekannten. Wieder einmal mangelt es uns an Leitfäden vergangener Wissenschaft; wir stossen in neue Regionen vor, in neue Interessenbereiche. Offenbar sind es allein die jungen Leute, die genügend unbefangen sind, ihre Anschauungsweisen zu überprüfen, um diesen Bereich zu erkunden, wie sie es Mörderwalen und Delphinen gegenüber bereits bewiesen haben.

Mindestens einmal pro Woche erreicht mich eine Anfrage von jungen Leuten, die sich mit Delphinen oder *Orcas,* den sogenannten Mörderwalen, beschäftigen. Es gibt heutzutage genügend junge Leute, die sich auf diesem Gebiet tummeln, so dass wir auf diesem Planeten möglicherweise einen Durchbruch auf dem Gebiet der Kommunikation zweier verschiedener Spezies schaffen können. Auch gibt es genug junge Leute, die mehr und mehr Zeit in Isolationstanks zubringen, so dass wir möglicherweise auch den Durchbruch in andere Kommunikationsbereiche schaffen, die sich dem Zugriff gegenwärtiger Wissenschaft noch entziehen.

In Green Bank, West Virginia, wurde in den frühen sechziger Jahren der Orden der Delphine gegründet; Mitglieder sollten all diejenigen werden, die sich mit ausserirdischer Kommunikation beschäftigen. Doch der Orden starb eines stillen, friedlichen Todes. Es sollte einen jüngeren Orden geben, eine an Jahren jüngere Gesellschaft, um diese Dinge zu verfolgen. Dies sollte keine Science Fiction-Gesellschaft sein, sondern vielmehr eine von jungen Leuten gegründete respektable wissenschaftliche Organisation werden, die sich auf die Suche nach Methoden der Kommunikation mit ausserirdischen Lebensformen begibt – eingeschlossen der Formen, die auf diesem Planeten vorhanden sind. Man sollte eher «aussermenschlich» sagen, statt «ausserirdisch», ausserhalb der menschlichen Spezies – «nicht-menschliche Intelligenzen» ist wohl der treffende Ausdruck für das, was ich zu definieren suche.

Ich meine, dass die grossen Gehirne von Elefanten, von Walen und Delphinen einen ausreichenden anatomischen, physiologischen und Verhaltens-Nachweis erbringen, um eine solche junge wissenschaftliche Gesellschaft zu ermutigen, ihre eigenen Forschungsprojekte zu organisieren und entsprechende Unterstützung zu suchen.

Ohne Organisation werden Einzelpersonen vom organisierten Establishment einer nach dem anderen abgeschossen. Sie werden in Verruf geraten. Die Mehrzahl der Wissenschaftler der Vergangenheit fanden in der Gemeinschaft Gehör, indem sie sich organisierten und eine neue Gesellschaft gründeten.

Ich war beispielsweise Gründungsmitglied der American Biophysical Society und eines der ersten Mitglieder der American EEG Society. In beiden Fällen wurden die Biophysiker und die EEG-Spezialisten von anderen Gesellschaften als nicht respektabel genug abgetan, also gründeten sie eine eigene. Ich meine, es ist an der Zeit, dass die an nicht-menschlichen Intelligenzen und an einer Kommunikation mit diesen Interessierten ihre eigene Gesellschaft gründen und somit mehr Glaubwürdigkeit und Respektabilität erlangen.

Ob wir es wahrhaben wollen oder nicht, Glaubwürdigkeit und Respektabilität sind notwendig, um finanzielle Unterstützung zu erlangen, sei sie privater oder staatlicher Natur. So unvollkommen wissenschaftliche Gesellschaften auch sein mögen, wenn es um Zuwendungen geht, sind sie von ihrer Form her isolierten Einzelpersonen überlegen: Solange, bis man Mittel aus eigener Tasche oder über begeisterungsfähige, begüterte Einzelpersonen oder Familien auftreibt, muss man für seine Anstrengungen in diesem Bereich immer noch öffentliche Gelder beschaffen.

17
Der Graben-Effekt: Ein Beispiel für den Metaglauben-Operator

In der Neurophysiologie gibt es einen weithin bekannten Effekt, den ich an dieser Stelle den «Graben-Effekt» nenne. Wenn man eine winzige Lichtquelle auf die Netzhaut eines Tieres richtet, und der Wirkung dieser Reizung mit Hilfe von in der Retina angebrachten Elektroden folgt, stellt man fest, dass das Licht einen kleinen Punkt neuronaler Aktivität stimuliert. Diese kleine Stelle ist von einer Hemmzone spontaner Aktivität innerhalb der Ganglien umgeben. In der graphischen Darstellung dieses Effekts erkennt man eine gesteigerte Aktivität im Zentrum, wo der Lichtreiz auftritt, und einen Ring aus gehemmter spontaner Aktivität, der dieses Zentrum umgibt.

Es lässt sich leicht nachweisen, dass die gleiche Eigenschaft im gesamten Nervensystem existiert. Die Stimulierung eines kleinen Bereichs der Hirnrinde führt zu Hemmung in den umgebenden Gebieten usw.

Dies nennt man den «Graben-Effekt», weil es sozusagen eine hohe Säule im Zentrum eines vertieften, kreisförmigen Bereichs gibt, so dass es aussieht wie eine von einem Graben umgebene Säule. Die Höhe der Säule kann über das ausserhalb des Grabens gelegene Terrain hinausgehen oder darunter bleiben.

Mir ist aufgefallen, dass die Menschen im allgemeinen dazu nei-

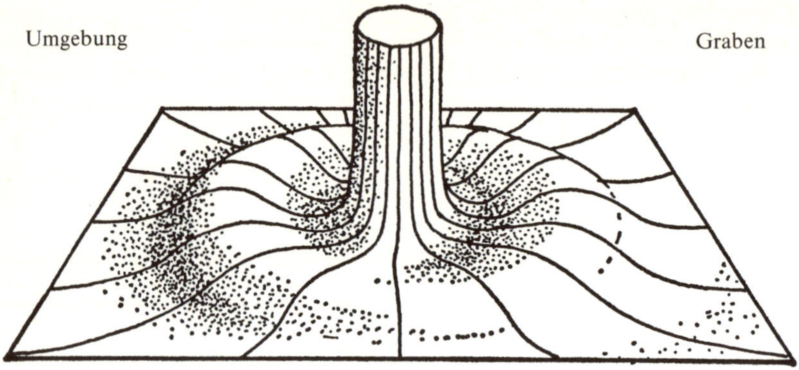

Der Graben-Effekt (graphische Darstellung)

gen, genau dieselbe Operation hinsichtlich ihres Wissens über einen beliebigen Gegenstand durchzuführen. Sie neigen dazu, die Bedeutung ihres Wissens zu steigern (gewissermassen eine Säule als Sinnbild besonderer Bedeutung errichten) und Wissensbereiche ausserhalb ihrer Kompetenzen herabzuwürdigen (sie umgeben, was das Wissen anderer angeht, ihr eigenes Wissen mit einem Graben). Also existiert der «Graben-Effekt» nicht nur in unserer eigenen Neurophysiologie, sondern auch in unserem Denken und unserem Verhalten sowie in unseren gesellschaftlichen Aktivitäten.

Etwas später in diesem Kapitel werde ich zeigen, wie ich diesen Graben-Effekt als Verteidigungshilfe benutzte, als Motivierungshilfe, um nach meinem Unfall wieder in die Realität einzutreten.

Die Tatsache, dass dieser Effekt von einem Nervensystem erzeugt wird, welches auf diese Weise funktioniert – örtlich zu seinen Eigenschaften im Hervorbringen von Verhalten und Denken – ist mehr als erstaunlich.

Derartige Gliederungen von Aktivitäten kann man in der Politik beobachten, vor allem bei Kandidaten, die für ein politisches Amt kandidieren, die ihr Programm, ihr Denken einstufen, als sei es das Wichtigste auf der ganzen Welt, während sie Programme, Meinungen und Aktivitäten anderer mit einem Ring aus Verachtung umgeben. Auch in der Wissenschaft lässt sich dies beobachten, wenn irgendein Wissenschaftler die Bedeutung seiner eigenen Arbeit über die Massen in die Höhe hebt und die Arbeit von Kollegen herabwürdigt. Man kann es in der Behandlung einzelner Wissenschaftler beobachten, die von den wissenschaftlichen Standardformulierungen abweichen. Sogar in der eigenen Familie. Praktisch ein jeder neigt dazu, auch Sie und ich.

Achten Sie einmal darauf, wie einer sein Steckenpferd reitet und andere Leute kritisiert, die dem gleichen Hobby frönen. Da sieht man einen, der Tennis über Golf erhebt, einen anderen, der Golf über Tennis erhebt, wieder ein anderer ist auf dem Fussball-Trip und so weiter.

Ich fasse noch einmal zusammen: Wir alle tun das, wofür wir zu einem gegebenen Zeitpunkt am besten gerüstet sind; wir neigen zur Missachtung und Herabwürdigung dessen, was wir entweder tun möchten, aber nicht können oder wofür es uns an Zeit oder Energie mangelt. *Wir machen einfach das Beste aus dem, was wir hier und jetzt haben.*

Wir glauben das, was wir glauben müssen, um das zu tun, was wir tun. Dieser Satz kann auf unseren Beruf, unsere Freizeitgestaltung, unser Privatleben und unsere Kriterien hinsichtlich verschiedener Arten des Beurteilens angewandt werden.

Denken wir beispielsweise einmal über ästhetisches Empfinden nach: Was ist schön? Es ist schon mysteriös, weshalb wir einen bestimmten Gesichts- oder Körpertyp für schön und einen anderen für hässlich erklären. Im Grunde genommen ist jeder lebende Körper schön; jeder lebende Körper hat über Milliarden von Jahren lebensfeindlichen Kräften getrotzt und ist immer noch da. Er hat nicht nur überlebt, wir wissen, dass alle seine Vorgänger überlebten, um ihn hervorzubringen. Deshalb ist jedes Lebewesen, einschliesslich aller Menschentypen, von vornherein schön. Die objektivste, sachlichste Beurteilung lautet, dass alle Lebewesen schön sind. Dem kann man sich einfach nicht entziehen. Trotzdem hört und sieht man im Fernsehen immer wieder, auch von Prominenten geäusserte, leichtfertige Beurteilungen, dieses oder jenes sei überlegener, sei schöner oder hässlicher als etwas anderes.

Mein Unfall lehrte mich eine ganze Menge. Er lehrte mich, dass die Ansichten, die andere über einen selbst hegen, ausgesprochen bestimmend auf die äussere Realität, in der man lebt, einwirken. Er lehrte mich, dass es gewissen Leuten nicht möglich ist, die Prozesse zu verstehen, durch die man an einem speziellen Punkt seines Denkens und Fühlens gelangt, während man sich in einem Zustand intensiver Schmerzen befindet. William James drückte es zu Beginn dieses Jahrhundert so aus: «Die, welche auf einer Seite der

Schmerzschwelle leben, können die Psychologie derer, die auf der anderen Seite dieser Schmerzschwelle leben, auf keinen Fall verstehen.»

Diese Lektion habe ich am eigenen Leibe erfahren: Mit einem Male wurde mir klar, dass wir von anderen Menschen, ganz gleich, wie nahe sie einem stehen, ganz gleich, wie gut sie einen nach aussen verstehen, kein Verständnis erwarten können, wenn man sich in Zuständen (nicht nur des Schmerzes) befindet, die für wirklich Nahestehende ungewohnt sind. Wenn Ehefrau oder Ehemann nie besondere Schmerzen, nie die Intensität von Schmerzen kennengelernt haben, die man selbst gerade durchmacht, kann man von ihnen kein Verständnis erwarten. Damit würde man von biologischen Organismen, die auf verschiedene Art mit eigenen Überlebensproblemen behaftet sind, zuviel verlangen. Wir sind die Opfer unserer vorangegangenen Erfahrungen und unserer Anschauungen, die sich auf diese Erfahrungen gründen. Es gibt sozusagen keinen Weg aus dieser Schikanierung heraus. Wir sind durch das biologische Gefährt, in dem wir hausen, begrenzte biologische Organismen.

Kehren wir zu Toni zurück. Ich gestalte unsere Dyade als eine Säule im Mittelpunkt eines Grabens, inmitten einer weiten Hemmzone anderer Reize in den inneren Bereichen. Der Graben-Effekt überwältigte mich voll und ganz; ich war zu sehr angeschlagen, um irgend etwas anderes zu tun, als meine ganze Energie darauf zu konzentrieren, auf diesen Planeten zurückzukehren, zurück zu einem friedvollen Leben mit meiner geliebten Toni.

Die Zeit, die ich mich nicht in meinem Körper befand, wusste ich, dass ich zurückkehren musste. Am oberen Ende der Säule beim Graben-Effekt stand: «Das Wichtigste für mich ist, zu ihr zurückzukehren.»

An einem gewissen Punkt (noch immer im Spital) kehrte ich aus diesen entlegenen Räumen zurück. Toni sass an meinem Bett; während der fünf Stunden, als ich ihren Hals umschlungen hielt, demonstrierte ich in aller Aufrichtigkeit, zu wem ich zurückkehren wollte. (Indem ich dies niederschreibe, weine ich, weil sie mir immer noch das grösste Bedürfnis, immer noch das obere Ende der Säule inmitten des Grabens ist. Ich weise ausdrücklich darauf hin. Das glaube ich und lehne alles ab, was störend darauf einwirken könnte. Alles, was mir – im Hier und Jetzt, auf diesem Planeten – lieb und wertvoll ist, ist in diesem Körper zu bleiben und mit Toni zusammen zu sein. Daran glaube ich.)

Über einen Zeitraum von zwölf Wochen hinweg war es mir nicht möglich, normal zu funktionieren. Ich musste ruhen und war ununterbrochen ans Bett gefesselt. Ich war gezwungen, zwölf Wochen lang über meine eigene Zerbrechlichkeit, Vergänglichkeit, über meine Kompromisse zu meditieren, nur um ein wenig länger am Trip auf diesem, unseren Planeten teilzuhaben.

Es gibt eine Menge Lektionen, die ich zu lernen habe: Wie ich trotz aller Provokation, die Ruhe bewahre; wie ich angesichts der Versuchungen, nicht zu fühlen, Gefühle bewahre; wie ich fortzufahren habe, Bücher zu schreiben, Vorträge zu halten, Workshops zu leiten, zu lehren und Vorträge zu hören, Bücher zu lesen, unterwiesen zu werden, Workshops anderer zu besuchen und weder mein eigenes Wissen, noch das Wissen anderer herabzuwürdigen und unser Nichtwissen zu respektieren. Zu lieben und geliebt zu werden, zu reparieren, repariert zu werden, das von mir angehäufte Karma und das wegen mir von anderen angehäufte Karma zu lösen.

Der Graben-Effekt kann solange nutzbringend angewandt werden, wie man seiner eigenen Handlungen gewahr ist. Er kann nicht ausgelöscht werden. Er ist in unsere Struktur integriert. Aber er kann flexibler gemacht werden. Mann kann die Säule sozusagen durch Regionen des Wissens und des Unwissens bewegen und den Graben nicht negativ machen. Der Graben kann positiv sein, man kann die ganze Struktur über das umgebende Terrain anheben und sozusagen einen Berggipfel mit einem zentralen Eiland in der Mitte schaffen. Das Terrain des Geistes und des Körpers kann man nicht nivellieren. Alles was man tun kann, ist, seine Gestalt erkennen, seine Formen und seine Substanzen.

Es gibt Leute (ich selbst eingeschlossen), die fest daran glauben, dass der Körper ein Umwandler ist. Was ist ein Umwandler? Das Wort leitet sich vom lateinischen «trans» = über hinweg und «ducere» = leiten, führen ab; ein Umwandler führt etwas über etwas anderes hinweg.

Die einfachsten Beispiele für Umwandler sind Mikrophone, welche Schallwellen, die geringe Druckunterschiede (in oszillierendem Luftdruck) in oszillierende elektrische Ströme oder Spannungen umwandeln. Ein Lautsprecher bewirkt das Gegenteil. Er wandelt oszillierende elektrische Stöme in pulsierende, oszillierende Luftwellen um. Wenn ich sage, der Körper sei ein Umwandler, fasse ich verschiedene, die Körperfunktionen betreffende Gesichtspunkte zusammen.

Ich stelle eine grundlegende Behauptung auf, die man sehr genau überprüfen sollte. Ich behaupte, dass *das Selbst, ich oder du oder er oder sie, innerhalb des Körpers sich der Trennung von diesem Körper irgendwie bewusst ist, sich aber auch bewusst ist, dass es in diesem Körper eingebettet ist. Der Körper funktioniert demnach als Umwandler zwischen jenem Selbst, jener Essenz, wenn man so will, und dem übrigen Universum.* Es obliegt also uns, diesen Körper zu trainieren, ihn zu pflegen als das, was umwandelt, als das, was die Wünsche des Selbst befördert, das Ziel des Selbst, durch das Umgebende und das Ziel des Umgebenden hindurch zurück ins Selbst.

Al Huang, der T'ai Chi (eine chinesische Form der Bewegungsmeditation) und Tanz lehrt – eine Kombination aus beidem, die wunderschön und wirksam ist –, und zwar am Beispiel seines eigenen Körpers, sagte in meiner Gegenwart zu Lama Govinda: «Der Körper funktioniert als Vermittler zwischen dem Selbst und dem Universum. Das Dahinfliessen des Kosmos ist wie das Fliessen der Wolken über unseren Häuptern. Das Universum und der Kosmos äussern sich in einem Fliessen wie Wasser. Ich lehre, dass der Körper sich ausdrückt und mit dem Universum und seinem Fliessen vereinigt und dem Selbst gewährt, das universelle Fliessen durch den Körper zu äussern.»

Die reine Tatsache, dass man ein Individuum in einem einzelnen Körper ist, der einen einzelnen Geist besitzt, bedeutet, dass man relativ wichtigen Gesetzen unterworfen ist. In diesem Leben ist man irgendwie ein Mittelpunkt des Universums. Man ist anthropozentrisch, weil man *anthropos* ist. Man ist antropomorph, weil man *anthropos* ist. Auf ähnliche Weise ist man egozentrisch, weil man Ego ist; man ist egomorph, weil es Grenzen im Wissen um Ego gibt. (Ich meine hier nicht «Ego» in der restriktiven Bedeutung Oscar Ichazos, sondern in der allgemeineren Bedeutung des Selbst, des Ichs, der funktionalen Wesenheit in einem feuchten, blutgefüllten, lebendigen Körper.)
Irgendwo ist man ein Zombie, ein Körper, kontrolliert von etwas anderem als das, was im Körper ist. Irgendwo ist man ein Roboter, eine Maschine, kontrolliert von etwas anderem als das, was der Roboter ist. Unsere Programmierung kam durch den genetischen Code und durch die eigene Erfahrung zustande. Somit ist man wieder einmal das «Opfer» des eigenen genetischen Codes, der eigenen Erfahrungen, der eigenen derzeitigen Lebensumstände. Ein Opfer, bis man auf immer geht.

Die persönliche Katastrophe meines Unfalls, ist mir eine Lehre, eine private Lehre, die meinen wichtigsten Standpunkt illustriert: *Was man in der* Provinz des Geistes *als wahr erachtet, ist entweder wahr oder wird innerhalb bestimmter Grenzen wahr. In der Provinz des Geistes gibt es keine Grenzen; allerdings* steckt der Körper bindende Grenzen ab.

Was kann man tun, wenn der Körper seine Grenzen absteckt? Eine Lösung besteht darin, dass man dem Körper entwischt, dass man ihn verlässt, entweder vorübergehend oder auf immer. Während dieser unlängst eingetretenen persönlichen Katastrophe verliess ich ihn nicht freiwillig, sondern wurde im Gegensatz zu vorangegangenen persönlichen Erlebnissen im Tank, dazu gezwungen. Wie ich in *Das Zentrum des Zyklons* darlegte, gibt es häufig Augenblicke, in denen ich mich entscheide zu gehen; Augenblicke, in denen ich, ohne selbst zu entscheiden, gehen musste. Diese neue Erfahrung zwang mich, den Körper zu verlassen.

Eigentlich bin ich niemals wirklich versucht gewesen, auf immer zu gehen, zu sterben, meinen Körper anderen zu überlassen, um ihn zu begraben, zu verbrennen, ins Meer zu werfen; irgendwie habe ich diesen Körper, seine Empfindungen, seine Gefühle, seine Geschichte, seine Zukunft, seine Gegenwart überbewertet. Ein Körper ist in einem Überbewertungsraum, irgendwo an die Prozesse des Lebens, an das Fliessen von Flüssigkeiten, Energie, Gefühl, Empfindungen, Austausch, der Umwandlung der Gedanken des Selbst und den von anderen produzierten Gedanken, der Erklärung, der Ergründung des Selbst und dem Universum angeschlossen.

Wohin werde ich von hier aus gehen? Hinsichtlich des Körpers in der Zukunft auf diesem Planeten gehe ich als erstes mit Toni, in unserem gemeinsamen Leben, was immer es bringen mag. Ich bewundere ihre anmutige, diplomatische und wirksame Art zu leben und schätze und geniesse sie; so wie sie ihr Selbstvertrauen entwickelt, entwickle ich meine Bewunderung und meine eigene sowie unsere dyadische Wirkungskraft. Indem ich die Dyade sozusagen überbewerte, erlange ich einen Überblick über diese Überbewertung und was sie für mein absolutes Sein, für ihr absolutes Sein bedeutet. Toni ist im wesentlichen ein sehr guter Mensch, eine sehr gute Frau, ein sehr starker Mensch; damit bringe ich meine Überbewertung Toni gegenüber zum Ausdruck. Wenn man sich der Überbewertung bewusst ist, wenn man sie nicht als Herabwürdigung sieht, betrachtet man sie als notwendigen Prozess, um das Leben, so wie man es lebt, weiter zu verfolgen.

Indem ich dies niederschreibe, betrachte ich Pflanzen, Bäume und lausche dem Wind in unserem Heim in Decker Canyon. Ich hocke in unserem VW-Campingbus und geniesse das wohltuende

Ambiente Südkaliforniens mit seinen roten Blüten, die – Mitte Januar bei einer Temperatur von 26° Celsius – im Sonnenlicht leuchten. Eine wahrhaft wunderbare äussere Realität. Ein Luftzug, Blätter berühren sich leise, Zweige reiben aneinander, Insekten summen durch die Luft, unsere Katze tollt übermütig umher. Ich überbewerte, geniesse und spüre meinem zerschlagenen Körper gegenüber Nostalgie, Einfühlungsvermögen, Mitgefühl, indem ich ihn wiederherstelle, um wieder dorthin zu gelangen, wo ich vor dem Unfall war, und weiterhin mit diesem Umwandler zu sein, wie er sich mit meiner Hilfe und der Hilfe vieler Freunde, vieler Heiler, die mir beigestanden, selbst wieder in Ordnung bringt. Auch sie haben mich, meinen Körper, überbewertet.

Dr. Hector Prestera und seine Frau Sharon Wheeler haben ungezählte Stunden gearbeitet, um die Heilkräfte dieses Körpers zu wekken; Schwester Bernice Danylchuk und ihre Helferinnen, Lika und Malia aus Samoa, machten ihr starkes Programm auf meinen Körper wirksam.

Natürlich hat es eine Menge anderer gegeben, die geholfen haben; und es wird auch in Zukunft viele geben. Von diesen habe ich einigen bei früheren Problemen beigestanden; ich werde ihnen auch in Zukunft helfen. Diese gegenseitige Achtung, diese gegenseitige Überbewertung von Freundschaft ist es wert, auf diesem Planeten zu bleiben. Jan Nicholson mit ihrer Massage, Helen Costa mit ihrer so disziplinierten Untersuchung von Schaden und Reparatur, Ruth und Myron Glatt und ihr *Mousse au chocolat* sind nur ein paar wenige unter vielen. Während dieser Zeit der Wiederherstellung meiner Gesundheit hatte ich die Hilfe von Emily Conrad, geübt in Voodoo. Ob ich an diese Heilmethoden glaube oder nicht, sie können wirken. Dafür bin ich dankbar.

Tonis Vater, Angelo, ist gerade eingetroffen.

A.: Guten Morgen, John, wie geht es Dir?
J. : Wie geht's selbst, Kumpel?
A.: Oh, ganz gut.
J. : Du siehst gut aus. Du hast den ganzen Weg von Fontana nach Decker Canyon erfolgreich hinter dich gebracht. Glückwunsch.
A.: Nicht hundertprozentig, aber fünfundsiebzigdreiviertelprozentig.
J. : *Yeah*, aber du bist da, und das zählt. Wie sieht's mit deinen Augen aus?
A.: Ich könnte nicht sagen, dass es völlig in Ordnung ist, und manchmal stört es mich schon ein wenig, aber ich hab's geschafft.
J. : Und da steht dein kleiner Courier...
A.: Dieser kleine Courier ist wirklich ein Prinz auf der Strasse.

J. : Junge, Junge, das Ding hat's wirklich gebracht, trotz der Tatsache, dass du dich damit überschlagen hast.
A.: Du hast's noch nicht gesehen?
J. : Nein.
A.: Er sieht besser aus als vorher.
J. : Wie oft hast du dich damit überschlagen?
A.: Dreimal.
J. : Dreimal! Wie geht's deinen Rippen?
A.: Manchmal fühle ich mich ein wenig zerschlagen, aber...
J. : Und deine Schulter?
A.: In der Schulter fühle ich kaum etwas.
J. : Meine kommt langsam wieder in Ordnung, aber es brennt und schmerzt noch immer. (Toni tritt zu uns.)
T. : Hallo, Paps, ich habe dich gar nicht kommen hören.
J. : Oh, er fuhr auch ganz leise.
A.: Wie geht's?
T. : Mir geht's grossartig ... und sieht er (zeigt auf John) nicht blendend aus?
A.: *Yeah*, wirklich ausgezeichnet.
T. : Du bist also gut angekommen.
A.: Na klar, wenn man etwas vorhat, führt man's aus, das ist alles.
J. : Du bist schon unglaublich. Du bist wirklich unglaublich.
A.: *Yeah,* wenn's was zu tun gibt, packst du's einfach an.
T. : Wie geht's mit deiner Erkältung, Paps?
J. : Hast du die Grippe?
T. : Nein, eine Erkältung.
(Paps findet eine lose Schraube im VW und sucht nach der Stelle, wo sie hingehört.)
J. : Mein Gott, alles fällt auseinander.
A.: Das kommt in den besten Familien vor.
J. : Wo hast du sie gefunden? Wie sieht sie aus?
A.: Ich sehe keine anderen solchen Schrauben.
T. : Rat' mal, was ich gekocht habe, Paps! Spanische Artischocken.
A.: Hast du wirklich gemacht?
J. : Was sind Spanische Artischocken?
T. : Die Artischockenstiele werden gekocht, aber anstatt sie zu kochen habe ich sie in den Backofen geschoben. *Hey*, wieviel Dutzend Eier sind denn das? (Paps hat uns Eier mitgebracht.)
A.: Siebeneinhalb.
J. : Phantastisch.
T. : Meine Güte, Paps, du denkst wohl, wir hätten einen Laden hier ... Lasst uns hineingehen, ich werde dir eine Oper auflegen, die du gerne hörst.

Das ist so eine typische Unterhaltung mit dem dreiundachtzigjährigen Paps. Er ist wundervoll. Er hat sich mit dem Auto dreimal überschlagen. Es ist ein kleiner Ford Courier-Lieferwagen. Er brach sich ein paar Rippen und kurierte sich ganz auf sich selbst gestellt; er lebt alleine. Wie er das geschafft hat, weiss ich nicht. Letztes Jahr hatte er einen Schlaganfall, von dem er sich völlig erholte, bis auf ein kleines Problem mit seinem Sehvermögen. Er gibt ein wundervolles Beispiel für Überleben mit Humor ab. Lebt allein und geniesst es. Ein unglaublicher Mann. Wenn er einem die Hände schüttelt, ist's, als schüttle man die Hände eines Steinmetz'. Er verfügt über gewaltige Kräfte – körperlich und intellektuell, moralisch und geistig. Tonis Liebe zu ihm und seine Liebe zu ihr und zu mir ist offensichtlich, wie auch sein Humor.

Er illustriert den tatkräftigen Menschen, was einer Umwandlung gleichkommt, der Einsatz des Körpers als einem Umwandler zwischen dem Selbst und der äusseren Welt. Er ist Schreiner und Möbeltischler. Er macht wunderschöne Holzeinlegearbeiten und die verschiedensten Dinge für Freunde und für seine Enkelin Nina.

Epilog

Toni:

Eines Abends, nach einem besonders ausgefüllten Tag in Carmel, beschlossen John und ich, in einem unserer bevorzugten Restaurants essen zu gehen.

Als ich ihm so gegenübersass, ertappte ich mich dabei, wie ich sein Äusseres studierte und ausnehmend genoss. Ich bin ausserordentlich visuell ausgerichtet, und einen Grossteil meiner Realität verbringe ich in diesem Bereich.

In Johns Gesicht vereinigen sich zahlreiche Eigenschaften. Manchmal eine grosse Intensität, unterstrichen von ausgeprägtem Kinn und Nase. Dazu eine stetige Jugendlichkeit – die Ähnlichkeit mit seinem Sohn, John jr., kann einen zuweilen verblüffen. Wenn er verschmitzt mit seinen wachen blauen Augen zwinkert, zeigt sich der irische Kobold, wie er eine sonderbare Welt beäugt. In besonderen Augenblicken kommt der Kobold nicht umhin, einem schlachtenerprobten ehrwürdig alten Vogel Platz zu machen, der, gebeugt vom Wissen vieler Jahrhunderte, dahockt und wartet.

Natürlich ist «der Junge mit dem grössten Chemie-Experimentierkasten der Strasse» nie sehr weit weg, und all dies findet seinen Ausdruck, wird festgehalten in einer wundervollen Schroffheit, die ich nimmer müde werde zu betrachten.

Inmitten meiner visuellen Entdeckungsfahrt in andere Dimensionen, die den bereits kartographierten Bereichen hinzuzufügen wären, fragte ich mich mit einem Mal, ob John mich auf die gleiche Weise sah.

Ich bat ihn, mir zu erläutern, wie ich für ihn nun wirklich aussah, und er sagte:

Das ist veränderlich;
Manchmal ist's eine Gewitterwolke mit Blitz,
Manchmal ein lauer Frühlingstag,
Manchmal das Mondlicht an tropischem Strand,
Manchmal ein Nähkorb – ein bestickter Teppich – oder
Ein Avocadobaum,
Manchmal ein Haufen Mist.
Jedes Erwachen mit lächelndem Gesicht.
Insgesamt ein hübscher warmer Ort zu leben.

Anhang I
Physische, biophysische, psychophysische, intellektuelle und geistige Übungen

Diese Liste erhebt nicht den Anspruch der Vollständigkeit. Sie ist für Menschen gedacht, die tagsüber viel unterwegs sind und für solche Übungen nicht viel Zeit aufwenden können. Manche Übungen sind physischer Natur, manche biophysischer, manche psychophysischer, manche intellektueller, und manche, oder alle zusammen, könnte man als geistige Übungen bezeichnen.

Die hinter diesen Übungen stehenden Grundsätze wurden durch ein wesentlich längeres und intensiveres Training nachhaltig wirksamer Übungen gefunden. Über die Jahre habe ich den Zeitaufwand und die Anzahl der Übungen auf ein für ein gutes Allgemeinbefinden erforderliches Minimum reduziert: Definiert als geistige Gesundheit, intellektuelle Gesundheit und physische Gesundheit.

Wenn Sie wollen, können Sie die Übungen variieren, das hängt ab von Ihrem Körperwuchs und Ihrem eigenen Ansinnen hinsichtlich Ihrer speziellen Körperbeschaffenheit, Ihrer besonderen Geistesart und Ihrer besonderen geistigen Ebene.

Übungsfolge 1: Ernährung

Das Hauptproblem vieler Menschen ist die Ernährung. Wir formulieren hier ein paar allgemeine Grundregeln, die ich herausgefunden habe, indem ich mein Körpergewicht binnen kürzester Frist von 95 Kilo auf 58 Kilo senkte und dann wieder erhöhte und indem ich mein Körpergewicht mehrere Male schrittweise von 77 Kilo auf 70 Kilo senkte. Mein kritisches Gewicht liegt zwischen 72 und 74 Kilo.

Die Grundregel ist die des «kritischen Gewichts» für Ihren eigenen Körper. Das «kritische Gewicht» wird als das Gewicht festgelegt, bei dem Ihr Appetit und die Bedürfnisse Ihres Körpers sich exakt die Waage halten, so dass Sie weder zu viel noch zu wenig essen. Oberhalb des kritischen Gewichts ist Ihr Appetit zu gross, und Ihr Gewicht nimmt zu. Unterhalb dieses Gewichts neigt Ihr Appetit abzufallen, und Ihr Körpergewicht neigt dazu, auf ein gefährlich niedriges Niveau abzusinken. Hat man das kritische Gewicht einmal erreicht, stimmen die Anzahl von Übungen und die Nahrungsaufnahme mit Ihrem speziellen Stoffwechsel dahingehend überein, dass ein «ausgepegeltes» Gewicht mit einer täglichen Verschiebung von plus/minus einem Kilo gehalten werden kann.

Ihr Gewicht lässt sich am besten bestimmen, wenn Sie ein Minimum an Wasser im Körper haben. Am besten morgens, gleich nach dem Aufstehen, wenn Sie Urin und Kot ausgeschieden haben. Dies ist der Augenblick, in dem Ihr Körper die geringste Wassermenge enthält. Wasser kann das Körpergewicht über den Tag hinweg um mehrere Kilo verschieben.

Die erste Übung besteht also darin, Ihre Ernährung einer Kontrolle zu unterziehen. Wenn ich übergewichtig bin, scheint mir der sicherste Weg, rasch abzunehmen, meine Ernährung auf hohen Proteingehalt und Fett umzustellen. Protein hat eine spezifische dynamische Wirkung, das heisst, es veranlasst erhöhten Stoffwechsel, was einen Teil der vom Körper aufgenommenen Masse verbrennt. Als Nahrung aufgenommenes Fett zügelt den Appetit. Wenn man genau die richtige Menge Fett zu sich nimmt, schaltet es das Bedürfnis nach weiterer Nahrung aus.

Kohlehydrate sollte man nur zu sich nehmen, wenn man eine besonders anstrengende Übung macht, wie etwa den ganzen Tag lang Skifahren. Ein wenig Kohlehydrate tagsüber, während man die Übungen durchführt, ist nicht kontraindiziert. Die übrige Zeit sollte man Kohlehydrate meiden.

Man entdeckt rasch, dass die bei proteinreicher, fettreicher Kost anfallende Menge Stuhl beträchtlich höher ist als die bei Kohlehydraternährung produzierte Menge. Machen Sie sich darum keine Gedanken. Es ist eine ganz natürliche physiologische Angelegenheit, resultierend aus dem Verzehr von Nahrungsmitteln, die der Körper vollständig verbrennen kann. Bei proteinreicher, fettreicher Ernährung ohne Kohlehydrate sinkt die Kotproduktion; eine geringe Menge Kohlehydrate (Zucker, Honig und so weiter) lässt einen aufschwemmen. Dies ist ein einfacher Test, wie gut Sie sich an die Diät halten.

Übungsfolge 2: Strecken

Es gibt zwei Arten körperlicher Übung, die in Betracht gezogen werden sollten. Die erste ist das tägliche Strecken eines jeden Muskels im Körper.

Dazu gehören eine spezifische Reihe von Streckübungen. Der Yoga-Grundkurs, die Asanas, bietet die besten Voraussetzungen dafür.

A Für diejenigen, die mit Yoga vertraut sind, empfehle ich die Kobra. Wenn man die Kobra macht, sollte man darauf achten, dass man die Gesässhälften zusammenpresst, dass die untere Rückenhälfte nicht überanstrengt wird. Man hebt den Kopf, gerade weit genug, damit die Blickrichtung horizontal verläuft. Den Kopf nicht nach hinten neigen. Dies würde die Halswirbel unnötig belasten. Die Schulterblätter zusammenhalten, die Arme gestreckt, die Hände flach auf dem Boden. Die Füsse nach hinten ausstrecken, dabei die Fussoberseite fest an den Boden gedrückt. Bei der Kobra sollte man darauf achten, dass man eine als Ko-kontraktion bekannte Bewegung macht. *Ko-kontraktion bezeichnet das gleichzeitige Anspannen der Muskeln auf beiden Seiten eines Gelenks,* so dass das Gelenk nicht in Bewegung versetzt wird, alle Muskeln aber gespannt sind.

B Nach der Kobra folgt der Schulterstand, wobei man darauf achtet, beim Durchführen dieser Übung die Ko-kontraktion nicht zu vergessen. Man legt sich auf den Rücken, die Arme flach am Boden. Die Beine gleichzeitig heben, die Fussspitzen gegen die Decke strecken. Wenn die Beine über dem Kopf stehen, den Rücken mit den Händen abstützen. Gleichmässig atmen. Den Rücken, die Hüften und die Beine behutsam in eine vertikale Position bringen. Ko-kontraktion aller Muskeln, weiterhin regelmässig atmen. Die Beine langsam senken.

C Nach dem Schulterstand kommt der Pflug; dabei gehe man mit äusserster Vorsicht vor, damit der Rücken nicht überanstrengt wird. Auf den Rücken legen. Je nach Flexibilität des Körpers mag man es nicht schaffen, mit den Zehen über den Kopf hinweg den Boden zu berühren. Kann man es, dann vorwärts und den Boden berühren; die Knie dürfen jetzt ein wenig gebeugt werden, bis sie dicht neben den Ohren sind. Wenn Rückgrat und Beckenknochen flexibel genug sind, wird man das ohne weiteres fertigbringen, aber nicht zwingen.

D Beinestrecken: Die nächste Übung ist ein Teil der Yoga-Übung «Sonnengruss», auch ist es eine Ballett-Streck-Übung. Die Füsse circa dreissig Zentimeter auseinanderstellen, die Fussspitzen zeigen geradeaus nach vorn. Auf einem Bein nach unten sinken, das andere Bein hinter sich ausstrecken; dabei bleiben die Zehen am Boden und das Knie völlig durchgedrückt. Jetzt darauf achten, dass man sich von der Hüfte des gestreckten Beins aus beugt. Das nach vorn gerichtete Bein steht lotrecht zum Boden, das Knie ist rechtwinklig gebeugt. Die Hände werden neben den Fuss des nach vorn gerichteten Beins auf den Boden gestützt. Der Kopf sollte gerade gehalten werden, der Blick nach vorn gerichtet.

Dies wird auf beiden Seiten wiederholt; man achte dabei auf das Gelenk zwischen Oberschenkelknochen und Becken. Diese Übung ist dazu gedacht, dass genau dieses Gelenk bis an seine Grenzen gestreckt wird. Überanstrengung vermeiden. Die Gesässbacken bleiben bei dieser Übung zusammengepresst.

E Die Windmühle: Mit leicht angewinkelten Knien fest auf dem Boden stehen, die Füsse wieder circa dreissig Zentimeter auseinander. Mit den Armen in den Schultergelenken beginnend kreisende Bewegungen machen. Mit dieser Übung soll eine erhöhte Beweglichkeit der Schultergelenke herbeigeführt werden. Die Hände kreisen weit über den Kopf, die Ellbogen sind fast gerade; anschliessend die gestreckten Arme nach hinten schwingen und nach aussen, nach unten und nach vorn, und dann wieder hoch.

F Die nächste Übung soll das Strecken der Oberschenkelmuskulatur bewirken. Am Boden niederknien, die Füsse werden dabei beiderseits ans Gesäss geschoben; langsam und vorsichtig nach hinten lehnen. Ist man in den Kniegelenken, den Hüftgelenken und im Rücken flexibel genug, kann man sich zwischen den Füssen auf den Boden legen. Die Arme werden völlig entspannt neben den Beinen am Boden gehalten.

Ich glaube, dies ist ein Minimum an Yoga, ein Minimum an sechs Streckübungen. Diese kann man vervollkommnen, je nachdem wie es mit der Körperflexibilität und dem jeweiligen Lernstand der Yoga-Techniken beschaffen ist.

Übungsfolge 3: Stress

A Am Schluss meiner Yoga-Übungen mache ich eine Übung, die ich von Skiläufern gelernt habe. Man stellt sich auf beide Beine, hebt einen Fuss mit gebeugtem Knie nach hinten und umfasst ihn mit der gegenüberliegenden Hand. Jetzt mit dem anderen Bein hüpfen und beim Aufkommen das Knie so tief beugen, wie es geht, und so, dass man wieder hochkommt. Jetzt hüpft man auf der Stelle – auf und nieder. Dies lässt sich am besten von rascher, rhythmischer Musik begleitet durchführen. Hat man das erst einmal gemeistert, kann man auf einem Bein durch das ganze Zimmer hüpfen. Man tut das fünf Minuten lang, oder so lange, bis das Herz spürbar zu klopfen beginnt und das Atmen in Keuchen übergeht.

B Eine sehr gute «Stress»-Übung ist, eine steile Strasse oder Treppe mit raschem Schritt hinaufzugehen. Wir steigen einen Weg in der Nähe unseres Hauses, der den Körper über eine Entfernung von etwa dreihundert Metern (bei einem Höhenunterschied von hundert Metern) hochträgt, fünfzehn Minuten lang steil empor. Gibt es eine Erhebung, einen Hügel in der Nähe, so kann man den erklimmen; das ist eine ausgezeichnete Übung, um am Morgen völlig wach zu werden. Wir machen das bei jedem Wetter. Man sollte so schnell gehen, dass Herzschlag und Atmung auf halbem Wege spürbar zunehmen. Wenn man das mehrere Tage hintereinander gemacht hat, wird man feststellen, dass man nach ungefähr zwei Dritteln des Anstiegs wieder zu Atem kommt und die ziemlich schmerzvolle Phase hinter sich hat, wenn die Arterien in den Muskeln und im Gehirn sich auf die Reizung des von den Muskeln abgegebenen CO_2 hin zu weiten beginnen.

C Haltung: Während dieser Übung ist ungehemmtes Atmen recht wichtig. Man sollte die Schulterblätter zusammenhalten, das Steissbein «einziehen» und den Kopf so hoch halten, wie man kann, sich sozusagen von der Schädeldecke aus nach oben ziehen. Behält man diese Körperhaltung bei, so benötigt man beim Steigen ein Minimum an Energie, um exakt einen Knochen auf dem anderen im Gleichgewicht zu halten. Trägt man sein Körpergewicht täglich hundert Meter – entweder eine Treppe oder einen Hügel hinauf –, versichert man sich einer guten Kondition, was Herz, Atmung und alle anderen Körperfunktionen angeht.

Übungsfolge 4: Eliminierung

A Darmentleerung: Über die abführenden Funktionen wird hinsichtlich körperlicher und geistiger Übungen sehr wenig gesagt. Der sicherste Weg zur Darmentleerung ist wahrscheinlich der, sich bei hochgeklappter Brille auf die Kloschüssel zu hocken, die Füsse ruhen dabei auf dem Schüsselrand. Dies verhindert die Bildung von Hämorrhoiden und bewahrt diejenigen, die welche haben, vor schmerzhafter Stimulierung derselben. Das Hocken bei der Darmentleerung kennen wir von vielen Eingeborenen, die im Busch leben, beispielsweise in Afrika. Vermeiden Sie jegliche Anstrengung in dieser Position; entspannen und geniessen Sie.

B Erbrechen: Eine Kunst, die vor allem in unserer Kultur vernachlässigt wird, ist die Kunst des Erbrechens. Wenn man zuviel Nahrung zu sich genommen hat oder Nahrung, die sich nachträglich als verdorben herausstellt, wenn man zuviel Alkohol zu sich genommen hat oder versehentlich ein Gift, ist es gut, wenn man sich leicht und unbeschwert erbrechen kann. Die Delphine lehrten mich, dass das Sich-Erbrechen eine natürliche Funktion ist; dass es in aller Stille und kontrolliert bewerkstelligt werden kann, ohne das überstürzte «Projektil»-ähnliche Erbrechen, wie es die meisten Leute kennen, die explosive Variante, die Magensäure in die Nase treibt und Schmerzen verursacht.

Um Erbrechen hervorzurufen, strecke man zwei Finger in den Schlund, bis man das Gaumensegel berührt. Der Brechreiz wird durch leichten Druck in dieser Region ausgelöst. Ist der Reflex erst einmal ausgelöst, beherrsche man ihn, damit er nicht explosionsartig kommt. Man wird bemerken, dass, wenn man die Stimmritze ganz öffnet und die Kehle entspannt, der Mageninhalt langsam hochkommt und die Nasenhöhle nicht erreicht.

Am besten übt man das, indem man mit leerem Magen beginnt, den man mit warmem Wasser füllt – mit etwa 750 Kubikzentimetern. Dann den Toilettendeckel heben, davor knien, den Kopf über die Schüssel beugen und tief einatmen. Man sollte darauf achten, den Kopf nicht zu weit vorzubeugen, damit nichts in die Nase kommt. Dann Zeige- und Mittelfinger in den hinteren Kehlraum führen. Die Zunge unten lassen, die Kehle entspannen. Das Wasser hochkommen und langsam und kontinuierlich herausfliessen lassen. Man sollte kein heftiges Herausspritzen zulassen, ein Zeichen für reflexbedingte Kontraktion der in diesen Vorgang einbezogenen Muskeln.

Hat man das einige Male probiert, wird man den langsamen, stetigen Ausfluss der Delphine fertigbringen. Der ganze Vorgang wandelt sich dann von einer eher schmerzhaften Angelegenheit zu einem Akt professionellen Könnens.

Übungsfolge 5: Atmen

Das Atmen nimmt einen erstaunlichen Stellenwert ein. Es ist eines der Mechanismen, der einen auf diesem Planeten am Leben erhält. Auch massiert es die weichen Organe in Bauch- und Brusthöhle. Richtiges Atmen, bei dem man die Bauchmuskeln zum Ausatmen benutzt und sie beim Einatmen entspannt, ist eine Kunst, die einem in Yoga-Klassen vermittelt wird. Bauchatmung ohne die Rippen einzubeziehen kann erlernt werden. Hat man das erst einmal soweit unter Kontrolle, kann man die Rippen wieder einbeziehen, indem man sie hebt und die Brusthöhle dehnt. Gewöhnliches Atmen vollführt man am besten mit den Bauchmuskeln. Beim Einatmen wölbt sich der Bauch vor; beim Ausatmen sinkt er ein.

Übungsfolge 6: Stimme

Das Atmen ist direkt mit der Stimme verbunden. Mit gutem Atmen entwickelt man eine grössere Beherrschung der Stimme. Man kann die Stimme jetzt kontrollieren, ohne sie einzuengen und ohne Falsettos oder andere ungewollte Phänomene zu erzeugen. Man sollte einen Grad der Kontrolle über seine Stimme erlangen, wie es Schauspielern und Sängern gelehrt wird. Die Stimme ist das Mittel zur Kommunikation mit den Mitmenschen. Es ist ein Mittel, andere zu beeinflussen. Hat man alle Abstufungen der durch die Stimme ausgedrückten Gefühlsäusserungen im Griff, verfügt man damit über Kommunikationsmöglichkeiten, wie man sie vorher nicht hatte. Achten Sie einmal auf Schauspieler in Szenen, wo unterschiedliche Gemütslagen dargestellt werden – im Kino oder im Fernsehen. Da werden Sie Experten auf stimmlichem Gebiet sehen. Dann kann man sich den/die Besten aussuchen und sein/ihr Verhalten nachahmen.

Eine sehr nützliche Übung ist, die Geschwindigkeit, mit der man spricht, zu kontrollieren; je langsamer man spricht, desto mehr kann man sich auf das konzentrieren, was man mit der Stimme eigentlich macht. Man erinnere sich, dass Kehlkopf und Stimmbänder Geräusche bestimmen. Die Konsonanten werden hauptsächlich von Zunge, Lippen und Zähnen geformt. Für die nasalen Vokale öffnet man die Luftzufuhr in die Nase und lässt den Laut durch die Nase entweichen, so wie in der «Aum»-Übung. Das *m* ist ein nasaler, stimmhafter Konsonant.

Betrachten Sie die eigene Sprechweise. Man verfügt über ein sehr sensitives und ausgeklügeltes System zur Sprachformung. Achten Sie einmal darauf, was die Zunge beim Aussprechen des Lautes *t* macht. Ein *t* am Wortende zum Beispiel kann dadurch angedeutet werden, indem man nicht das scharfe Geräusch für das *t* macht, sondern lediglich den Lautfluss aus dem Mund anhält; zum Beispiel bei «Start».

Es gibt da eine ganze Reihe von Übungen, bei denen alle Geräusche, alle Töne, die man mit Stimme und Mund machen kann, berücksichtigt werden. Man übe folgenden Satz:

«Joe took father's shoe bench out; meet me by the lawn.»

Dies ist, wie ich an anderer Stelle bemerkte, der Testsatz der Bell Telephone Laboratories. Er enthält die meisten Töne, die sich mit dem amerikanischen Englisch produzieren lassen. Wenn man diesen Satz spricht, betrachte man einmal im Spiegel, wie der Mund sich bewegt. Man achte auf die Zunge – auf den vorderen, den mittleren, den hinteren Teil. Auch auf das Gefühl auf der Zunge, wenn der Ton durch die Nase kommt. Ich will diese Übung nicht verderben, indem ich verrate, was an jeder einzelnen Stelle des Satzes passiert. Jeder von uns ist in der Lage, diese Übung individuell zu gestalten. Man versuche es einmal im Tank – die Ohren unter Wasser – und dann, sitzend mit den Ohren über Wasser.

Übungsfolge 7: Hören

Für diese Übung muss man die Hilfe eines Tonbandgeräts und eines speziellen Tonbands in Anspruch nehmen. Dieses Band ist erhältlich bei Paul Herbert, Hot Springs Lodge, Big Sur, Kalifornien 93920, USA. Wenn Sie Paul schreiben, fragen Sie ihn nach dem Wortwiederholungsband («repeating word tape»), vor allem das mit dem eine halbe Stunde lang wiederholten Wort «cogitate».

Das Band kann man über Kopfhörer oder Lautsprecher anhören; der Unterschied ist geringfügig. Beim ersten Mal sollte man es ungefähr eine halbe Stunde lang hören. Diese Übung verlangt vollständiges Entspannen; legen Sie sich hin, schliessen Sie die Augen, hören und konzentrieren Sie sich auf das, was Sie vom Band hören. Lassen Sie jegliche vorgefasste Meinung hinter sich, achten Sie einfach darauf, was mit dem Gehör passiert. Dies sollte über mehrere Tage wiederholt werden, bis man die Nützlichkeit der Übung erkennt.

Ein Hinweis am Rande: Bei dreihundert Versuchspersonen erhielten wir 2 730 alternative Wörter zu «cogitate». Nur ganze dreihundertvierzig davon waren in einem grossem Nachschlagwerk verzeichnet. Die restlichen Wörter sind in unserem Sprachgebrauch noch nicht aufgenommen.

Übungsfolge 8: Sehen

A Nachbilder: Das Phänomen, welches man als Effekt bei längerem Wiederholen eines Wortes erlebt, lässt sich auch im visuellen Bereich erzielen. Dazu befasst man sich am besten mit Nachbildern. Zum Studium von

Nachbildern benötigt man eine spezielle Vorrichtung. Dazu braucht es einen Elektronenblitz, den man per Knopfdruck betätigen kann. Diese Vorrichtung wird in einem schwach beleuchteten Raum eingesetzt. Man betrachte ein Bild nah genug, dass es scharf ist und das ganze Blickfeld ausfüllt. Den Blitz stellt man so auf, dass das Bild für den Bruchteil einer Sekunde grell beleuchtet ist. Die beste Position für den Blitz ist oben auf dem Kopf, nach vorn und leicht nach unten gerichtet, damit es direkt auf das Bild auftrifft. (Eine interessante Alternative zu einem Bild ist das eigene, ebenfalls von einem Blitz erhellte Gesicht in einem Spiegel. Dabei sollte das Blitzgerät so angeordnet sein, dass der Blitz nicht gespiegelt wird.)

In beiden Fällen, Bild oder Gesicht, achte man darauf, dass der Blick auf die Bildmitte gerichtet wird – im Falle des eigenen Gesichts also auf den Punkt zwischen den Augen. Das Gesicht sollte schwach beleuchtet sein, der übrige Raum völlig abgedunkelt.

Mit dieser Versuchsanordnung lässt sich auf den Netzhäuten ein Nachbild erzeugen, welches etwa zwanzig Minuten andauert. Unmittelbar nach dem Blitz schliesst man die Augen und betrachtet das Nachbild. Wenn das Nachbild sich zu bewegen scheint, hat man den Blick nicht direkt auf die Bildmitte gerichtet; man hatte den Blick ein wenig seitwärts gerichtet und das periphere Blickfeld wurde derart stimuliert, dass sich eine kontinuierliche Bewegung in eine Richtung (des Bildes oder des Gesichts) ergibt. Für diese erste Übung sollte das möglichst vermieden werden.

Führt man das Experiment korrekt durch, wird man verschiedene Dinge erleben, die mit dem Nachbild passieren. Es kann, wenn man sich darauf konzentriert, eine ganze Weile aufrecht erhalten werden. Wenn man entspannt und es geschehen lässt, können verschiedene andere Phänomene auftreten. Das Nachbild mag ganz verschwinden und an seiner Stelle ein weisses Feld auftauchen, oder ein blaues, rotes oder gelbes – praktisch jede Farbe. An verschiedenen Stellen wird das Bild seine Form verändern, seine Farbe, das Verhältnis der Farben untereinander. Es kann vorkommen, dass man an Stelle des eigenen Gesichts ein altes Gesicht sieht oder ein Babygesicht und so weiter.

B Gesicht im Spiegel: Eine ähnliche Wirkung lässt sich erzielen, wenn man seinen Blick in einem Spiegel auf den vorhin angesprochenen Punkt zwischen den Augen konzentriert. Dazu muss man völlig stillsitzen, im ganzen Zimmer sollte sich nichts bewegen, das die erwartete Wirkung beeinträchtigen könnte. Hilfreich ist, wenn man sich bequem hinsetzt und mindestens eine halbe Stunde lang auf den Punkt zwischen den Augen starrt. Hält man den Blick starr fixiert, wird man eine ganze Reihe Phänomene beobachten können und ganz andere Gesichter entdecken. Auch wird man bemerken, dass sich der gesamte Seinszustand unter diesen Bedingungen verändern lässt.

C Zyklop: Die nächste Übung ähnelt der vorangegangenen, indem ebenfalls ein Spiegel und das eigene Gesicht eingesetzt werden. Diesmal geht man ganz dicht an den Spiegel heran, bis man ihn mit Nase und Stirn berührt. Wenn man es richtig macht, wird man an Stelle von zwei Augen ein «Zyklopen»-Auge sehen. Nun konzentriert man sich auf die Pupille dieses Zyklopenauges. Dabei wird man Phänomene entdecken, die ich an dieser Stelle nicht beschreibe, damit Sie die Erfahrung für sich selbst machen können.

Bei diesen letzten Übungen haben manche Leute Schwierigkeiten, ihre Augen so auszurichten, dass sie ein einzelnes Auge sehen. In den meisten Fällen ist das lediglich eine Frage der Übung. In manchen Fällen wird sich das aufgrund bestimmter Probleme mit der Augenmuskulatur nicht bewerkstelligen lassen; dann sollte man sich ein wenig vom Spiegel entfernen, bis man beide Augen in eines fliessen lassen kann. Die Frage der Scharfeinstellung spielt da ebenso eine Rolle. Nahsichtigen fällt diese Übung wesentlich leichter als Weitsichtigen. Wenn man sehr weitsichtig ist, soll man die Brille aufsetzen und sich so weit vom Spiegel entfernen, bis man beide Augen zuammenbringt. Man wird jetzt drei Augen im Bickfeld haben, von denen man zwei ausser acht lässt.

Verschiedene esoterische Schulen haben einige dieser Übungen für ihre eigenen, fest umrissenen Zwecke eingesetzt. In diesem Buch beschränken wir uns darauf, die Eigenschaften dieser immens komplizierten Maschinerie unseres eigenen Biocomputers aufzuzeigen. Diese Übungen haben nichts Esoterisches oder Mystisches an sich, es sei denn, man bringt ein solches Metaprogramm in die Übung selbst ein. In dem Sinn können sie für eine gewisse persönliche geistige Bestrebung von Nutzen sein.

Übungsfolge 9: Mantra

Die Mantra-Technik wenden wir auch an. Eine der bevorzugtesten ist «Wer bin ich?», wie Ramana Maharshi sie erläutert. Man setzt sich in ein stilles Zimmer, in einer Stellung, die man eine Stunde lang bequem ertragen kann, und stellt sich immer wieder die Frage, «Wer bin ich?» Sowie die Antworten kommen, hält man mit dem Fragen kurz inne und lässt die Antwort «laufen». Die meisten Leute, die die entsprechende Disziplin aufbringen und diese Übung durchführen, werden feststellen, dass sie sie mit der Zeit auch durchführen können, wenn sie nicht allein in einem stillen Zimmer hocken. Diese Übung kann grosse Veränderungen in der Betrachtungsweise der eigenen Persönlichkeit mit sich bringen. Unter Umständen wird man herausfinden, dass die eigene Meinung, die man von sich selbst hegt, nichts weiter ist als ein weiteres Programm und weniger gilt als der ganze Biocomputer. Man ist viel grossartiger als die eigene Meinung ausdrücken kann.

Diese Übung leitet man gewöhnlicherweise ein mit dem Mantra «Ich bin nicht meine Meinung von mir selbst, ich bin nicht deine Meinung von mir, ich bin nicht ihre Meinung von mir.» Häufig genug wiederholt kann diese Übung einen von einer ganzen Menge Unsinn befreien, der im Biocomputer angestaut ist.

Übungsfolge 10: Einsamkeit

Wir schlagen vor, dass jeder Mensch eine gewisse Zeit allein sein sollte. Alleinsein ist eine Geist und Körper stärkende Kraft in unserem Leben. Gewöhnlich sind wir viel zu geschäftig, um sie voll auszuschöpfen. Doch ist es in der Regel schon ausreichend, wenn man diese Übungen in einstündiger Abgeschiedenheit täglich durchführen kann; innerhalb kürzester Frist werden sie Ergebnisse zeitigen. Die Körperübungen können in Gruppen durchgeführt werden. Das Treppensteigen oder der Gang auf einen Hügel hinauf lässt sich am besten gemeinsam mit anderen machen. Macht man das allein, kann dies in sich wiederum transformierend sein.

Übungsfolge 11: Der physische Isolationstank

Den Tank empfehlen wir für einige dieser geistigen Übungen und für andere, die jeder für sich selbst erarbeiten kann. Der Tank ist wohl der beste Ort der Ruhe. Wenn man Zugang hat zu einem Tank oder sich selbst einen bauen möchte – eine Anleitung dazu findet sich in unserem neuen Handbuch *The Deep Self* –, wird man neuartige Phänomene erleben und tiefen «Frieden» finden. Es entspricht einem westlichen Zugang zu Meditation – eine Methode, die die Zeit für wirksames Meditieren erheblich verkürzt.

Übungsfolge 12: Verbesserte Geistesübungen

Eine Folge von Übungen, die besonders für den Tank geeignet sind und die dort am besten durchgeführt werden können, sind die in *Das Zentrum des Zyklons* dargelegten *Geistesübungen*. Hat man diese einmal erlernt, sind sie förderlich bei der Lösung von Alltagsproblemen und beim Testen und Perfektionieren der eigenen Objektivität hinsichtlich emotioneller Hochenergie-Probleme. Sind die *Geistesübungen* einmal in die abrufbaren Programme des eigenen Biocomputers eingebettet, können sie unterhalb der persönlichen Wahrnehmungsschwelle wirken und einem einen zusammengedrängten Ausblick auf das eigene Leben gewähren.

Anhang 2
Verbesserte Geistesübungen

(Vgl. *Das Zentrum des Zyklons*)

Körperteil	*Metaglauben-Operator-Funktion*	*Symbolische Darstellung*
Schädeldecke	Übrich-Metaprogrammierung	*Führung*
Stirnmitte	Selbst-Metaprogrammierung	*Initiative*
Punkt zwischen den Augen	Geistige Anstrengung bei Konzentration	*Konzentration*
Augen	Inneres Sehvermögen	*Visualisierung*
Ohren	Inneres Hören auf Überich	*Hören*
Nase	Kostenaufwand	*Geldausgaben*
Mund	Eingehendes Geld	*Einkommen*
Hals	Ausdruck von innerer nach äusserer Realität	*Stimmlicher Ausdruck*

Rechte Schulter	Fähigkeit, am Metaprogramm festzuhalten: männlicher Metaglauben-Operator einbegriffen	*Männliche Verantwortung*
Linke Schulter	Fähigkeit, am Metaprogramm festzuhalten: weiblicher Metaglauben-Operator einbegriffen	*Weibliche Verantwortung*
Rechter Oberarm	Persönliche innere Kraft zu schreiben	*Schreiben*
Linker Oberarm	Persönliche innere Kraft zu lesen	*Lesen*
Rechter Ellbogen	Funktion deines engsten männlichen Helfers	*Männlicher Helfer*
Linker Ellbogen	Funktion deines engsten weiblichen Helfers	*Weiblicher Helfer*
Rechter Unterarm	Programmierung für/des engsten männl. Helfers	*Männliche Befehle*
Linker Unterarm	Programmierung für/des engsten weibl. Helfers	*Weibliche Befehle*
Rechte Hand	Inhalt der Funktionsprogramme für männl. Helfer	*Männl. Manipulation*
Linke Hand	Inhalt der Funktionsprogramme für weibl. Helfer	*Weibl. Manipulation*
Brustkorb	Seinszustand: Erhabene Gleichgültigkeit	*Losgelöstsein*
Bauch	Akzeptieren neuer Metaanschauungen	*Offenheit*
Bauchnabel	Verfügbare Geldmittel	*Kapital*
Unterleib: Becken	Vorhandene Zeit für Lösung	*Zeitplan*

Genitalien	Angabe neuer Metaanschauung, die gelernt und angewendet wird	*Neuheit*
Oberschenkel	Gruppenkapazität zur Problemlösung	*Gruppenstärke*
Knie	Für Gruppen verfügbare Personen	*Personal*
Unterschenkel	Ausstattung und Raum am Arbeitsplatz	*Ausstattung*
Füsse	Verfügbarer Arbeitsplatz, Anfahrt zum Arbeitsplatz	*Anfahrt*

Die Geistesübungen stellen eine Reihe geistig-körperlicher Übungen dar, die (einmal erlernt) für das tägliche Lösen von Problemen nützlich sind, wie auch zum Testen und Vervollkommnen der eigenen Objektivität hinsichtlich emotioneller Hochenergie-Probleme.

Erörterung der Tabelle

Die Körperstellen, denen man eine symbolische Darstellung ihrer Funktion zuordnet, sind in der ersten Spalte aufgeführt. Die Definition dieser Funktion findet man in der zweiten Spalte; das Stichwort, beziehungsweise die symbolische Darstellung in der dritten Spalte. Zunächst muss man die Bedeutung dieser Wörter verstehen. Führung impliziert beispielsweise Überich-Metaprogrammierung und ist unter der Schädeldecke angesiedelt. Dies umfasst alle Arten der Programmierung, die grösser sind als das eigene Selbst, die Programmierung anderer auf diesem Planeten und die geistigen oder intellektuellen Führer, die man im eigenen Kopf mit sich trägt, eingeschlossen: Symbol, *Führung*.

In der Sitrnmitte plaziere man die eigene Metaprogrammierung, die Selbst-Metaprogrammierung und symbolisiere dies mit dem Wort *Initiative*.

Der Punkt zwischen den Augen: Seine Funktion ist die geistige Anstrengung bei Konzentration, symbolisiert durch das Wort *Konzentration*.

Die Augen: Hier befindet sich das innere Blickfeld. Führt man diese Geistesübungen richtig durch, schliesst man die Augen und setzt *Visualisieren* ein. Dieser Vorgang wird als *Visualisierung* bezeichnet.

Die Ohren stehen für die Fähigkeit, innerlich zuzuhören; entweder jemandem, der ausserhalb spricht, wobei man seine Hörfähigkeit einsetzt, oder abwechselnd jenen Kräften im eigenen Selbst zuhört, die grösser sind als das eigene Selbst. Dies wird symbolisiert durch das Wort *Hören*.

Die Nase: Hier wird «Ausgabe» eingesetzt, das heisst, die ausströmende Luft ist ein Aufwand von Geldmitteln, also symbolisieren wir dies mit dem Wort *Ausgaben.*

Der Mund wird mit der Funktion eingehender Geldmittel in Zusammenhang gebracht, symbolisiert durch das Wort *Einkommen.*

Das Hals-Symbol ist *Stimmvermögen;* die Funktion liegt im Ausdruck innerer Realität in äussere Realität.

Die Schultern werden in rechts (männlich) und links (weiblich) unterteilt und die Funktionen einer jeden sind die der beiden Metaanschauungs-Operatoren, männlich auf der rechten, weiblich auf der linken Seite. Die Symbole sind *Männliche Verantwortung* für die rechte Schulter, *Weibliche Verantwortung* für die linke Schulter. Ein Metaanschauungs-Operator bestimmt das Hervorbringen von Anschauungen zu einem bestimmten Zeitpunkt.

Der rechte Oberarm: Die Funktion ist die eigene innere Stärke, das Recht zu schreiben, symbolisiert durch das Wort *Schreiben.* Man achte darauf, dass – wenn man mit der Linken schreibt – man dies und das Folgende umkehrt.

Linker Oberarm: Persönliche innere Stärke zu lesen; die symbolische Darstellung ist *Lesen.* Dies meint Lesen und Verstehen, auch das Lesen zur Veränderung seiner Metaanschauungen.

Rechter Ellbogen: Die Funktion des engsten männlichen Helfers, symbolisiert durch *Männlicher Helfer.* Natürlich können das mehrere sein, wenn man mehrere braucht.

Linker Ellbogen: Die Funktion des engsten weiblichen Helfers, symbolisiert durch *Weiblicher Helfer.* Kann ebenfalls Plural sein.

Der Grund für die Unterteilung in männliche und weibliche Kategorien ist der, dass die programmatischen Aspekte von Männern und Frauen reichlich verschieden sind, wie man sehen wird, wenn man dieses Verfahren auf das tägliche Leben bezieht.

Rechter Unterarm: Programmierung für und vom engsten männlichen Helfer, symbolisiert durch *Männliche Befehle.* Dies impliziert, dass man gewillt ist, Befehle anzunehmen und auch zu erteilen. Es handelt sich um eine durch den rechten Arm symbolisierte Feedback-Beziehung.

Der linke Unterarm ist die Umkehrung des rechten Unterarms – für und vom engsten weiblichen Helfer; symbolisiert durch *Weibliche Befehle.*

Die rechte Hand hat die Funktionsprogramme des männlichen Helfers zum Inhalt, symbolisiert durch *Männliche Manipulation.* «Manipulation» bedeutet die Benutzung der Hand (lat.: *manus).* Manipulation verstehen wir hier eher symbolisch, nicht so sehr als das Ausführen von Anweisungen, die man von seinem männlichen Helfer erhalten oder ihm erteilt hat.

Die linke Hand ist die Umkehrung der Betriebsprogramme für und vom weiblichen Helfer, symbolisiert durch *Weibliche Manipulation.* Dies ist der spezifische Gehalt von Programmen von und für den engsten weiblichen Helfer.

Der Brustkorb: Dies bezeichnet den Seinszustand. Man ist bemüht, einen Zustand der «Erhabenen Gleichgültigkeit» zu erlangen. Für eine Definition verweise ich auf Merrell-Wolffs *Pathway Through to Space.*

Bauch: Der Solarplexus. Die Funktion liegt im Akzeptieren neuer Metaanschauungen, neuer Metaprogramme; symbolisiert durch *Offenheit.*

Bauchnabel: Dies ist das zur Lösung von Problemen zur Verfügung stehende Geld; symbolisiert durch *Kapital.*

Unterleib und vorderes Becken: Funktion ist die zur Lösung von Problemen verfügbare Zeit; symbolisiert durch *Zeitplan.*

Genitalien: Tatbestand einer zu erlernenden und anzuwendenden neuen Metaanschauung. Wir symbolisieren dies mit *Neuheit.*

Oberschenkel (beide Seiten): Die Funktion ist die Gruppenkapazität zum Lösen der Probleme. Wir symbolisieren dies mit dem Wort *Gruppenstärke.*

Beide Knie: Die für die Gruppe erreichbaren Personen: Hier werden sie namentlich ausgesucht. Symbol: *Personal.*

Unterschenkel (beide Seiten): Anlagen, Raum und am Arbeitsplatz vorhandene Einrichtungen. Symbol: *Anlagen.*

Beide Füsse: Anfahrt zum Arbeitsplatz. Symbol: *Anfahrt.*

Der einfachste Weg, diese Geistesübungen zu erlernen, ist, das jeweilige Wort (Symbol) mit dem entsprechenden Körperteil in Verbindung zu bringen, das Schlüsselwort im Körperprägen und schliesslich die Bedeutung dieser Wörter zu erarbeiten, indem man die Körperstellen, eine nach der anderen, durchgeht. Zum Beispiel kann man von den Fusssohlen in Richtung Schädeldecke gehen, dann umkehren und vom Kopf bis zu den Füssen zurück.

Bei einem neu aufgetretenen Problem empfiehlt es sich, bei den Füssen zu beginnen und sich bis zur Schädeldecke durchzuarbeiten. Hat man die Schädeldecke erreicht, macht man kehrt und geht wieder abwärts.

In manchen Fällen wird man, hat man die ganze Liste erst einmal auswendig gelernt und die Symbole über den Körper verteilt, sofort erkennen mit welcher Richtung man beginnen sollte. *Sollte es sich um ein praktisches Problem handeln, beginne man bei den Füssen. Sollte es sich um ein theoretisches Problem handeln, beginne man an der Schädeldecke.*

Damit haben wir einen ersten Versuch gestartet, die Geistesübungen hinsichtlich ihrer praktischen Anwendung in unserer speziellen Kultur zu modernisieren. Probieren Sie sie einfach einmal aus, wobei man sie solange nicht auf ihre Verwendbarkeit testen kann, bis man sie in seinem Biocomputer gespeichert hat. Ein Programm, ein Metaprogramm auf dem Papier ist noch nicht verinnerlicht und kann weder wirksam noch getestet werden. Dass wir kein spezifisches Beispiel für die Anwendung geben, geschieht mit Absicht, denn solche Beispiele könnten den Neuigkeitsgehalt der eigenen Resultate schmälern.

Anhang 3
«Halluzinationen können normale, nützliche Phänomene sein»: Einige Anwendungsbereiche des Isolationstanks

Denjenigen, die noch keine Erfahrungen mit dem Tank gemacht, den Entzug von Licht, von Geräuschen und Schwerkraftkomponenten noch nicht erlebt haben, enpfehlen wir die Visualisierungsübungen und die in Anhang 1 und 2 angeführten neuen Geistesübungen. Der Tank ist ein entspannender, erfrischender und sicherer Ort, um neue Energie zu schöpfen. Wenn man im Laufe eines arbeitsreichen Tages eine halbstündige Pause im Tank einlegt, erneuert dies die Energie von Körper und Geist. Alle Tätigkeiten, wie Gartenarbeit, Besorgungen machen, Schreiben, Diktieren, Maschineschreiben, verbrauchen einen Teil der zur Verfügung stehenden Energien. Der Tank macht frei verfügbare Energie zugänglich.

Eine solche Wiederherstellung von Energie lässt sich für die meisten Menschen bereits während der ersten Tankexperimente bewerkstelligen. Mit der Zeit fällt es zusehends leichter, Körper und Geist noch mehr zu entspannen. Mit zunehmender Erfahrung stellt sich das Wohlgefühl müheloser und rascher ein. Zu Anfang sollte man eine Stunde aufwenden; bei regelmässiger Benutzung werden später zwanzig Minuten täglich ausreichen. Die meisten Leute spüren eine ungewohnte Klarheit der Wahrnehmung, wie man sie etwa beim Aufwachen nach einer gut durchschlafenen Nacht empfindet.

Selbst-Programmierung im Tank ist eine geistige Disziplin, die zu erlangen sich lohnt. Im folgenden geben wir ein paar Hinweise, wie man diese neue Disziplin in Angriff nimmt und wie man sie zur Anwendung bringt.

Zur Wiederholung zitieren wir den grundlegenden Metaanschauungs-Operator, auf dem die folgende Diskussion basiert.

«In der Provinz des Geistes ist das, was man als wahr erachtet, entweder wahr oder wird innerhalb gewisser Grenzen wahr. Diese Grenzen muss man durch Erfahrung und durch Experimente an sich selbst herausfinden. Einmal gefunden stellen diese Grenzen sich als weitere Anschauungen heraus, die transzendiert werden müssen. In der Provinz des Geistes gibt es keine Grenzen.»

Dieser Metaanschauungs-Operator ist am augenfälligsten im Tank. Man hat in der wie auch immer gearteten äusseren Realität keine Pflichten. Man ist von den Zwängen eines Zeitplans, vom Programmieren anderer durch das Selbst und des Selbst durch andere, von der Notwendigkeit, den Körper im üblichen Schwerkraftfeld im Gleichgewicht zu halten, von typischem visuellen und akustischen Input vorübergehend befreit. In diesem Umfeld allein kann man sich über die Gültigkeit obigen Metaanschauungs-Operators Klarheit verschaffen. Im normalen Alltag kommt man diesem am nächsten, wenn man sich in einem dunklen, stillen Raum auf ein Bett oder in eine Badewanne legt. Dies stellt keinen Ersatz für den Tank dar, aber eine Alternative für Menschen, die keinen Tank in Reichweite haben.

Hat man den Geist aufgrund dieser Technik erst einmal aus der physischen Umgebung herausgelöst, so steht einem der menschliche Geist in seinem ganzen Spektrum zur Verfügung. Man kann seiner Vorstellungskraft freien Lauf lassen; die Kapazität der Gedanken erreicht ihren Höhepunkt. Partien des Zentralnervensystems liegen offen da (das Kleinhirn, beispielsweise), die unter normalen Umständen für die Programmierung durch das Selbst nicht zugänglich sind.

Unter diesen Umständen sind Halluzinationen, Projektionen, Simulationen an der Tagesordnung. Eine Grundregel für die Tankbenutzung lautet: «Was immer auch geschieht, bewege dich nicht»; beschränke diese Vorgänge allein auf den Tank.

Beginnen wir mit dem Blickfeld im Tank. Zuerst mustert man die Dunkelheit mit offenen und dann mit geschlossenen Augen. Unserer Erfahrung nach erleben die Leute eine Dunkelheit mit den Augen, die so ausgedehnt ist, wie man sich die Ausdehnung des Tanks vorstellt. Schliesst man die Augen, kommt es einem vor, als sei die Dunkelheit räumlich sehr viel begrenzter. Im Verlauf der weiteren Untersuchung der Dunkelheit treten neue Phänomene auf.

Bei geöffneten Augen beginnt die Dunkelheit sich über die bekannte räumliche Ausdehnung des Tanks auszuweiten, indem man die Tankwände als solche vergisst. Bei fortgesetzter Anwendung dieser Übung wird man feststellen, wie die Erfahrungen bei geöffneten und bei geschlossenen Augen in einem sehr weiten Raum zusammenfliessen. An diesem Punkt spielt es keine Rolle mehr, ob man die Augen offen oder geschlossen hält.

Nach Abschluss dieser Übung fährt man fort, die Dunkelheit in drei Dimensionen zu betrachten. Zunächst stellt man fest, dass der Raum etwas von Unbegrenztheit an sich hat. Unter Umständen wird man Modulationen der Dunkelheit sehen, entweder in rhythmischen Wellen oder in wolkenähnlichen Formen, die von Regionen von weniger intensiver Dunkelheit abgelöst werden. Indem man sich weiterhin auf seine Visualisierung in tiefer Dunkelheit konzentriert, treten verschiedene andere Phänomene auf. Dabei kann man winzige grelle Lichtblitze oder Lichtstreifen in den unterschiedlichsten Formen erleben, die auf dieser Stufe unbegrenzt auftreten. Diese scheinen ihrer Natur nach in strengem Kontrast zu den schwarzen Wolken zu stehen.

Die Lichtphänomene sind im Hintergrund zu erkennen, vor diesen Wolken oder in diesen Wolken.

Manchmal sieht man genau vor sich eine Tunnel-ähnliche Form, die sich in der Mitte des Blickfeldes entwickelt. Oder man sieht einen grellen runden Lichtfleck, der die Farben verändert. Mal beginnt er blau oder gelb, mal grün oder rot.

Die erste Regel für die hier auftretenden Phänomene lässt sich wie folgt illustrieren: *Das Zentralnervensystem benötigt Zeit, um eine Zurschaustellung angesprochener Phänomene zu entwickeln. Man muss dem Zentralnervensystem sozusagen Anweisungen erteilen, die Farbe zu ändern; daraufhin gibt es eine Verzögerung, eine programmatische Verzögerung, bis die neue Farbe auftaucht. Diese Verzögerung kann ein paar Sekunden, gar Minuten, beanspruchen.* Vielleicht will man gerade dann das visuelle Feld verlassen und sich in andere Regionen geistiger Aktivitäten begeben und sich die Visualisierungsübung für ein anderes Mal aufheben. Jede Sitzung im Tank bietet Fortschritte im Ausbau des Visualisierungspotentials, wenn man sich erst einmal klargemacht hat, dass dies möglich ist.

Anschliessend kann die Existenz der Regel Nr. 2 nachgewiesen werden. *Was verboten ist, ist nicht erlaubt;* deshalb wird man etwa zu diesem Zeitpunkt seine grundlegenden Überzeugungsmuster zu überprüfen beginnen, weshalb scharfumrissene visuelle Bilder im Tank verboten sind.

Dann kann man sich den Geistesübungen hinsichtlich seiner Metaanschauungs-Operatoren widmen und den visuellen Bereich für zukünftige Untersuchungen hinter sich lassen.

Als nächstes wird man, zurück im Tank, sich Ohren und Töne vornehmen. Im Idealfall sollten keinerlei Geräusche von aussen in den Tank dringen. Man hat die Ohren unter Wasser und alle Geräusche werden um annähernd siebzig Dezibel heruntergeschraubt, aufgrund der Tatsache, dass das Mittelohr mit Wasser gefüllt ist. Wenn die unmittelbare Umgebung entsprechend geräuschisoliert ist, wird kein einziges Geräusch von aussen ans Ohr gelangen.

Man beginnt jetzt auf die eigenen Körpergeräusche zu lauschen. Lauscht man auf die ganz niedrigen Frequenzen des Hörspektrums, kann man gelegentlich den Pulsschlag im Ohr vernehmen. Dies kann kommen und gehen, je nachdem wie die Aufmerksamkeit darauf gerichtet ist. Irgendwo im Kopf wird man das eigene Atmen hören.

Eine Eigenart des Hörens unter Wasser sollte man nicht ausser acht lassen. Ein jedes ins Wasser geleitete Hochfrequenzgeräusch wird man in der

Kopfmitte hören. Es wird einem nicht gelingen, den unter Wasser auftretenden Geräuschen eine Richtung, eine Entfernung zuzuordnen. Deshalb wird es einem bei Darmwinden so vorkommen, als meldeten sie sich im Kopf. Hört man solche Geräusche, so ist es angebracht, den Kopf aus dem Wasser zu heben und sich zu vergewissern, dass sie den Eingeweiden entspringen. Dazu genügt es schon, wenn man nur die Ohren aus dem Wasser hebt.

Dann taucht man wieder unter Wasser und stellt fest, dass die Geräusche hauptsächlich irgendwo im Kopf auftreten. Dann reprogrammiert man den Standort dieser Geräusche, um sie so zu plazieren, als kämen sie aus den Eingeweiden. Sogleich wird man bemerken, dass die Geräusche aus dem Kopf in den Körper hineinfliessen. Hier gibt es einen neuen Metaanschauungs-Operator, der seine Macht über den offensichtlichen Ursprung der Geräusche zur Anwendung bringt. Wenn man an der Wasseroberfläche rasche Fingerbewegungen macht und ganz leise spritzende Geräusche erzeugt, kann man dieselbe Übung machen und die Geräusche dorthin verlagern, wo man sie in der äusseren Realität vermutet.

Jetzt lenkt man seine ganze Aufmerksamkeit auf die Körperoberfläche. Im Tank kann man eine feine Schicht (den speziellen Saum zwischen dem Wasser, der Luft und der Haut) zwischen der Luft und den verschiedenen Körperteilen spüren, vor allem um die Gesichtskonturen. Dies fühlt man als fliessende Begrenzung, die beispielsweise im Haaransatz endet (ist man kahl, gehen diese Begrenzungen ineinander über).

Bei anderen Körperteilen fällt es weniger leicht, diese Schicht wahrzunehmen, beispielsweise an Knien und Füssen. An den Körperseiten ist sie hingegen leicht zu spüren, auch an den Händen, etwas schwieriger an Schultern und Armen.

Eine besonders interessante Übung besteht darin, die wiederherstellenden, gegen die Schwerkraft gerichteten Kräfte zu lokalisieren, die einen über Wasser halten. Da sie über die gesamte Oberfläche des eingetauchten Körpers verteilt sind, kann man erkennen, dass diese Kräfte im allgemeinen unterhalb der Druckempfindung der Haut liegen.

Es kann vorkommen, dass man mit einem Mal an die Tankwände stösst – mit der Hand, einem Fuss oder mit dem Kopf. Dann wird man Arme und Beine ausbreiten, um sich erneut in eine Mittellage zu bringen. Diese Stellung wird man lange genug einhalten, damit der leichte Wellenschlag, der entsteht, wenn man die Füsse wieder nebeneinander und die Arme an die Körperseiten legt, den Körper nicht bewegt. Wenn man es schafft, in der Mitte zu bleiben und nicht wie ein Pingpongball von einer Tankwand an die andere prallt, werden die Begrenzungen des Tanks für den Körper aufhören zu existieren.

Mit einem Mal wird man fühlen, dass der Körper um eine horizontale Achse in der Körpermitte rotiert, oder um irgendeine andere Achse. Ein Gefühl mag sich einstellen, als krümme sich der Körper nach hinten, mit dem Kopf voran nach hinten und unten, oder mit den Füssen in die entgegengesetzte Richtung, oder als rolle der Körper seitwärts ab. Dabei vermitteln einem die seitlichen Rezeptoren aufgrund dieses Phänomens, dass es sich hier um ein inneres Simulieren, um eine Scheinbewegung handelt.

Setzt man sich jetzt im Tank auf und kehrt allmählich in die liegende Position zurück, kann man das Phänomen dieser Bewegung, dieser übertriebenen Bewegung untersuchen.

Allmählich gelangt man in tiefere Lagen des Körpers und die eigenen Simulationen des Körpers hinein. Wenn man die letzten Spuren der äusseren Realität hinter sich lassen und sich in jene Räume begeben kann, in denen die Simulationen existieren, das heisst, in den Raum der Scheinbewegung, hat man den Körper verlassen und eine Simulation des vom physischen Körper befreiten Körpers erlangt. Setzt man diese spezielle Übung fort, wird man feststellen, dass der Beobachter sich schliesslich innerhalb eines Koordinatensystems bewegt, welches sich des Körpers sozusagen entledigt hat. Es mag vorkommen, dass man sich an diesem Punkt innerhalb der Simulation nicht viel weiter bewegen will, auf einmal wird einem aber klar, dass der Beobachter sich bewegen kann. Zuerst bewegt er sich innerhalb des simulierten Körpers, bis er dann schliesslich sogar diesen verlässt.

Diese Phase (des mobilen Beobachters) kann viele Stunden Tankarbeit beanspruchen. Auch gibt es talentierte Leute, die das schon innerhalb der ersten Stunden schaffen. Bei anderen mag es zehn oder hundert Stunden dauern, diesen Grad von Beweglichkeit zu erlangen. Unter Umständen wird man zahlreiche Ein-Stunden-Sitzungen im Tank absolvieren, um diesen Grad des Realisierens der Realität seiner eigenen Simulation zu erlangen.

Vielen Menschen ist es untersagt, derlei Aktivitäten auszuüben. Diese Menschen müssen an ihren grundlegenden Anschauungen über die Beweglichkeit ihres Operators innerhalb und ausserhalb des Körpers arbeiten. Ihnen wird es eine grosse Hilfe sein, wenn sie realisieren, dass es viele andere gibt, die dies können, und dass mehrere Leute es in zwanzig, dreissig Stunden Tankarbeit fertiggebracht haben.

Wenn man an der visuellen Freiheit, am visuellen Zurschaustellungssystem arbeitet, welches unabhängig ist vom Tank und vom Körper und den akustischen Systemen sowie von dem körperunabhängigen Beobachter, kann man irgendwann die Phänomene erleben, die in *Das Zentrum des Zyklons* und *Programming and Metaprogramming in the Human Biocomputer* beschrieben werden.

An dieser Stelle mag man sich fragen, wozu das alles? Warum diese Übungen? Warum versucht man diese Unabhängigkeit des Beobachters/Operators von den gewöhnlichen Körperkoordinaten zu erlangen?

Der Hauptgrund, weshalb diese Übungen gemacht werden, ist, seine grundlegenden Anschauungsweisen zu entlasten, damit sie in grösseren Einklang mit den tatsächlichen Kräften des Geistes kommen. Jeder von uns kann seinen Geist potentiell so benutzen wie oben beschrieben. Wenn wir ihn so benutzen, können wir in der Folge beginnen, andere Wege zu ersinnen, den Geist einzusetzen. Man schreitet in der Entwicklung seiner Fähigkeit fort, Probleme zu visualisieren, Probleme greifbar zu machen und mit

Hilfe dieser Übungen Problemmodelle ablaufen zu lassen. Hat man erst einmal die Kontrolle über diese Probleme erlangt, stehen sie einem zu Diensten. Hierzu ein spezifisches Beispiel.

Als ich diese Phänomene eines sich in einem simulierten Raum im Tank bewegenden simulierten Körpers erlebte, entschloss ich mich, eine Maschine zu bauen, welche diese simulierten Bewegungen für den realen Körper in der äusseren Welt simulieren konnte. Ich wollte eine gänzlich neue Maschine für dreidimensionale Übungen entwerfen. Ich begab mich in den Tank und fing an, an den grundliegenden Ideen und am Entwurf der Maschine zu arbeiten. Als erstes stellte ich mir vor, in der Maschine zu sein. Am Anfang war ich in der Maschine festgemacht, und zwar so, dass ich, wenn ich auf dem Kopf stand oder mich im Raum drehte, nicht von der Schwerkraft erfasst wurde. Der Zweck der Maschine ist es, dass man seinen Körper um eine der drei rechtwinklig zueinander stehenden Achsen drehen kann. Man kann sich um eine vertikale Achse drehen, die von den Füssen an aufwärts durch den Körper und den Kopf führt. Diese Achse wiederum kann man um eine horizontale Achse drehen, die durch den Körperschwerpunkt führt und sich seitwärts verlängert. Diese zwei Achsen können sich um eine dritte Achse drehen, die eine vertikale Aufhängung der ganzen Maschine darstellt.

Die Maschine, in der ich festgezurrt war, verschwand rasch. Mir wurde klar, dass man die Möglichkeit haben musste, seinen Körper zu bewegen, seinen Schwerpunkt so zu bewegen, dass eine Drehung um diese Achsen begünstigt wurde. Anschliessend visualisierte ich ein paar Stiefel, in die man Füsse und Waden einschnüren konnte. Diese Stiefel waren auf einem Sockel befestigt. Über meinem Kopf befand sich eine Stange, an der ich mich mit beiden Händen festhalten konnte. Der Sockel und die Stange konnten sich um eine rechtwinklig zur Ebene der Füsse und zu einer parallel verlaufenden Ebene über dem Kopf drehen. Dies war die Achse, welche von den Füssen aufwärts durch den Kopf verlief, mit einem gewissen Spielraum, sich von ihr weg und zu ihr hin zu bewegen.

Im Tank durchlief mein simulierter Körper die Bewegungsabläufe, die später in der äusseren Realität erforderlich waren. Dann visualisierte ich diese spezielle Achse, wie sie sich um eine horizontale, auf Höhe der Hüfte durch den Körper und seinen Schwerpunkt führende Achse, die sich seitwärts von rechts nach links verlängerte, drehte. Indem mein simulierter Körper sich um seine eigene innere Achse drehte, so wie ein Kunsteisläufer um seine eigene Körperachse wirbelt, führte ich gleichzeitig eine Drehung um die horizontale Achse herbei. Kopf und Füsse beschrieben jetzt eine Sinuskurve innerhalb eines kreisförmigen Raums. Kopf und Füsse drehten sich um zwei Achsen, die rechtwinklig zueinander standen. Der simulierte Körper vollführte, gelinde gesagt, äusserst komplizierte Bewegungen im Raum.

Dann fügte ich die dritte Achse hinzu, welche in Richtung Schwerkraft, rechtwinklig zum Fussboden, von der Decke herabhängend verlief. Das heisst, der Kopf bewegte sich jetzt entlang der Oberfläche einer Kugel auf einer äusserst komplexen Sinuswellenbahn über die Oberfläche dieser Kugel.

Plötzlich wurde mir klar, dass all dies sehr einfach zu simulieren war, wenn ich mir nur vorstellte, visualisierte, wie meine Füsse an der einen Seite der Kugel befestigt waren, ich mich an der Stange auf der anderen Seite der Kugel festhielt, der Körper sich in der Kugel befand, und diese Kugel aufgehängt war oder im Wasser trieb. Der Mittelpunkt der Kugel befand sich im Schwerpunkt meines Körpers. Das vereinfachte Modell kam mir ganz unvermittelt in den Sinn, als ich die komplizierten Gedankengänge durchlief, drei rechtwinklig zueinander angeordnete Achsen aufzustellen. Diese Kugel konnte alle Bewegungen ausführen, solange sie entweder in einer Flüssigkeit oder von einer pneumatischen Aufhängung gehalten in einer Viertelkugel schwebte.

Plötzlich erschienen beide Formen dieses Apparats im Raum um mich herum – zur Erinnerung: Dieser Raum ist schwerkraftunabhängig, unabhängig vom Tank und nahezu unabhängig von meinem Körper. Der simulierte Körper durchlief die Bewegungen und der simulierte Beobachter blieb im Kopf des simulierten Körpers.

Dann begann ich eine praktische Form dieser Vorrichtung zu visualisieren. Man könnte die Kugelform benutzen, dies würde aber ziemlich kostspielig sein und es blieb stets das Problem, genügend Luft in der Kugel zu haben. Das sind zwar lösbare Probleme, aber ich schob dies zunächst einmal zur Seite.

Dann begann ich eine Maschine zu entwerfen, die von einem Deckenbalken in meinem Wohnzimmer herabhängen sollte. Mein erster Entwurf erbracht ein ideales Modell – Lager und Wellen ohne jede Reibungsfläche oder Hochdrucköllager, wie sie etwa bei Teleskopfederungen verwendet werden. Aus Gewichts- und Stabilitätsgründen entschied ich mich für rostfreien Stahl als Trägermaterial.

Anschliessend wandte ich mich einem praktischen Prototyp zu, bei dem die hohen Kosten für pneumatische Lagerungen fortfielen. Auf dieser Entwicklungsstufe angelangt würde ein Prototyp uns weitaus besser Auskunft geben, wie diese Lagerungen beschaffen sein mussten. Dann verliess ich den Tank, begab mich in mein Büro und skizzierte das bisherige Resultat, machte mich an Details, Dimensionen, Materialien und so fort.

Ich füge dies zur Illustration an, um zu zeigen, dass das, was wir im Tank machen, auf sehr praktische Art und Weise Anwendung finden kann. Hat man sich die phantastische Mobilität und die Plastizität von Materialien sowie die Fähigkeit, sie – indem man ihre Existenz auf diese Weise visulisiert – zu verändern, erst einmal klargemacht, dann macht man sich klar, dass es sich hier um eine äusserst praktische Methode handelt, Entwürfe zu fertigen.

Führen wir uns einmal den hypothetischen Fall eines Geschäftsmannes vor Augen, der im Umgang mit dem Tank zum Experten geworden ist. Unser Geschäftsmann ist im Begriff, eine sehr verwickelte geschäftliche Angelegenheit abzuwickeln, bei der es sich um drei Grundstücke und drei verschiedene Verhandlungspartner handelt. Dieser Mann hatte eine beträchtliche Anzahl Stunden im Tank zugebracht und herausgefunden, dass er die drei Grundstücke, die drei Interessenten sowie die nötigen Vertragseinzelheiten in seinem Blickfeld, in der Provinz seines Geistes visualisieren konnte. Er visualisierte die notwendigen Geldbeträge, den Fluss dieser Mittel über vier verschiedene Treuhänderkonten, den zeitlichen Ablauf der Konteneröffnungen und -schliessungen, welche Information er an jeden seiner Vertragspartner geben musste, welche Information er zurückhalten musste. Mit seinen neu entwickelten Visualisierungstechniken und seiner Fähigkeit, sich als ein mobiler Beobachter/Teilnehmer zu bewegen, konnte er sich mühelos von einer Person zur anderen begeben, konnte simulierte Konferenzen mit jedem einzelnen einberufen und das realisieren, was wir als Wendigkeit bezeichnen; mit anderen Worten hatte er verschiedene Alternativen parat, alternative Ansätze, um mit jedem einzelnen ins Gespräch zu kommen. Indem das Geschäft sich entwickelte, begab er sich noch mehrere Male in den Tank und verbesserte seine Strategie zusätzlich.

Im allgemeinen sagen solche Anwendungsmethoden wesentlich mehr über den Tank aus als meine früheren schriftlichen Darlegungen. Wir haben so etwas wie ein Sprichwort gefunden, dass Halluzinationen nämlich ein Talent bezeichnen, dessen man sich bei der Handhabung unseres planetengebundenen Trips bedienen sollte. Es handelt sich um nichts Gefahrvolles, dem man ausweichen sollte. Es wird erst dann gefährlich, wenn die Halluzinationen in eine Realität umschlagen, die über die Begrenzungen des Tanks hinaus fortbestehen, und wenn man sich so verhält, als träfen sie auf die äussere Welt zu. Der Tank ist der alleingültige Wirkungskreis für das Üben dieser Art von Fähigkeit, bis man sie eines Tages gemeistert hat.

Anhang 4
Das Metaanschauungsspiel: Ein Metaanschauungs-Operator

a Angenommen, es gäbe drei Anschauungsweisen, die derzeitig nicht den eigenen entsprechen.
b Angenommen, man bestitzt die Fähigkeit, der durch jede/in jeder Anschauungsweise erzeugten Realität zu vertrauen.
c Übernehmbare Anschauungsweise Nr. 1: Stelle dich total darauf ein und ignoriere jede widersprüchliche/paradoxe/nicht übereinstimmende andere Anschauungsweise.
d Lebe die Konsequenzen aus Anschauungsweise Nr. 1 als wahr und wirklich aus.
e Verlasse Anschauungsweise Nr. 1 und begebe dich in deine normale Anschauungsweise, in dein dem gesunden Menschenverstand entsprechendes Realitätsbild.
f Übernehme Anschauungsweise Nr. 2, gehe sie durch, von vorn bis hinten, mache dich mit ihren Konsequenzen vertraut und kehre in deine eigene Realität zurück.
g Tue dasselbe mit Anschauungsweise Nr. 3.
h Überprüfe die Konsequenzen, die von jeder der drei Anschauungsweisen hervorgebrachten Realitäten, die jeweiligen Vorzüge.
i Spezifiziere jetzt deine eigene Anschauungsweise, bezeichne sie mit Nr. 4.
j Konstruiere eine fünfte Anschauungsweise, welche die vier vorausgegangenen Anschauungsweisen einschliesst. Welche ist deine neue Realität?

k Kannst du dir eine neue Anschauungsweise (Nr. 6) vorstellen, welche die Nummern 1, 2, 3, 4 und 5 einschliesst?

l Erscheint eine unendliche Anordnung von alternierenden Anschauungsweisen? Wenn nicht, warum nicht, Finde eine Anschauung heraus, die eine unendliche Anordnung von alternierenden Anschauungsweisen zulässt.

m Was/wo/wie ist das Unbekannte? Hast du es in den neuen/alten Anordnungen berücksichtigt? Wenn nicht, bleibe solange daran, bis das Unbekannte einbezogen wird.

n Erschien die Leere unmittelbar vor jedem Übergang in die neuen Anschauungsweisen, während du auf der Suche warst? Arbeite solange daran, bis sie es tut.

Anhang 5
Simulationen Gottes: Ein Triadisches Kunst-Theaterstück

Als mein Buch *Simulations of God: The Science of Belief* in Druckfahnen vorlag, machten sich unsere Freunde Burgess Meredith und Charles Lloyd daran, den «Prolog» mit Musikbegleitung vorzutragen (mit einem Holzblas-Synthesizer).

Ihr dyadischer Vortrag inspirierte uns, *The Simulations,* eine Truppe zu gründen, die eine Kombination aus vier Künsten: Wort, Musik, Gesang und Tanz in ähnlichem Kontext komponieren und aufführen sollte.

Tonis Interesse, diese Künste mit anderen Dimensionen zu kombinieren, war nicht neu und so konstruierten wir, tatkräftig unterstützt von zahlreichen Freunden – Mary Taylor, Garr Campbell, Don Harris, Russell Pyle und Myrna Garwyn – dieses Stück.

Wir hoffen, Sie alle geniessen unser Experiment in den vier Künsten, mit dem wir eine Fantasy über unsere mögliche Herkunft vorstellen möchten.

(Tanzanweisungen)
(Musikanweisung)
Autor und Erzähler: Dr. John Lilly
Produzentin: Antonietta Lilly
Choreographie: Nina Carozza, Marsha Polekoff
Musik: Dean Olch, John Lambdin, Tony Selvage
Vokalistin: Jean Ray

Simulationen Gottes
Ein Triadisches Kunst-Theaterstück von Dr. John C. Lilly

In gewissem Sinne ist eine Simulation Gottes eine Schöpfung eines von Gott geschaffenen Geschöpfes. In einem anderen Sinne ist eine Simulation Gottes das, was eine Gruppe von Menschen als die wichtigsten Ideen erachten, als Modelle, Metaprogramme, die im Denken dieser speziellen Gruppe als «Als-ob»-Gott fungieren. Diese Präsentation basiert auf dem Buch *Simulations of God: The Science of Belief,* 1975 in New York veröffentlicht.

In diesem Tanz-, Musik-, Erzählstück wird von der Hypothese ausgegangen, dass die ersten Menschen als haploide Frauen erschaffen wurden.*

Die hier dargebotene Episode handelt von zwei haploiden Frauen, deren Körper aufgrund des normalen Evolutionsvorgangs auf diesem Planeten entstanden. Ausserdem stellen wir die Theorie vor, dass diese Körper nicht eher aktiviert werden, bis ein Wesen aus dem ursprünglichen Bewusstsein-ohne-Gegenstand in ihn eintritt.

In diesem Tanz beginnen wir mit einer Schöpfungstheorie dieser Wesen, von denen zwei die beiden haploiden Frauenkörper bewohnen, sie somit aktivieren und in ihnen Leben erwecken, so wie wir es kennen.

Im Tanz nach der Schöpfung leben die beiden haploiden Frauen auf diesem Planeten, bilden die Erste Dyade, sterben und kehren zum Bewusstsein-ohne-Gegenstand zurück, um weiterhin auszuwählen, welche Körper sie in ihren zukünftigen Leben bewohnen wollen.

Im Anschluss an die Tanzszenen wird eine oder eine Gruppe haploider Frauen zu Männern, indem ein kosmischer Strahl das X-Chromosom zu einem Y-Chromosom umwandelt. Dieses haploide männliche Wesen vermählt sich mit einem haploiden weiblichen Wesen und erzeugt den ersten diploiden Menschen. So gesehen waren Adam und Eva ein haploides männliches Wesen und ein haploides weibliches Wesen, die sich vermählten und eine Reihe diploider Kinder zeugten. Die diploiden Menschen unterscheiden sich so sehr von haploiden, dass sie gezwungen waren, den Garten Eden zu verlassen, der von den haploiden Einzelwesen bewohnt wurde.

Der Tanz ist in vier Abschnitte unterteilt.

* Ein weibliches Wesen wird als haploid bezeichnet, wenn es nur die Hälfte der Chromosomen des gegenwärtigen Menschentyps besitzt. Ein jedes solches weibliche Wesen enthält lediglich ein X-Chromosom an Stelle der üblichen zwei. Zum gegenwärtigen Zeitpunkt können haploide weibliche Wesen durch einen Parthenogese genannten Prozess erzeugt werden. Durch Hitzeschock kann der Eierstock eines weiblichen Kaninchens dazu gebracht werden, ein haploides weibliches Kaninchen hervorzubringen. Solche Kaninchenweibchen mit nur einem X-Chromosom sind insofern steril, als sie von einem diploiden Männchen nicht befruchtet werden können. Theoretisch wäre es möglich, dass ein solches Weibchen zu einem haploiden Männchen umgewandelt würde, würde das X-Chromosom von einem kosmischen Strahl genau so getroffen, dass das X- in ein Y-Chromosom umgewandelt würde. Das haploide Männchen (mit einem einzigen Y-Chromosom) könnte das haploide Weibchen schwängern und ein diploides Einzelwesen hervorbringen.

Der erste Abschnitt ist überschrieben mit «Schöpfung». Der Sternmacher erschafft Wesen aus dem ursprünglichen Bewusstein-ohne-Gegenstand. Ein Wesen wählt eine Form auf einem Planeten in einem Sonnensystem in einer Galaxie aus. Es findet die haploide weibliche Form, tritt in sie ein, aktiviert sie und tanzt allein. In der zweiten, mit «Ich» überschriebenen Episode entwickelt sie sich in narzisstischer Hingabe.

In der dritten, mit «Meine Energie-Deine Energie» überschriebenen Episode beschliesst ein zweites Wesen, die haploide weibliche Form zu bewohnen und entwickelt ihre eigene Einzigartigkeit allein.

Das erste sieht das zweite Wesen, das zweite sieht das erste Wesen, und sie werden zur ersten Weiblichen Dyade. Dyadische Vereinigung entwickelt sich. Das erste Wesen/Weibchen stirbt.

Die vierte Episode ist überschrieben mit «Einheit und Auferstehen».

Das erste Wesen/Weibchen wird schwach und stirbt mitten im Dyadischen Vereinigungstanz. Das zweite Weibchen trauert, kehrt zurück zu seinem narzisstischen Alleinsein. Es wird zunehmend schwächer und stirbt.

Jedes Wesen erhebt sich jetzt aus seiner Irdischen Form und tritt seine Rückkehr an zum ursprünglichen Bewusstsein-ohne-Gegenstand.

Der Tanz des Übergangs von der Erdform zur Einheit mit dem Kosmos beginnt. Jedes Wesen denkt, dass es sich noch immer in der irdischen/weiblichen Form befindet. Es gibt eine Zeit der Verwirrung, bis jedes feststellt, dass es tot und wiederauferstanden ist. Jedes kehrte zum Bewusstsein seiner Kosmischen Verbindung zurück, und sie treten den Übergang gemeinsam an, um irgendwo anders eine andere Form zu suchen. Dies schliesst den ersten Kreis menschlichen Lebens auf Erden.

Es lässt sich vermuten, dass hiernach, nach ein paar Millionen Jahren die Haploiden die Diploiden hervorrufen, und die Diploiden alle Haploiden vernichten. Vor zweitausend Jahren entstand durch Zufall ein Haploider und predigte den Diploiden, versuchte, Diploiden haploide Philosophie zu lehren und scheiterte.

Wir hoffen, ihr werdet an unserer kleinen Fantasy hinsichtlich einer möglichen Herkunft unserer diploiden Menschenrasse Freude haben.

Simulationen Gottes

Einleitung zu einer «Aufführung» auf Erden

Ich habe eine äusserst sonderbare und gewaltige Einladung erhalten, bei einem recht ungewöhnlichen Experiment mitzumachen. Die Einladung gilt für mich und für jeden, der dieser Aufführung beiwohnt. Ich bin gebeten worden, als Vermittler zwischen jedem einzelnen von Ihnen und dem Wissenschaftler, der die Einladung verschickte, zu dienen.

Die Einladung dieses Wissenschaftlers hat folgenden Wortlaut:

Ich bin, was man auf eurem Planeten einen Wissenschaftler nennt. Ich bin von einem Planeten (nennen wir ihn «A»), fünfundzwanzigtausend eurer Lichtjahre näher zum Galaktischen Zentrum. Unsere Zivilisation war der eurigen ähnlich, etwa zweitausend eurer Jahre zurück. Zum gegenwärtigen Zeitpunkt untersuchen wir eine Reihe Phänomene, die kürzlich auf einem anderen, ein paar Lichtjahre von euch entfernten, dem Rand der Galaxie gelegenen Planeten (nennen wir ihn «B») entdeckt wurden. Wir vertreten eine Theorie, derzufolge eure Spezies Mensch auf die Weise entstand, indem auf dem Planeten «B» neue Wesen erschaffen wurden. Wir verfügen über mehrere «Aufzeichnungen» (wie ihr es nennen würdet) einiger Schöpfungsvorgänge auf dem Planeten B. Um unsere Theorie auf die Probe zu stellen, benötigen wir eure Reaktionen auf eine «Aufführung» dieser Vorgänge, welche mit Hilfe spezieller Techniken (die jenseits eures Fassungsvermögens liegen) gemäss unserer Aufzeichnungen neu erschaffen wurden.

Wenn eine ausreichende Zahl von euch sich in einer besonderen Weise auf diese Vorgänge «einschwingen», werden wir in der Lage sein, festzustellen, ob eure Spezies Mensch auf ähnliche Weise erschaffen wurde oder nicht. Wenn nur wenige oder keiner von euch «mitschwingen», hatte eure Schöpfung einen anderen Ursprung.

Wir laden euch ein, an diesem Experiment teilzunehmen, um unsere zukünftige Forschung anzuleiten.

(Ende der Einladung)

In einem an uns gerichteten Begleitschreiben waren weitere spezifische Instruktionen für mich und für euch enthalten, die folgendermassen lauten:

A. Während der «Aufführung» von Teilen der Aufzeichnungen werde ich in der Lage sein, euch in der Aufführung einzusetzen, «als-ob» ihr ich wärt. *Ihr werdet* im Laufe der Aufführung *ich sein* und meine Notizen lesen, während ich die Ereignisse betrachte. (Wie wir dies tun, ist gegenwärtig noch nicht Teil eurer Wissenschaft.)

B. Bitte macht jeden Teilnehmer an diesem Experiment darauf aufmerksam, seine/ihre im Laufe des Erdenlebens angehäuften Anschauungen zu lockern.

Dazu schlage ich folgendes vor:

1 Die zwei in dieser «Aufführung» erschaffenen Wesen sind keine Menschen, wie wir sie kennen: Menschen, primitiv wie diese haben die vergangenen zwei Millionen Jahre nicht auf eurem Planeten existiert.

2 Die zwei Wesen mögen einigen von euch scheinbar ähnlich vorkommen, weil es eure Überzeugung ist: Vergesst diese Überzeugung ebenfalls. (Sie stammen von einem weit entfernten Planeten.)

3 Die Tonfolgen, die ihr hört, könnten von euch fälschlicherweise für das gehalten werden, was ihr Musik nennt: Lasst auch diese Überzeugung fallen. (Die Töne sind Schwingungen, die Teil des Schöpfungsvorgangs sind, und werden offenbar eingesetzt, um die zwei Wesen zu leiten.)

4 Das Verhalten dieser zwei Wesen mag euch in eurer Überzeugung stören, sie würden «tanzen»: Lasst auch diese Überzeugung fallen. (Sie reagieren auf das, was ihr «Gefühle» nennt; sie reagieren auf ihre neue Form und die leitenden «Schwingungen».)

5 Meine durch euch artikulierte «Stimme» wird automatisch von meiner in eure Sprache übersetzt. (Zum Zwecke unserer eigenen Forschung verwenden wir menschliche Symbole: Der Text hat tiefere Bedeutung als ihr es beim Aufsagen glauben werdet.)

C. Es tut mir leid, dass wir euch bis jetzt nicht sagen können, wer diese «Schöpfung» vollzieht, noch, warum sie überhaupt vollzogen wird. Später werden wir unter Umständen in der Lage sein, euch zu informieren, «*wer* und *warum*». Wir sammeln die Daten, die diese Fragen beantworten, wie auch die Frage, *wie* es vonstatten geht.

Der Wissenschaftler legte eine zusätzliche Mitteilung bei, die nach der «Aufführung» jedem von euch ausgehändigt werden soll.

Die «Aufführung»

EINLEITUNG – nach Einsetzen der Musik (Shakuhachi-Flöte) vorzulesen.

Für das, was mit dieser Aufführung erreicht werden soll, wird vorausgesetzt, dass Menschliche Wesen zwei verschiedene Ursprünge haben. Der erste ist der gewöhnliche Evolutionsbericht des Ursprungs von Organismen auf dem Planeten Erde. Diese natürlichen Vorgänge erschaffen Körper der verschiedensten Arten. Unter allen Tieren, die sich auf der Erde entwickelt haben, hat das besondere Menschliche Tier seine eigene körperliche Evolution durchgemacht.

In diesem Stück entwickeln wir die Idee, dass es für uns Menschen einen zweiten Ursprung gibt. Die Entstehtung unseres Bewusstseins ist ein gesondertes Ereignis.

Während unserer Schwangerschaft tritt Bewusstsein eher in den Körper ein als dass es sich aus dem Körper heraus entwickelt. Wir symbolisieren das hier als ein Superbewusstes Wesen aus dem Ursprünglichen Bewusstsein-ohne-Gegenstand, welches die Form auswählt, die es annehmen wird.

In dieser Szene nehmen zwei Superbewusste Wesen Weibliche Menschenform an. Sie finden sich gegenseitig und bilden eine Dyadische Vereinigung auf Erden. Sie haben beide ihre Kosmische Verbindung und ihre Herkunft vergessen.

(Sphärenmusik, Synthesizer)

A. Schöpfung eines Gottes (NINA AM BODEN, AUF DEM RÜCKEN.)

1 *Vor dem Anfang war die Leere.*

2 *In der Leere rührte Gott, der Sternmacher, sich aus seinem/ihrem*

Schlummer. Seine/ihre erste Schöpfung war/ist Ursprüngliches Bewusstsein.

(NINA BEWEGT SICH.)

3 *Bewusstsein kehrte sich gegen sich selbst und erschaffte individuelle Selbste, mit Bewusstsein ausgestattete Wesen.*

(NINA AM BODEN, AUF DEM RÜCKEN.)

4 *Das Bewusstsein kehrte sich erneut gegen sich selbst und erschaffte Raum/Zeit/Materie am Ursprung.*

(Rhythmus setzt ein.)

5 *Materie und ihre Raum/Zeit ergoss sich aus dem Ursprung und erschaffte das erste Universum.*

6 *Die neuen Wesen sahen das neue Universum und jedes wählte seine Form – die Form einer Galaxie, eines Sterns, eines Sonnensystems, eines Planeten oder eines Organismus.*

(TANZ BEGINNT – Musik wechselt: Rhythmus und Lautstärke; Crescendo zu Verzögerung: «LANDE»-Aufprall; verhallt.)

(Warten. HERUMROLLEN. Musik verhallt.) Auf Entstehen neuen Raums warten.

(STILLE.)

7 *Ein Wesen wählte einen Planeten und eine Organische Gestalt, den ersten Menschen. (Flöte setzt ein) Frau auf ihrer Erde.*

(NINA HEBT DEN KOPF.)

(NINA BLICKT AUF.)

8 *Auf der Erde tauchte Sie aus dem Ursprünglichen Bewusstsein in ihrem neuen Körper, neu erschaffen aus Materie/Raum/Zeit.*

9 *Allein tauchte sie auf, die erste ihrer Art.*

(KREUZWEISES ARMSCHWINGEN UND DREI GRÖSSERE SCHRITTE.)

B. Ich.

1 *Sie erlebte ihren neuen Körper, fand seine Bewegungen.*

(Erzählung bricht ab: Langsam bis 3 zählen.)

2 *Sie entwickelte ihre Form in ihrer Einzigartigkeit.*

(Tonart und Rhythmus wechseln: Lyrische Modulation. Instrumente wechseln: Bass-Gitarre. Melodisch: Nina-Thema setzt allmählich ein.)

(NINA DREHT SICH, WIRD SCHNELLER, WIRBELT UMHER.)

3 *Sie fühlte ihre Form, bewegte sich in deren Selbst.*

(Nur Musik und Tanz.)

(Geige setzt ein, gesellt sich zu Flöte und Gitarre.)

4 *Sie verlieh ihrem Selbst Ausdruck; wuchs heran in narzisstischer Hingabe.*

5 *Ihr Bewusstsein verlor die Verbindung mit dem Kosmischen Bewusstsein ihres Ursprungs.*

6 *Ihr Bewusstsein vom Wachstum ihrer Gestalt, einzigartig in sich selbst, wuchs auf einzigartige Weise.*

(Musik auf Höhepunkt.)
(Nur Tanz und Musik.)
(NINA LÄSST SICH NAHE BEIM ERZÄHLER NIEDERFALLEN.)

7 *Sie betete ihren Körper an, seine Anmut, seine Schönheit, sein orgasmisches Lebensgefühl.*

8 *Sie liebte ihr Selbst, ihren Körper, ihre Erde.*

(NINA GEHT ZUR ERDE.)
(MARSHAS ROLLE MIT LEICHTER VERZÖGERUNG.)

C. Meine Energie – Deine Energie (Geige und Flöte überschneiden sich.)
(Rhythmus und Instrumente wechseln.)
(Musik wird sanfter.)
(Gitarre setzt aus – Bass übernimmt.)

1 *Nahebei auf der Erde wählte ein anderes Wesen Weibliche Menschengestalt, wuchs in ihr einzigartiges Selbst, vergass ihren Ursprung, betete sich selbst an.*

(MARSHAS AUFTRITT UND SOLO.)
(Geige gleitend.)
(MARSHA ROLLT DEN KOPF.)
(Schlagzeug.)
(NINA BLICKT AUF MARSHA.)

2 *Aufgeschreckt sah das Wesen das neue Andere; erkundete, was sie sah.*

(TANZ und Musik nur für Marsha; NINA BETRACHTET.)
(NINA FÄHRT FORT – MARSHA BLEIBT STEHEN UND SCHAUT ZU. Nina-Thema aus TEIL B.)
(Instrumentenwechsel: Mutation von Thema B: Nina.)
(NINA GEHT AUF MARSHA ZU, MARSHA BLICKT NINA AN – Bruch in der Musik.)

3 *Mit einem Mal fand das zweite Wesen ihre Vision des ersten Wesens und erkundete sie.*

(NINA WIRBELT HERUM UND BEWEGT SICH ZUR RECHTEN BÜHNENSEITE – MARSHA BEWEGT SICH LANGSAM AUF DIE LINKE BÜHNENSEITE ZU.)
(Instrumentenwechsel: Kontrapunktische Themen B und C, Nina und Marsha.)
(AUSEINANDERGEHEN; GETRENNTES TANZEN.)

4 *Voneinander getrennt entwickelten sich die zwei, jetzt Menschlichen Wesen, jedes für sich.*

5 *Zwei fremde Wesen, jedes ekstatisch, verliebt ins eigene Selbst, in seinen eigenen Körper, seine Verbindung zur Erde.*

(NINA AHMT MARSHAS KOPFBEWEGUNG NACH. MUSIK WIRD HEITER.)
(NINA UND MARSHA SEHEN SICH GEGENSEIIG AN UND BEWEGEN SICH AUFEINANDER ZU; MARSHA LEHRT NINA KOPFROLLEN UND SPRÜNGE.)

6 *Der Glaube an den anderen wuchs in ihnen.*
(Dyadisches Thema – B und C – schält sich heraus und wird tonangebend.)
(NINA UND MARSHA HÖREN AUF ZU HÜPFEN, NÄHERN SICH EINANDER FÜR SHIVA.)

7 *Indem sie sich einander näherten, sah jedes Wesen sein Selbst auf das Andere projiziert.*
(«SHIVA»–BEWEGUNGEN BEGINNEN, DANN UNISONO-RHYTHMUS: 1...2, 123. BEWEGUNGEN NEHMEN AN INTENSITÄT ZU, BIS MARSHA SICH AUF DEM BODEN ROLLT. DANN FÜHRT NINA MARSHA MIT KREISENDEN BEINBEWEGUNGEN, DIE STETIG KLEINER WERDEN.)

8 *Jedes tanzte um das Andere herum, verblüfft, verwundert: Die Ekstase des Entdeckens.*
(Musik setzt ein, Stimmung und Rhythmus wechseln. Indem die Musik langsamer wird, STEHEN WIR UNS ENDLICH VON ANGESICHT ZU ANGESICHT GEGENÜBER.)
(KÖPFE UND RÜCKEN ANEINANDER.)

9 *Die erste Dyade wurde erschaffen, geboren aus der Dyadischen Vereinigung.*
(KOPF UND KÖRPER ROLLEN EIN KREISSEGMENT.)
(Musik steigert sich, dyadisches Thema taucht erneut auf.)
(KOPF AN KOPF, DREHUNG UM EIGENE ACHSE, DREHUNG UND ROTIEREN MIT ARMEN. BEWEGT SICH ZUM DOPPEL–X, ADAGIO AUF DEM BODEN STEHEND, STEHEN. DOPPELTE WINDMÜHLE ZURÜCK ZUR VORDERBÜHNE; ZU ZWEIT.)

10 *Die Dyadische Vereinigung erwuchs zu eigener Einzigartigkeit, eine neu vermischte Form der ersten zwei Menschen.*
(AN DEN HÄNDEN HALTEND MITEINANDER DREHEN.)

11 *Ekstase in neuer Gestalt, an die Erde gebunden, Irdische Antwort..*
(BRICHT AUF IN INDIVIDUELLES SICH–DREHEN UND SPRÜNGE: KREUZ–SPRÜNGE.)
(Dynamik auf Höhepunkt.)
(DREHEN SICH UM HÜFTEN GEFASST; GETRENNT.)
*** (ERSTER GONGSCHLAG.)
(ÜBERGANG ZU VERLANGSAMTER BEWEGUNG: ANFLUG VON KOMMENDER SCHWÄCHUNG! NINA BEWEGT SICH LANGSAM AUF MARSHA ZU.)

D. Einheit und Auferstehung
(Flöte verhallt: a-melodischer Instrumentenwechsel.)
(NINA GEHT AUF MARSHA ZU, KRÜMMT SICH, HÄLT SICH DEN LEIB.)

1 *In der Ekstatischen, Irdischen Vereinigung wird die Gestalt des ersten Wesens schwächer.*
(NINA SCHLIESST MARSHA IN DIE ARME.)

(NINA GEHT ZU BODEN. Musik Decrescendo.)
***(ZWEITER GONGSCHLAG.)
(Musik monoton.)

2 *Nina stirbt..*

(Musik wechselt – Geige setzt wieder ein.)
(MARSHA BEWEGT SICH AUF SIE ZU – SCHRECKT ZURÜCK.)

3 *Das Zweite Wesen kehrt, den Verlust Dyadischer Vereinigung betrauernd, zurück zu narzisstischem Alleinsein. Tanzt allein.*

(Musik nicht mehr monoton. MARSHA BESCHREIBT KREISE IM BÜHNENHINTERGRUND, KOMMT DANN IN DEN VORDERGRUND.)
(DRAMA DURCH «SELBST».)
(MARSHA FÄLLT AUF DIE KNIE. Musik wird schwächer, bricht ab.)

4 *Sie wurde schwächer* – einige Sekunden Verzögerung. FÄLLT ZU BODEN – *und stirbt.*

***(DRITTER GONGSCHLAG.)
(STILLE. STILLE. FÜNF SEKUNDEN. Musik setzt wieder ein – vollständiger thematischer Wechsel.)
(Zeitkrümmung.)(WELLENFÖRMIGE BEWEGUNG DURCHFÄHRT DIE LEICHEN DER WESEN, ZUCKUNGEN, AM BODEN.)

5 *Jedes Wesen stieg auf aus seiner Irdischen Gestalt, begann die Rückkehr zum Ursprünglichen Bewusstsein.*

(UNBALANCIERTE, DESORIENTIERTE BEWEGUNGEN.)

6 *Der Tanz des Übergangs von Irdischer Gestalt zurück zur Einheit mit dem Kosmos.*

(ÜBERGANG ZU LANGSAMEN, ZIERLICH TASTENDEN SCHRITTEN. Zeitkrümmung löst sich auf.)
(Musik beginnt zu pulsieren.)
(MIT AUSGESTRECKTEN ARMEN NÄHERT NINA SICH MARSHA.)

7 *Erstes Wesen (Nina):*
«Bin ich tot?»
«Ja.»

(MARSHA BETRACHTET IHRE EIGENEN ARME.)

Das zweite Wesen fragte:
«Bin ich tot?»

(Synthesizer.)
(AURA VON GEFÜHL, NINA ZU MARSHA):

«Ja.»

(Lautes Glockenspiel, rhythmischer Gong.)
(MARSHA UND NINA AURA–TANZ. BLICKEN EINANDER INS GESICHT, ATMEN; SPONTANE, IMPULSIVE BEWEGUNGEN.)

8 *Ekstatischer Dyade-Tanz der Beiden führt zur Rückkehr zum Bewusstsein der Kosmischen Verbindung: Das Entlassen in die Einswerdung mit der gesamten Schöpfung.*

(TASTEN. GANG ZUR VORDERBÜHNE.)

9 *Jedes erlebte den Übergang gemeinsam, zurückgekehrt, um irgendwo eine andere Form auszuwählen.*
(EMPORSTREBENDE STELLUNG, PULSIEREND.)
(EINFRIEREN – ARME HERUNTER, KÖPFE EMPOR.)
(Musik hallt nach Höhepunkt in die Unendlichkeit nach.)
10 *Emporstrebend zur Verschmelzung mit der Unendlichkeit.*
Dr. John löscht das Licht.

Ende der Vorstellung

EPILOG (nicht vorgetragen):

Eine Simulation Gottes ist in gewisser Hinsicht die Schöpfung durch eine von Gott erschaffene Figur. Die zwei ersten Frauen sind haploid – ein X-Chromosom. Der erste haploide Mann entsand aus einer von kosmischen Strahlen hervorgerufenen Umwandlung von X-Y, folglich entwickelte sich der haploide Mann aus der haploiden Frau. Dieser Tanz ist von den ersten zwei haploiden Frauen, die sterben und später zurückkehren, um den ersten Mann zu formen. Adam und Eva, das letzte haploide Paar, formte die ersten diploiden Menschen (Kain, Abel und ein paar Frauen.)

Hier die zusätzliche Mitteilung des Wissenschaftlers vom Planeten «A», welche er mich bat, euch vorzulesen:

All die dieser auf der Erde gegebenen «Aufführung» vorangegangenen Ereignisse wurden für unsere zukünftige Forschungsarbeit überspielt. Wir haben die Aufführung des für mich sprechenden Vermittlers aufgenommen, wir haben jede eurer Erfahrungen individuell aufgenommen, gleichzeitig haben wir unsere Simulation der ursprünglichen Ereignisse, so wie jeder von euch sie gesehen und erfahren hat, aufgenommen. In diesem Augenblick nehmen wir eure individuelle Erfahrung auf.

Wir benötigen zusätzliche Daten und hoffen, dass ihr an unserem Experiment ein wenig länger teilnehmt. Wir bitten unseren Mittelsmann, euch ein paar Fragen vorzulesen: Wir zeichnen jeden von euch und eure Antworten auf – in aller Stille, unterhalb eurer Wahrnehmungsfähigkeit.

Hier also die Fragen des Wissenschaftlers (Pause):

1 War es euch möglich, eure Anschauungen, dass Vorangegangenes eine Darstellung heute existierender Menschen war, aufzuheben?

(Pause)

2 Wart ihr in der Lage, mit tiefen, ursprünglichen Gefühlen einer «unirdischen» Art «mitzuschwingen»?

(Pause)

3 Habt ihr das Aufkommen einer aus alten Zeiten stammenden Erinnerung an die Schöpfung eurer Spezies, eures eigenen Selbst verspürt?

(Pause)

Wir sind euch aufgrund eurer Teilnahme und eurer ausgezeichneten Kooperation zu tiefem Dank verpflichtet.

Sobald wir und ihr in der Lage sind, werden wir unsere beidseitig zufriedenstellende Kommunikation zum Zwecke weiterer kooperativer Bemühungen im Rahmen Interplanetarischer Galaktischer Forschung wiederaufnehmen.

Soweit ich das übersehen kann, hat der ausserirdische Wissenschaftler sein Aufnahmegerät abgeschaltet. Es steht uns jetzt frei, wieder wie Menschen zu sprechen.

Ich danke euch.

Biographische Angaben (Curriculum Vitae)

Dr. John C. Lilly

Eltern: Richard C. Lilly, Rachel C. Lilly
Geburtstag: 6. Januar 1915 (07:07 Uhr), St. Paul, Minnesota
Grundschulen: Irving Public School; St. Luke's School (katholisch)
Gymnasium: St. Paul Academy, St. Paul, Minnesota. Abitur 1933
Medizinstudium: Dartmouth Medical School, Hanover, New Hampshire (1938–1940); School of Medicine, University of Pennsylvania, Philadelphia, Pennsylvania. Abschluss 1942
University of Pennsylvania: Biophysik und Medizinische Physik (Eldridge Reeves Johnson Foundation), University of Pennsylvania School of Medicine (1942–1956). Stipendiat, Assistent, ausserordentlicher Professor (für Medizinische Physik und Experimentelle Neurologie)
Psychoanalytische Ausbildung: Als Auszubildender (1949–1957) bei Dr. Robert Waelder vom Institute of the Philadelphia Association for Psychoanalysis und von der Philadelphia Psychoanalytic Society; bei Dr. Jenny Waelder-Hall und Dr. Lewis Hill vom Washington-Baltimore Psychoanalytic Institute
Staatsdienst: Senior Surgeon Grade, United Public Health Service Commissioned Officers Corps (1953–1958)
Forschungsarbeit: Abteilungsleiter, Abteilung für Gehirnrinden-Integration am National Institute of Neurological Diseases and Blindness und am National Institute of Mental Health, Bethesda, Maryland (1953–1958)

Communications Research Institute: Gründer und Direktor, Saint Thomas, United States Virgin Islands und Miami, Florida (1959–1968)
National Institute of Mental Health: Forschungsstipendiat(1962–1967)
Maryland Psychiatric Research Center: Catonsville, Maryland.
Leiter der Abteilungen für Psychologische Isolation und Psychedelische Forschung (1968–1969)
Esalen-Institut, Big Sur, Kalifornien: Gruppenleiter (1969–1971)
Center for the Advanced Study of Behavior, Palo Alto, Kalifornien. Stipendiat (1969–1970)
Instituto de Gnosologia, Arica, Chile, Schüler (1970–1971)
Wissenschaftliche Gesellschaften:
The American Physiological Society (1945–1967)
The American Electroencephalographic Society (1947–1967)
The Institute of Electronic and Electrical Engineers (1951–1967)
The Society of the Sigma Xi (1952–auf Lebenszeit)
Aerospace Medical Association(1945)
Biophysical Society (Stammitglied bis 1967)
The American Medical Authors, Stipendiat (8. April 1964)
The New York Academy of Science (1949), Stipendiat (1959)
The Philadelphia Association for Psychoanalysis (1958)
California Institute of Technology, Vereinigung der ehemaligen Studenten
Delphinorden (1961)
Andere Mitgliedschaften: siehe auch *Who's Who* und *American Men of Science*
Stipendien:
California Institute of Technology: Student (1933–1935)
University of Pennsylvania School of Medicine: Clark-Forschungsmedaille (1941)
The American Medical Authors, Auszeichnung für herausragende Dienste (26. September 1964)
Förderpreis, National Institute of Mental Health (1962–1967)

Antonietta L. F. Lilly

Grundschule: P. S. 92, East Elmhurst, Long Island, New York (1933–1941)
Gymnasium. Chaffey, Ontario, Kalifornien (1942–1946)
College: Santa Monica Junior College (1958–1959)
Art Center (1961)
Chouinard Art School of California (Chouinard Institute of the Arts) (1962)
Otis Art Institute (1963–1965)
Carroll Carlson, MD, Ausbildungsprogramm für Therapeuten: (1964–1966)
Esalen-Institut, Big Sur, Gruppenleiterin (1971–heute)
Human Software, Inc., Malibu, Kalifornien, Präsidentin (1973–heute)

Bibliographie

Bateson, Gregory, *Ökologie des Geistes*, Frankfurt 1980.

Brockman, John, *Afterwords*, New York 1973.

Brown, Barbara B., *New Mind, New Body*, New York 1974.

Brown, G. Spencer, *The Laws of Form*, London 1969.

Brown, G. Spencer (see James Keys, Pseudonym).

Castaneda, Carlos, *Reise nach Ixtlan. Die Lehre des Don Juan*, Frankfurt 1976.

Castaneda, Carlos, *Der Ring der Kraft. Don Juan in den Städten*. Frankfurt 1978.

Edwards, Robert, «The Quantum Observer in a Neurally Engineered Oristheisis» (unpublished thesis, UCLA 1970).

Gold, E. J., *American Book of the Dead*, Institute of the Development of the Harmonious Human Being Inc., Crestline, California 1974.

Govinda, Lama Anagarika, *Foundations of Tibetan Mysticism*, London 1969.

Grof, Stanislav, MD, *Topographie des Unbewussten*, Stuttgart 1978.

Hesse, Hermann, *Das Glasperlenspiel*, Frankfurt 1977.

Huxley, Laura Archera, *This Timeless Moment*, New York 1971.

Illich, Ivan, *Selbstbegrenzung – Tools for Conviviality. Eine politische Kritik der Technik*, Reinbek 1980.

Janis, Irving, L, *The Victims of Groupthink*, Boston 1972.

Kant, Immanuel, *Kritik der reinen Vernunft*.

Kaufmann, William J., III, *Relativity and Cosmology*, New York 1973.

Keys, James, *Only Two Can Play This Game,* New York 1972.
Krishna, Gopo, *Kundalini: The Evolutionary Energy in Man,* Calinfornia 1973.
Leboyer, Frederick, *Geburt ohne Gewalt.* München 1981.
Martin, P. W., *Experiment in Depth,* London 1971.
Merrell-Wolff, Franklin, *Pathways Through to Space,* New York 1973.
Merrell-Wolff, Franklin, *The Philosophy of Consciousness Without an Object: Reflections on the Nature of Transcendental Consciousness,* New York 1973.
Monroe, Robert A., *Der Mann mit den zwei Leben.* Interlaken 1981.
Naranjo, Claudio, *Die Reise zum Ich.* Frankfurt 1979.
Pearce, Joseph Chilton, *Exploring the Crack in the Cosmic Egg: Split Minds and Metabeliefs,* New York 1974.
Phillips, Michael, et al., *The Seven Laws of Money,* New York 1974.
Sagan, Carl, *Communication with Extraterrestrial Intelligence,* 1974.
Sagan, Carl, and I. S. Shklovsky, *Intelligent Life in the Universe,* San Francisco 1966.
Sandage, Allan, *The Hubble Atlas of Galaxies,* Washington: Carnegie Institute of Washington (paper), 1972.
Sullivan, Walter, *We Are Not Alone,* NAL (paper), New York 1969.
Taimni, I. K., *Die Wissenschaft des Yoga,* München 1982.
Toben, Bob, *Raum – Zeit + erweitertes Bewusstsein,* Essen 1980.
Varela, Francisco J., *A Calculus for Self-Reference,* Great Britain, 1975, *Int. J. Generalt Systems, Vol. 2, pp. 1–20.*
Vassi, Marco, *Im Spiegel der Leidenschaft.* München 1983.
Vizinczey, Stephen, *The Rules of Chaos,* 1969.
Wasson, R. Gordon, *Soma: Divine Mushroom of Immortality,* New York 1971.
Wheeler, John Archibald, «From Médeleev's Atom to the Collapsing Star», *Transactions of the New York Academy of Sciences,* New York Academy of Sciences, series 2, Vol. 33, no. 8, New York, December 1971.
Williams, Charles, *Many Dimensions,* Michigan 1949.
Wittgenstein, Ludwig, *Tractatus Logico-Philosophicus,* Frankfurt 1970.

Danksagung

Die kreative Verkörperung meiner selbst schloss den injunktiven Gebrauch von Sprache früher nie ein. Ohne Johns Ermutigung und seine Bereitschaft, diesen Bereich mit mir zu teilen, hätte ich das niemals in Angriff genommen. John, ich danke dir.

Es ist ein aussergewöhnliches Privileg, an einer Dyade teilzuhaben, die kreatives Denken/Tun/Fühlen gewährleistet. Die Unterwerfung des Egos unter eine Überich-dyadische Beziehung ist ungewöhnlich und erregend. Tonis Definition des dyadischen Beziehungen innewohnenden Potentials ist in sich schon fesselnd und schöpferisch. Ihre Toleranz gegenüber dem Ungewöhnlichen, ihre irdischen Bemühungen eine Mitte zu finden, ihr müheloser Umgang mit den Menschen und ihre begeisterte Unterstützung von Projekten ist für mich herzerfrischend und erregend zugleich. Antonietta, ich danke dir.

Beseelt von Anmut und Humor sass Jan di Stefano unermüdlich an der Schreibmaschine und wurde, indem das vorliegende Buch Gestalt annahm, ein Teil unseres Lebens. Steven Congers, Humor, seine «guten Schwingungen» übten eine ermutigende Wirkung auf den Entstehungsprozess dieses und des im Erscheinen begriffenen Buches *(The Deep Self)* aus; seine Tankbauten und die Unterweisung durch jene, die eigene Tanks haben wollten, hat uns mit anderen Standpunkten, mit andern Philosophien ausserhalb unserer eigenen Welt vertraut gemacht. Will Curtis' Berücksichtigung neuer Ideen und seine künsterlischen Schöpfungen verbreiten ein in unserem Leben einzigartiges Ambiente.

Wir würdigen unser Verhältnis zu dem Schriftsteller, Agenten, Semantiker und Kritiker John Brockmann, dessen Beurteilungsvermögen und dessen Aushandeln von Verträgen uns die Welt des Buches öffnete. Er bringt uns ins Bewusstsein, dass Wörter zwischen Buchdeckeln wertlos sind, ausser wenn sie injunktiv, instruktiv sind und eine Veränderung einleiten.

Unser Herausgeber Jonathan Dolger lehrte uns (indem er stets sein eigenes Zentrum wahrte) einiges über die geeignete Verfassung, in der man Bücher schreiben kann; seine einfühlsame Diplomatie, seine Bereitschaft, eigene Ansichten zu überdenken, verschaffte uns die nötigen Mittel, wo immer angeraten, Teile neu zu konzipieren; er widmete uns Zeit, wo es galt, nochmalige Überlegungen anzustellen. Zwei Büchern (dem vorliegenden und *Simulations of God: The Science of Belief*) ermöglichte er ein eigenes Dasein zu erlangen und verschiedenen, derzeitig in embryonalem Zustand befindlichen literarischen Nachwuchs ins Leben zu rufen.

Arthur und Pru Ceppos sind unsere klugen und treuen Ratgeber in der Planung, Schwangerschaft, Geburt und im Aufziehen eines jeden Buches, von *Das Zentrum des Zyklons* und *The Human Biocomputer* bis hin zu Büchern, die noch vervollständigt werden müssen.

John Lilly, jr. und seine Gattin Colette vermittelten uns, indem sie uns an ihren gründlichen Studien indianischer Gruppierungen teilhaben liessen, ein grundlegendes Verständnis und eine neue Perspektive unserer eigenen Kultur. Konfrontiert mit den Härten eines Lebens in zahlreichen abgelegenen Eingeborenenarealen, stellt ihr Dyade ein lebendiges Beispiel dar für eine gelungene Anpassung von Mann und Frau an Überlebensprogramme und für kreative Arbeit mit Überich-dyadischem Blick hinsichtlich der Erforschung von inneren/äusseren Realitäten bisher unbekannter Kulturen.

Was unser Verständnis der jüngeren Generation anbelangt, so haben wir aus den anmutigen, im stillen wirkenden und erstaunlichen Schöpfungen Nina Carozzas Nutzen gezogen. Ihre Toleranz und ihr Verständnis für die mystischen spirituellen Gefilde menschlicher Beziehungen ist uns eine Quelle des Entzückens und einer neuartigen Disziplin in unserer Lebenserfahrung.

Heinz und Mai von Foerster sind wir in vielerei Hinsicht zu Dank verpflichtet. Ihre Dyade und ihr Verhältnis zu Schülern stellt ein Modell dar für einen langfristigen Erfolg beim Entlocken von Kreativität bei intelligenten Schülern aus Nord- und Südamerika, Europa und Afrika. Bei der Erforschung der Grundlagen der Kybernetik und deren Anwendung hinsichtlich rationaler Annäherung an alles menschliche Bemühen (von Erkenntnis-/Wahrnehmungsprozessen bis hin zu zwischenmenschlicher Kommunikation und Politik) generierte langfristige Werte, die für unsere Dyade ein kontinuierlicher Quell der Inspiration sind. Johns Kreativität ist zum grossen Teil das Ergebnis seiner über viele Jahre währenden Freundschaft mit Heinz. Seine beissende diplomatische Durchbringung der menschlichen Vernunft, seine unbarmherzige und leidenschaftliche Kritik machen einem Mut, die Tiefe eigener Erfahrung und dessen, was sie für andere darstellt, zu ergründen, und zwar frei von den üblichen allgemeinverbindlichen Urteilen und Verboten. Heinz geniesst das Leben in vollen Zügen; Mai unterstützt seine Arbeit, sein Leben, seine Schüler mit Anmut und Wissen. Heinz sagte kürzlich einmal in der Öffentlichkeit: «Es gibt keine Energiekrise; es gibt lediglich eine Intellgienzkrise (und deren Anwendung auf den Gebrauch von Energiequellen und Energieabflüssen).»

Übersicht der bisherigen Veröffentlichungen von Dr. John C. Lilly

1 Borsook, Henry, J. Dubnoff and John C. Lilly. 1941. «The Formation of Glycocyamine in Man and Its Urinary Excretion.» *J. Biol. Chem. 138:*405–419

2 Lilly, John C. 1942. «The Electrical Capacitance Diaphragm Manometer.» *Rev. Sci. Instrum. 13:*34–37

3 Lilly, John C., and Thomas F. Anderson. 1943. «A Nitrogen Meter for Measuring the Nitrogen Fraction in Respiratory Cases.» Nat'l. Research Council, CMR–CAM Report # 299 PB 95882 Library of Congress. Photoduplication Service, Publication Board Project, Washington 25, DC.

4 Lilly, John C. 1944. «Peak Inspiratory Velocities During Exercise at Sea Level» in *Handbook of Respiratory Data in Aviation.* Nat'l. Research Counicl, Wash., DC.

5 Lilly, John C. and Thomas F. Anderson. 1944. «Preliminary Studies on Respiratory Gas-Mixing with Nitrogen as a Tracer Gas.» *Am. J. Med. Sci. 208:*136

6 Lilly, John C., John R. Pappenheimer and Glenn A. Millikan. 1945. «Respiratory Flow Rates and the Design of Oxygen Equipment.» *Am. J. Med. Sci. 210:*810

7 Lilly, John C. 1946. «Studies on the Mixing of Gases Within the Respiratory System with a New Type Nitrogen Meter.» (Abstract) Fed. Proc. 5:64

8 Lilly, John C., Victor Legallais and Ruth Cherry. 1947. «A Variable Capacitor for Measurements of Pressure and Mechanical Displacements: A Theoretical Analysis and Its Experimental Evalution.» *J. Appl. Phys. 18:*623–628

9 Lilly, John C. 1950. «Flow Meter for Recording Respiratory Flow of Human Subjects» in *Methods in Medical Research. Vol.* 2:113–122. J. H. Comroe, Jr., Ed. Year Book Publishers, Inc., Chicago

10 Lilly, John C. 1950. «Physical Methods of Respiratory Gas Analysis» in *Methods of Medical Research. Vol. 2:*131–138. J. H. Comroe, Jr., Ed. Year Book Publishers, Inc., Chicago

10a Lilly, John C. 1950. «A 25–Channel Recorder for Mapping the Electrical Potential Gradients of the Cerebral Cortex: Electro–Iconograms.» Electrical Engineering. A.I.E.E., Annual Index to Electrical Engineering *69:*68–69

11 Lilly, John C. 1950. «Respiratory System: Methods: Gas Analysis.» in *Medical Physics. Vol. 2:*845–855. O. Glasser, Ed. Year Book Publishers, Inc., Chicago
12 Lilly, John C. 1950. «Mixing of Gases Within Respiratory System with a New Type of Nitrogen Meter.» *Am. J. Physiol. 161:*342–351
13 Lilly, John C. 1950. «A Method of Recording the Moving Electrical Potential Gradients in the Brain. The 25-Channel Bavatron and Electro-Iconograms.» (A.I.E.E.-IRE Conf. on Electronic Instrumentation in Nucleonics and Medicine). Am. Inst. of Electr. Eng., New York. S–33:37–43
14 Lilly, John C. 1950. «Moving Relief Maps of the Electrical Activity of Small (1 cm^2) Areas of the Pial Surface of the Cerebral Cortex. *EEG. Clin. Neurophysiol. 2:*358
15 Chambers, William W., George M. Austin, and John C. Lilly. 1950. «Positive Pulse Stimulation of Anterior Sigmoid and Precentral Gyri; Electri Current Threshold Dependence on Anesthesia, Pulse Duration and Repetition Frequency.» (Abstract). Fed. Proc. *9:*21–22
16 Lilly, John C. and William W. Chambers. 1950. «Electro-Iconograms from the Cerebral Cortex (cats) at the Pial Surface: ‹Spontaneous› Activity and Responses to Endorgan Stimuli Under Anesthesia.» (Abstract). Fed. Proc. 9:78
17 Lilly, John C. 1950. «Moving Relief Maps of the Electrical Activity of Small (1 cm^2) Areas of the Pial Surface of the Cerebral Cortex. Anesthetized Cats and Unanesthetized Monkeys» (Abstract) Proc. 18th Int'l Physiol. Congress, Copenhagen. P. 340–351
18 Lilly, John C. 1951. «Equipotential of the Posterior Ectosylvian Area and Acoustic I and II of the Cat During Responses and Spontaneous Activity» (Abstract). Fed. Proc. *10:*84
19 Lilly, John C. and Ruth Cherry. 1951. «An Analysis of Some Responding and Spontaneous Forms Found in the Electrical Activity of the Cortex.» *Am. J. Med. Sci. 222:*116–117
20 Lilly, John C., and Ruth Cherry. 1951. «Traveling Waves of Action and of Recovery During Responses and Spontaneous Activity in the Cerebral Cortex.» *Am. J. Physiol. 167:*806
21 Lilly, John C. 1952. «Forms and Figures in the Electrical Activity Seen in the Surface of the Cerebral Cortex» in *The Biology of Mental Health and Disease* (1950 Milbank Mem. Fund Symposium). Paul B. Hoeber, Inc., New York P. 205–219
22 Lilly, John C., George M. Austin, and William W. Chambers. 1952. «Threshold Movements Produced by Exciation of Cerebral Cortex and Efferent Fibers with some Parametric Regions of Rectangular Current Pulses: (Cats and Monkeys).» *J. Neurophysiol. 15:*319–341
23 Lilly, John C. and Ruth Cherry. 1952. «New Criteria for the Divison of the Acoustic Cortex into Functional Areas» (Abstract). Fed. Proc. *11:*94
24 Lilly, John C., and Ruth Cherry. 1952. «Criteria for the Parcelation of the Cortical Surface into Functional Areas» (Abstract). EEG. *Clin. Neurophysiol. 4:*385
25 Lilly, John C. 1953. «Significance of Motor Maps of the Sensorimotor Cortex in the Conscious Monkey.» (Abstract). Fed. Proc. *12:*87
26 Lilly, John C. 1953. «Discussion of Paper by Lawrence S. Kubie, Some Implications for Psychoanalysis of Modern Concepts of the Organization of the Brain.» *Psychoanalytic Q. 22:*21–68
27 Lilly, John C. 1953. Review of book by W. Ross Ashby: *Design for a Brain.* John Wiley and Sons, Inc., New York. Rev. of Sci. Instrum. *24:*313
28 Lilly, John C. 1953. «Functional Criteria for the Parcelation of the Cerebral Cortex.» Abstracts of Communications, XIX Int'l. Physiol. Cong., Montreal, Canada. P.564
29 Lilly, John C. 1953. Recent Deveopments in EEG Techniques: Discussion. (Third Int'l. EEG Cong. 1953. Symposia). EEG Clin. Neurophysiol. Suppl. 4:38–40

30 Lilly, John C. 1954. Critical Discussion of Research Project and Results at Conference in June 1952 by Robert G. Heath and Research Group at Tulane Univ. in Robert G. Heath, et al. *«Studies in Schizophrenia: A Multidisciplinary Approach to Mind-Brain Relationships.»* P. 528–32
31 Lilly, John C. 1954. «Instantaneous Relations Between the Activities of Closley Spaced Zones on the Cerebral Cortex: Electrical Figures During Responses and Spontaneous Activity.» *Am. J. Physiol. 176:*493–504
32 Lilly, John C., and Ruth Cherry. 1954. «Surface Movements of Click Responses from Acoustic Cerebral Cortex of Cat: Leading and Trainling Edges of a Response Figure.» *J. Neurophysiol. 17:*521–532
33 Lilly, John C. 1954. Discussion, Symposium on Depth Electrical Recordings in Human Patients. Am. EEG Soc. Neurophysiol. 6:703–704
34 Lilly, John C., and Ruth Cherry. 1955. «Surface Movements of Figures in Spontaneous Activity of Anesthetized Cerebral Cortex: Leading and Trailing Edges. *J. Neurophyiol. 18:*18–32
35 Lilly, John C., John R. Hughes, and Ellsworth C. Alvord, Jr., and Thelma W. Galkin. 1955. Brief. «Noninjurious Electric Waveform for Stimulation of the Brain.» *Science 121:*468–469
36 Lilly, John C., John R. Hughes, and Ellsworth C. Alvrod, Jr., and Thelma W. Galkin. 1955. «Motor Responses from Electrical Stimulation of Sensorimotor Cortex in Unanesthetized Monkey with a Brief, Noninjurious Waveform» (Abstract). Fed. Proc. *14:*93
37 Lilly, John C. 1955. «An Anxiety Dream of an 8-Year-Old-Boy and Its Resolution.» *Bul. Phil. Assn. for Psychoanal. 5:*1–4
38 Lilly, John C. 1955. Review of book by Robert G. Heath, et al., 1954. *Studies in Schizophrenia: A Multidisciplinary Approach to Mind-Brain Relationships.* Harvard Univ. Press. *EEG Clin. Neurophysiol. 7:*323–324
39 Lilly, John C., John R. Hughes, Thelma W. Galkin and Ellsworth C. Alvord, Jr. 1955. «Pruduction and Avoidance of Injury to Brain Tissue by Electrical Current at Threshold Values.» *EEG Clin. Neurophysiol. 7:*458
40 Lilly, John C. 1956. «Effects of Physical Restraint and of Reduction of Ordinary Levels of Physical Stimuli on Intact Healthy Persons.» 13–20 & 44, in *Illustrative Strategies for Research on Psychopathology in Mental Health, Symposium No. 2.* Group for the Advancement of Psychiatry. New York. P. 47
41 Lilly, John C., John R. Hughes, and Thelma W. Galkin. 1956. «Gradients of Motor Function in the Whole Cerebral Cortex of the Unanesthetized Monkey» (Abstract». Fed. Proc. *15*
42 Lilly, John C., John R. Hughes, and Thelma W. Galkin 1956. «Physilogical Properties of Cerebral Cortical Motor Systems of Unanesthetized Monkey» (Abstract). Fed. Prod. *15*
43 Lilly, John C. 1956. «Mental Effects of Reduction of Ordinary Levels of Physical Stimuli on Intact. Healthy Persons» in *Psychiat. Res. Reports 5.* American Psychiatric Assn., Wash., DC. P. 1–9
44 Lilly, John C., John R. Hughes, and Thelma W. Galkin. 1956. «Some Evidence of Gradients of Motor Function in the Whole Cerebral Cortex of the Unanesthetized Monkey» (Abstract). *Proc. 20th Int'l. Physiol. Congress.* P. 567–568
45 Lilly, John C. 1956. «Distribution of ‹Motor› Functions in the Cerebral Cortex in the Conscious, Intact Monkey.» *Science. 124*:937
46 Lilly, John C. 1957. «Some Thoughts on Brain-Mind and on Restraint and Isolation of Mentally Healthy Subjects. (Comments on Biological Roots of Psychiatry by Clemens F. Benda, M.D.)» *J. Phila. Psychiatric Hosp. 2*:16–20
47 Lilly, John C. 1957. «True Primary Emotional State of Anxiety–Terror–Panic in Contrast to a ‹Sham› Emotion or ‹Pseudo-Affective› State Evoked by Stimulation of the Hypothalamus» (Abstract). Fed. Proc. *16*:81
48 Lilly, John C. 1957. «Learning Elicited by Electrical Stimulation of Subcortical Regions in the Unanesthetized Monkey.» *Science. 125*:748

49 Lilly, John C. 1957. Review of book by Donald A. Scholl. 1956. *The Organization of the Cerebral Cortex.* Methuen and Co., Ltd., London and John Wiley and Sons, Inc., New York. *Science. 125*:1205
50 Lilly, John C. 1957. «A State Resembling ‹Fear–Terror–Panic› Evoked by Stimulation of a Zone in the Hypothalamus of the Unanesthetized Monkey.» *Excerpta Medica.* Special Issue, Abstracts of Fourth Int'l. Cong. EEG and Clin. Neurophysiol. and 8th Meeting of the Int'l. League Against Epilepsy. Brussels. P. 161
51 Lilly, John C. 1957. «‹Stop› and ‹Start› Sytems» *in Neuropharmacology.* Transactions of the Fourth Conference, Josiah Macy, Jr., Foundation, Princeton, N.J. (L.C. 55–9013). P. 153–179
52 Lilly, John C. 1958. «Learning Motivated by Subcortical Stimulation: The ‹Start› and ‹Stop› Patterns of Behavior.» 705–721. *Reticular Formation of the Brain.* H. H. Jasper, et al. Eds. Little, Brown and Co., Boston. P. 766
53 Lilly, John C. 1958. «Correlations Between Neurophysiological Activity in the Cortex and Short-Term Behavior in the Monkey», in *Biological and Biochemical Bases of Behavior* (Univ. of Wis. Symposium. 1055) H. F. Harlow and C. N. Woolsey, Ed. Univ. of Wis. Press, Madison, Wis. P. 83–100
54 Lilly, John C. 1958. «Development of a Double-Table-Chair Method of Restraining Monkeys for Physiological and Psychological Research.» *J. Appl. Physiol. 12*:134–136
55 Lilly, John C. 1958. «Simple Percutaneous Method for Implantation of Electrodes and/or Cannulae in the Brain.» (Abstract.) Fed. Proc. 17:97
56 Lilly, John C. 1958. «Electrode and Cannulae-Implantation in the Brain by a Simple Percutaneous Method.» *Science. 127*:1181–1182
57 Lilly, John C. 1958. «Some Considerations Regarding Basic Mechanisms of Positive and Negative Types of Motivations.» *Am. J. Psychiat. 115*:498–504
58 Lilly, John C. 1958. «Rewarding and Punishing Systems in the Brain» in *The Central Nervous System and Behavior.* Transactions of the First Conference, Josiah Macy, Jr., Foundation, Princeton, N.J. (L.C. 59–5052.) P. 247–303
59 Lilly, John C. 1959. «‹Stop› and ‹Start› Effects in *The Central Nervous System and Behavior.* Transactions of the Second Conference, Josiah Macy, Jr., Foundation and National Science Foundation, Princeton, N.J. (L.C. 59–5052.) P. 56–112
60 Lilly, John C. 1960. «Learning Motivated by Subcortical Stimulation: The ‹Start› and ‹Stop› Patterns of Behavior. Injury and Excitation of the Brain by Electrical Currents.» Chapter 4 in *Electrical Studies on the Unanesthetized Brain.* E. R. Ramsey and D. S. O'Doherty, Eds, New York. P. 78–105
61 Lilly, John C. 1960. Contributing Discussant – *The Central Nervous System and Behavior.* Transactions of the Third Conference, Josiah Macy, Jr., Foundation, Princeton, N.J. (L.C. 59–5052.)
62 Lilly, John C. 1960. «The Psychophysiological Basis for Two Kinds of Instincts.» *Am. Psychoanalyt. Assoc.* Vol. *8*:P. 659–670
63 Lilly, John C. 1960. «Large Brains and Communication.» Paper Presented to the Philadelphia Assoc. for Pschoanalysis
64 Lilly, John C. 1961. «Injury and Excitation by Electric Currents.» Chapter 6 in *Electrical Stimulation of the Brain.* Daniel E. Sheer, Ed., Univ. of Texas Press for Hogg Foundation for Mental Health, Austin, Texas. P. 60–64
65 Lilly, John C. and Jay T. Shurley. 1961. «Experiments in Solitude, in Maximum Achievable Physical Isolation with Water Suspension of Intact Healthy Persons.» (Symposium, USAF Aerospace Medical Center, San Antonio, Texas, 1960.) in *Psychophysiological Aspects of Space Flight.* Columbia Univ. Press, New York. P. 238–247
66 Lilly, John C., and Alice M. Miller. 1961. «Sounds Emitted by the Bottlenose Dolphin.» *Science.* Vol. *133,* P. 1689–1693
67 Lilly, John C., and Alice M. Miller. 1961. «Vocal Exchanges Between Dolphins.» Science. Vol. *134*: P. 1873–1876

68 Lilly, John C. 1961. «Problems of Physiological Research on the Dolphin, *Tursiops» (Abstract). Fed. Proc. 20*:1
69 Lilly, John C. 1961. «The Biological Versus Psychoanalytic Dichotomy.» *Bul. of The Phila Assoc. for Psychoanal.* Vol. *11*: P. 116–119
70 Lilly, John C. 1961. *Man and Dolphin.* Doubleday & Co., Inc., New York. (L.C. 61–9628)
71 Lilly, John C. 1962. The Effect of Sensory Deprivation on Consciousness. *Man's Dependence on the Earthly Atmosphere.* Karl E. Schaefer, Ed. MacMillan Co., New York. (L.C. 61–9079.) P. 93–95. (Proceedings 1st Int'l. Symp. on Submarine and Space Medicine, New London, Conn., 1958)
72 Lilly, John C., and Alice M. Miller. 1962. «Operant Conditioning of the Bottlenose Dolphin with Electrical Stimulation of the Brain.» *J. Comp. & Physiol. Psychol.* Vol. *55*: P. 73–79
73 Lilly, John C. 1962. Cerebral Dominance in *Interhemispheric Relations and Cerebral Dominance.* Vernon Mountcastle, M.D., Ed. Johns Hopkins Press, Inc. Baltimore, Md. P. 112–114
74 Lilly, John C., and Alice M. Miller. 1962. Production of Humanoid Sounds by the Bottlenose Dolphin. (Unpublished manuscript.)
75 Lilly, John C. 1962. A New Laboratory for Research on Delphinids. *Assoc. of Southeastern Biologists Bul.* Vol. 9, P. 3–4
76 Lilly, John C. 1962. «Interspecies Communication» in *Yearbook of Science and Technology.* McGraw-Hill. New York. P. 279–281
77 Lilly, John C. 1962. «The ‹Talking› Dolphins» in *The Book of Knowledge Annual.* Society of Canada Limited, Grolier, Inc. (This article was updated in the 1969 Yearbook covering the year 1968, pp. 8–15.)
78 Lilly, John C. 1962. «Vocal Behavior of the Bottlenose Dolphin.» *Proc. Am. Philos. Soc.* Vol. *106.* P. 520–529
79 Lilly, John C. 1962. «Consideration of the Relation of Brain Size to Capability for Language Activity as Illustrated by *Homo sapiens* and *Tursiops truncatus* (Bottlenose Dolphin).» *Electroenceph. Clin. Neurophysiol. 14,* no. 3: 424
80 Lilly, John C. 1962. Sensory World Within and Man and Dolphin. (Lecture to the Laity, New York Acad. of Med., 1962.) Scientific Report no. CRI–0162
81 Lilly, John C. 1963. «Critical Brain Size and Language.» *Perspectives in Biol. & Med.* Vol. *6.* P. 246–255
82 Lilly, John C. 1963. «Distress Call of the Bottlenose Dolphin: Stimuli and Evoked Behavioral Responses.» *Science.* Vol. *139.* P. 116–118
83 Lilly, John C. 1963. «Productive and Creative Research with Man and Dolphin.» (Fifth Annual Lasker Lecture, Michael Reese Hospital and Medical Center, Chicago. Ill., 1962). *Arch. Gen. Psychiatry.* Vol. *8* P. 111–116
84 Lilly, John C., and Ashley Montagu. 1963. Mordern Whales, Dolphins and Porpoises, as Challenges to Our Intelligence in *The Dolphin in History* by Ashley Montagu and John C. Lilly. A Symposium given at the William Andrews Clark Memorial Library, Univ. of Calif., Los Angeles, Calif. P. 31–54
85 Lilly, John C. 1964. «Animals in Aquatic Environment. Adaptation of Mammals to the Ocean» in *Handbook of Physiology.* Environment I, Am. Physiol. Soc., Wash., D.C. P. 741–757
86 Jacobs, Myron S., Peter J. Morgane, John C. Lilly and Bruce Campbell. 1964. «Analysis of Cranial Nerves in the Dolphin.» *Anatomical Record* Vol. *148.* P. 379
87 Lilly, John C. 1964. «Airborne Sonic Emissions of *Tursiops truncatus* (M)» (Abstract). *J. Acoustical Soc. of Amer.* Vol. *36.* P. 5, 1007
88 Lilly, John C. 1965. «Report on Experiments with the Bottlenose Dolphin.» (Abstract) *Proc. of the Int'l. Symp. on Comparative Medicine,* Eaton Laboratories, Norwich, Conn. P. 240
90 Lilly, John C. 1965. «Vocal Mimicry in *Tursiops.* Ability to Match Numbers and Duration of Human Vocal Bursts.» *Science.* Vol. *147* (3655). P. 300–301
91 Lilly, John C. 1966. «Sexual Behavior ot the Bottlenose Dolphin in *Brain and Be-*

havior. The Brain and Gonadal Function.» Vol. III. R. A. Gorski and R. E. Whalens, Eds., *UCLA Forum* Med. Sci., Univ. of Calif. Press, Los Angeles, Calif. P. 72–76

92 Lilly, John C. 1966. «Sonic-Ultrasonic Emissions of the Bottlenose Dolphin in *Whales, Dolphins and Porpoises.»* Kenneth S. Norris, Ed. *Proc., 1st Int'l Symp. on Cetacean Research,* Wash., DC. 1963. Univ. of Calif. Press. P. 503–509

93 Lilly, John C. 1966. «The Need for an Adequate Model of the Human End of the Interspecies Communication Program.» IEEE Military Electronics Conference (MIL-E-CON 9), on Communication with Extraterrestrial Intelligence, Wash., DC. 1965. *IEEE Spectrum 3,* no. 3: P. 159–160

94 Lilly, John C. 1966. Contributing Discussant. Proc. of Conf. on Behavioral Studies. Contractors Meeting, U.S. Army Edgewood Arsenal, Md. 1965. Dept. of the Army EARL Report

95 Lilly, John C. 1966. «Research with the Bottlenose Dolphin» in *Conference on the Behavioral Sciences,* Proc. of Conf. on Behavioral Studies (Contractors Meeting, U.S. Army Edgewood Arsenal, Md. 1965). Dept. of the Army EARL Report

96 Lilly, John C., and Henry M. Truby. 1966. «Measures of Human-*Tursiops* Sonic Interactions» (Abstract). *J. Acous. Soc. of Amer.* Vol. *40,* issue 5. P. 1241

97 Lilly, John C. 1966. «Sound Production in *Tursiops truncatus* (Bottlenose Dolphin).» Conference on Sound Production in Man: Section on Phonation: Control and Speech Communication, New York Acad. of Sciences. Annals of the New York Academy of Sciences. 1968

98 Lilly, John C. 1966. «Intracerebral Reward and Punishment: Implications for Psychopharmacology.» Fifth Annual Meeting of American College of Neuropsychopharmacology. San Juan, Puerto Rico. 1968

99 Lilly, John C. 1967. Dolphin-Human Relationship and LSD-25 in *The Use of LSD in Psychotherapy and Alcoholism.* Harold Abramson, Ed. Second International Conference on the Use of LSD in Psychotherapy, South Oaks Research Foundation, Amityville, L.I. 1965. The Bobbs-Merrill Co., Inc., New York. P. 47–52

100 Lilly, John C. 1967. Dolphin's Mimicry as a Unique Ability and a Step Towards Understanding in *Research in Verbal Behavior and Some Neurophysiological Implications.* Kurt Salzinger and Suzanne Salzinger, Eds. Conference on Verbal Behavior, N.Y.C. 1965. Academic Press, New York City. P. 21–27

101 Lilly, John C. 1967. Dolphin Vocalization in Proc. Conf. on *Brain Mechanisms Underlying Speech and Language.* F. L. Darley, Ed., A. Symposium held at Princeton. N.J. 1965. Grune and Stratton, New York City. P. 13–20

102 Lilly, John C. 1967. Basic Problems in Education for Responsibility Caused by LSD-25. Proc. of 17th Conf. on Science, Philosophy and Religion in their Relation to the Democratic Way of Life. Clarence H. Fause, Ed. Paper presented in section on Character Education of Scientists, Engineers and Practitioners in Medicine Psychiatry and Science with Strategies for Change. Loyola Univ., Chicago, Ill. 1966

103 Lilly, John C. 1967. *The Mind of the Dolphin.* Doubleday & Co., Inc., New York.

104 Lilly, John C. 1967. «Intracephalic Sound Production in *Tursiops truncatus:* Bilateral Sources» (Abstract). Fed. Proc. 25, no. 2

105 Lilly, John C. 1967. *The Human Biocomputer: Programming and Metaprogramming.* Miami. Communications Research Institute. 1967. Scientific Report no. CRI 0167

106 Lilly, John C. 1968. *«Programming and Metaprogramming in the Human Biocomputer: Theory and Experiments.* Miami. Communications Research Institute. Scientific Report no. CRI 0167. 2nd Edition

107 Lilly, John C., and Alice M. Miller, and Henry M. Truby. 1968. Reprogramming of the Sonic Output of the Dolphin: Sonic-Burst Count Matching. Miami. Communications Research Institute. Scientific Report no. CRI 0267. *J. Acous. Soc. of Amer.* (See number 112.)

108 Lilly, John C., Alice M. Miller, and Henry M. Truby. 1968. «Perception of Repeated Speech: Evocation and Programming of Alternate Words and Sentences.» Scientific Report no. CRI 1067
109 Lilly, John C., Alice M. Miller, and Frank Grissman. 1968. «Underwater Sound Production of the Dolphin Stereo-Voicing and Double Voicing.» Miami. Communications Research Institute. Scientific Report no. CRI 0367
110 Truby, Henry M., and John C. Lilly. 1967. «Psychoacoustic Implications of Interspecies Communication.» Miami. Communications Research Institute. *J. Acous. Soc. of Amer.* Vol. *42*: P. 1181. S3 (Abstract)
111 Lilly, John C., Henry M. Truby, Alice M. Miller, and Frank Grissman. 1967. «Acousting Implications of Interspecies Communication.» Miami. Communications Research Institute. *J. Acous. Soc. of Amer.* Col. *42*: P. 1164. I10 (Abstract.)
112 Lilly, John C., Alice M. Miller, and Henry M. Truby. 1968. «Reprogramming of the Sonic Output of the Dolphin: Sonic Burst Count Matching.» *Jnl. of the Acoustical Society of America.* Vo. *43.* Nr. 6 P. 1412–1424
113 Lilly, John C. 1967, 1968, 1972. *Programming and Metaprogramming in the Human Biocomputer, Theory and Experiments.* The Julian Press, Inc. New York
114 Lilly, John C. 1974. *Programming and Metaprogramming in the Human Biocomputer, Theory and Experiments.* Bantam Books, Inc. New York
115 Lilly, John C. 1974. *The Human Biocomputer, Theory and Experiments.* Abacus edition, Sphere Books Ltd. London
116 Lilly, John C. 1972. *The Center of the Cyclone. An Autobiography of Inner Space.* The Julian Press. Inc. New York
117 Lilly, John C. 1974. *Het Centrum van de Cycloon. Een Autobiografie van de Innerlijke Ruimte.* Wetenschappelijke Uitgeverij b.v. Amsterdam
118 Lilly, John C. 1972. *The Center of the Cyclone. An Autobiography of Inner Space* (paperback). Bantam Books, Inc. New York
119 Lilly, John C. 1973. *The Center of the Cyclone: an Autobiography of Inner Space* Calder & Boyer, London
120 Lilly, John C. 1973. *The Center of the Cyclone: An Autobiography of Inner Space* (paperback). Paladin, Granada Publishing Limited, London
121 Lilly, John C. 1975. *Simulations of God: The Science of Belief.* Simon and Schuster, New York
122 Lilly, John C. 1975. *Lilly on Dolphins.* Anchor/Doubleday, New York
123 Lilly, John C. and Antonietta L. 1975. *The Dyadic Cyclone.* Simon and Schuster, New York, Bantam
124 Lilly, John C., M.D. 1977 & 1981. *The Deep Self: Profound Relaxation and the Tank Isolation Technique.* Simon and Schuster and Warner Books, N.Y.
125 Lilly, John C., M.D. 1978 & 1981. *The Scientist: a Novel Autobiography* Lippincott, Phila. and Bantam Books, N.Y.
126 Lilly, John C., M.D. 1978. *Communication Between Man and Dolphin: the Possibilities of Talking with Another Species.* Crown Publishers, N.Y.